The Blue Book on Intangible Assets of Chinese GEM Listed Companies

（2016—2017）

中国创业板上市公司无形资产蓝皮书

中南财经政法大学企业价值研究中心

汪海粟　曾维新　编著

知识产权出版社

全国百佳图书出版单位

图书在版编目（CIP）数据

中国创业板上市公司无形资产蓝皮书. 2016—2017/汪海粟，曾维新编著. —北京：知识产权出版社，2018.5

ISBN 978-7-5130-5566-6

Ⅰ.①中… Ⅱ.①汪… ②曾… Ⅲ.①创业板市场—上市公司—无形固定资产—经济管理—研究报告—中国—2016-2017 Ⅳ.①F279.246

中国版本图书馆 CIP 数据核字（2018）第 083285 号

内容提要

本书简要回顾了创业板市场 2016 年的发展状况；继承了分类型和分行业无形资产的研究板块；编制了创业板上市公司 2016 年度无形资产信息披露指数及质量指数，在此基础上，本书首次编制了创业板上市公司无形资产价值评价指数；并针对创业板公司的股利分配、投资价值评估及风险投资对创业板公司技术创新的影响等热点问题进行了专题研究。

责任编辑：黄清明　栾晓航　　　　　　　**责任校对**：谷　洋

封面设计：刘　伟　　　　　　　　　　　**责任出版**：孙婷婷

中国创业板上市公司无形资产蓝皮书（2016—2017）

汪海粟　曾维新　编著

出版发行：知识产权出版社有限责任公司　　　　　　　**网　　址**：http：//www.ipph.cn

社　　址：北京市海淀区气象路 50 号院　　　　　　　**邮　　编**：100081

责编电话：010-82000860 转 8117　　　　　　　　　　**责编邮箱**：hqm@cnipr.com

发行电话：010-82000860 转 8101/8102　　　　　　　　**发行传真**：010-82000893/82005070/82000270

印　　刷：北京嘉恒彩色印刷有限责任公司　　　　　　　**经　　销**：各大网上书店、新华书店及相关专业书店

开　　本：787mm×1092mm　1/16　　　　　　　　　　**印　　张**：20.25

版　　次：2018 年 5 月第 1 版　　　　　　　　　　　　**印　　次**：2018 年 5 月第 1 次印刷

字　　数：380 千字　　　　　　　　　　　　　　　　**定　　价**：96.00 元

ISBN 978-7-5130-5566-6

卷首语

中南财经政法大学企业价值研究中心对 2009 年 10 月以来在中国创业板上市的 218 家公司披露的无形资产信息进行了深入挖掘和分析，并形成了这本对完善创业板上市制度有重要参考价值的蓝皮书，值得肯定和祝贺。

首先，由高校独立的研究机构对我国创业板公司无形资产信息披露的状况进行系统研究，并定期公开发布，有利于促进上市公司无形资产信息披露质量的提高。我国上市公司的信息披露既有内部人因经营优势形成的主观操控，又有现行制度缺失形成的揭示壁垒，还有市场噪声引发的信息扭曲，以至于招股说明书和年报披露的数据未必能真实反映公司无形资产的数量和质量。该蓝皮书对特定时间内不同公司在同一类型无形资产信息披露上的比较分析，至少能引起相关公司对差异原因的关注，如有必要，也应做出解释。

其次，对创业板上市公司无形资产的研究考虑了无形资产因技术进步和市场变革导致的结构演化。我同意报告中作者关于当代企业具有消耗有形资产，借以形成无形资产特征的判断。无形资产确实是一个复杂系统，既涉及受有关法律保护并得到会计制度认可的以专利、商标和版权为代表的常规无形资产，也涉及尚未得到专门法律规范和会计科目反映，但在企业实际生产经营中已发挥重要作用的以资质、客户和劳动力集合为代表的非常规无形资产。后者在实践中已成为公司上市和企业并购的关键资源。正是考虑到无形资产的结构演化，该报告既对无形资产进行了基于细分类的比较研究，还对以研发费用、销售费用和政府补助为代表的无形资产投入要素进行了分析。相信这些研究将有助于人们了解无形资产的影响因素和变化规律。

再次，该报告检验了我国创业板市场关于无形资产的发现和甄别功能。中国证监会对创业板公司信息披露报告系统做出了特别规定，要求相关企业通过表外信息披露的方式，为资本市场参与者提供更多有关无形资产的信息。该研究发现这些规定对投资者了解企业无形资产并判断其价值确实发挥了作用，IPO 的高市净率和高市盈率至少表明我国创业板公司通过历史继承、政策扶植和自主创新取得的无形资产部分得到资本市场的承认。同时，该研究还发现常规与非常规无形资产较多和质量较好的企业 IPO 市净率往往低于无形资产较少和质量较差的企业，在资本市场整体走势趋弱的条件下，前者的基准日市净率又往往明显高于后者。这表明在经过资本市场的多次交易和反复甄别后，非市场的泡沫被逐渐挤出，优质资产的贡献得到理性回应。

最后，该报告对改善我国上市公司无形资产信息披露制度提出了一系列有参考价值的建议。报告在揭示目前无形资产信息披露失衡、低效甚至无效的问题之后，就解决这些问题提出建设性意见。例如，认为资质可以按准入类、能力类和荣誉类进行统计分析；独立董事的贡献价值可分解为形象价值、专业价值和制衡价值；应编制按可能性和危害性分析构成的风险测度报告等。所有这些将有利于相关监管部门优化信息披露标准，并提高市场效率，进而维护市场秩序，保护资本市场弱势群体的利益。

人力资本、知识产权等无形资产定价入股是中国自 20 世纪 90 年代初的股份制改制中就提出而迄今未能有效解决的难题。如今的创业板并非 1998 年提出的创业板，它更多的是在 A 股范畴内设置的一个类似于中小企业板的股市板块。有效推进人力资本、知识产权的市场定价，不仅是创业板有别于其他股市板块的一个关键功能，而且对于推动中国高新技术发展也至关重要。从这个意义来说，这本蓝皮书做出了具有开创性意义的工作。

我希望今后每年都能看到不断完善的创业板无形资产蓝皮书，同时也希望创业板已上市和拟上市公司持续优化无形资产管理，实现基业长青。

是为序。

中国社会科学院金融研究所所长
2012 年 5 月 6 日于北京

目 录

contents ◂◂◂

导　论

为提高中国创业板公司无形资产信息披露质量，维护资本市场各利益相关方的知情权，我们于七年前开始编写《中国创业板上市公司无形资产蓝皮书》（下称《蓝皮书》），并已出版了《蓝皮书（2009-2011）》《蓝皮书（2011-2012）》《蓝皮书（2012-2013）》《蓝皮书（2013-2014）》《蓝皮书（2014-2015）》和《蓝皮书（2015-2016）》。2016 年 5 月至 2017 年 5 月，又有 130 家公司在创业板上市，且有 601 家公司披露 2016 年年报。基于系统性、可比性和连续性的要求，我们历时一年形成了第七本蓝皮书。相对前六本蓝皮书，本书简要回顾了创业板市场 2016 年的发展状况；继承了分类型和分行业无形资产的研究板块；编制了创业板上市公司 2016 年度无形资产信息披露指数及质量指数，在此基础上，本书首次编制了创业板上市公司无形资产价值评价指数；并针对创业板公司的股利分配、投资价值评估及风险投资对创业板公司技术创新的影响等热点问题进行了专题研究。

一、年度发展

我们从创业板市场规模及结构、市场行情和企业经营情况三个维度剖析了创业板市场 2016 年的发展概况，并梳理了当年发生的典型性事件，得到如下结论：

一是行业和区域集中度仍然较高。截至 2016 年 12 月 31 日，创业板上市公司数量总计 570 家，较 2015 年增加 78 家，制造业和信息技术业企业整体占比从 2015 年的 87.60% 进一步上升至 2016 年的 88.25%，东部沿海发达地区企业占比小幅下降至 76.12%，集中度仍然较高。

二是市场波动剧烈且主要指标式微。2016 年全年创业板指数均值为 2148.93，较 2015 年下降约 17%；企业平均市盈率、平均市值均较 2015 年有所下降；IPO 超募比例与超募金额均下降。

三是上市公司经营业绩明显提高。相较于 2015 年，创业板上市公司 2016 年的营业收入、净利润及销售净利率的均值均有所提高，且营业收入均值和净利润均值的增长速度皆达到了近 5 年来的最高水平。

四是监管更加严格。2016 年，证券行业迎来了"史上最严监管年"，无论是对上市公司信息披露的监管，还是对借壳重组的审核，抑或是对券商等中介机构的监管，又或者是对私募的监管，都展现出全面从严之势。

二、优化内容

（一）无形资产聚类研究

基于前六卷蓝皮书的研究，我们建立了创业板公司无形资产分类体系，完成了对各类无形资产的定义研究和信息数据分析整理，形成了《中国创业板上市公司无形资产数据库》。本次研究继承了《蓝皮书（2015-2016》的无形资产聚类方法，分别对创业板上市公司的技术类、市场类、人力资源类和资质类无形资产进行聚类分析，还将企业期间费用、研发支出和政府补助与无形资产的关系进行了探讨。相较于《蓝皮书（2015-2016）》，本书新增了各类无形资产及投入有关的文献研究和2016年年度相关典型事件梳理，力图让读者了解有关无形资产的最新研究及事件。本年度最新的研究结论如下。

1. 关于技术类无形资产

一是技术类无形资产的行业差异依然明显。从总量上看，由于行业间企业数量不同，制造业、信息传输、软件和信息技术服务业各类技术类无形资产总量均排在前列，具有明显的规模优势。从技术类无形资产的行业均值来看，专利平均拥有量较高的行业是信息传输、软件和信息技术服务业和制造业；非专利技术平均拥有量较高的行业是水利、环境和公共设施管理业，信息传输、软件和信息技术服务业，租赁和商务服务业；技术标准平均拥有量较高的行业是信息传输、软件和信息技术服务业、水利、环境和公共设施管理业和制造业；软件著作权平均拥有量较高的行业是信息传输、软件和信息技术服务业。另外，近几年制造业和信息传输、软件和信息技术服务业的技术类无形资产规模增速较快，原因一是创业板企业更加依靠技术类无形资产带来收益，所以加大了技术类无形资产的研发投入，二是可能受到政府政策及宏观经济的影响。

二是技术类无形资产结构分布不均。这主要体现在创业板上市公司对不同类型技术类无形资产的重视程度及披露质量的差异。专利及非专利技术类无形资产从覆盖率来看，都明显高于技术标准及软件著作权，其一是参与技术标准的制定的门槛相对较高，获得技术标准认定的难度比较大；其二是软件著作权有较强的行业分布差异。

三是技术类无形资产的价值贡献初显。《蓝皮书（2014-2015）》的研究曾表明当期盈利情况良好的公司与处于亏损状态下的公司在技术类无形资产平均拥有量（分别为139.3项/家和101.5项/家）方面差距不是十分明显，但本年度研究则表明净利润高的企业与处于亏损下的企业在技术类无形资产方面平均拥有量（分别为196.9项/家和67.8项/家）有明显的差异，而且在技术类无形资产方面表现突出的企业与技术类无形资产匮乏的企业在净资产利润方面（分别为 9.08% 和 6.61%）差异依旧明显。上述数据凸显了技术类无形资产对于提高企业净利润和净资产收益率方面的价值，技术类无形资产存量上越有优势的创业板公司，其投资所获得的收益就越高，盈利的可能性也越大。

2. 关于市场类无形资产

一是市场类无形资产覆盖率较高但是质量迥异。无论从招股说明书还是年报来看，创业板公司普遍富集市场类无形资产。以招股说明书为例，对于单项市场类无形资产，除了竞争地位覆盖率为 93.4%，其他三类资产的覆盖率均超过 95%；对于多项市场类无形资产，三项及以上资产的覆盖率达到了 98.6%，且所有的创业板公司均拥有至少两种该类资产。同时，不同创业板公司所拥有的同类资产质量存在较大差别，如"中国驰名商标"比地市级荣誉类商标的质量更高，国企客户比民企客户更为稳定，更有助于企业的持续经营。

二是市场类无形资产存在明显的行业异质性。对于不同行业，创业板公司所拥有的各类无形资产状况均存在较大的差异。以商标类资产为例，机械、设备、仪表行业和其他行业在持有商标项数、申请商标项数和获得商标荣誉这三项指标中占有绝对优势，且机械、设备、仪表行业平均获得商标荣誉的比例也位居各行业首位。同样地，以客户类资产为例，文化传播行业的前五大客户销售额占比最大，对大客户依存度最高，化学、橡胶、塑料行业占比最小，对大客户依存度最低。

三是市场类无形资产数量年度变化趋势不一。从 2009 - 2016 年年报的商标数据（剔除 2012 年）来看，平均每家公司的商标持有数量呈现波动上升，申请商标数量先降后升，商标质量则是稳中提升，说明创业板公司越来越重视商标权的保护，商标状况逐年改善。此外，以年报客户数据为例，前五大客户合计销售占比平均值在 2011 - 2014 年持续下降，2014 年至今逐步回升。2015 年与 2016 年相比，客户所有制类型也发生了不同程度的变化，其中，国企、外企客户导向占比略有下降，民企、行政事业单位客户导向占比则略有上升。

3. 关于人力资源类无形资产

一是内部兼职呈现职位差异。2016 年，创业板上市公司高管内部兼职比例依然较高，总经理兼任董事长或副董事长的占比为 47.74%，财务总监的兼职比例为 42.57%，董事会秘书的兼职比例则达到 81.34%，且存在高管兼任两份职务的情况。具体来看，公司高管内部兼职呈现较强职位差异。

二是独立董事信息披露质量有所改善。2016 年，创业板上市公司独立董事的信息披露质量有所改善，学历、职称和专业背景的披露比例与 2015 年相比都有所上升。

2016 年创业板上市公司独立董事在性别、学历、专业背景等方面的结构分布更多受到了资本市场监管和发展的影响。

三是股权结构总体稳定，知识技术类型创业股东比例较高。2016 年，创业板上市公司的股东结构、股权结构和控股情况总体稳定，自然人股东占比为 63%，比上年度略有上升，比法人股东高出大约 26 个百分点。在自然人创业股东的公司中，知识技术类创业股东占比大于关系背景类创业股东，创业股东的人力资本类型受到创业板上市公司多为中小高新技术企业的影响。

四是员工信息披露中统计分类口径差异依然存在。整体而言，创业板上市公司的员工信息披露质量较高，专业结构和学历信息披露情况也较好。但 2016 年创业板上市公司普遍忽略了员工年龄信息披露。另外，各公司对员工专业结构、学历的统计口径也存在较为明显的差异，给有关数据的统计分析造成了一定的困难，甚至会影响相关研究结论的有效性，建议监管部门针对这类问题发布标准更为统一的信息披露指引。

4. 关于资质类无形资产

从新增企业总体披露的状况来看，三大类资质中，新增的荣誉类资质最多，准入类资质披露数目最少。就准入类资质而言，新增企业的政府注册登记证占比最大，多在制造业和信息技术产业；能力类资质中特殊能力扶持认证受到了创业板上市企业的广泛关注，接近八成企业披露了新增的特殊能力类资质（高新技术企业和软件企业认证）的相关内容；荣誉类资质主要集中于对公司获奖证书和产品获奖证书的披露，公司获奖证书明显多于产品获奖证书。

此外，比较分析年报和招股说明书对资质信息的披露发现，由于二者关注重点有所不同，导致创业板上市企业在招股说明书中对资质信息的披露较年报而言更为详尽。另从年报披露信息看，2009-2016 年资质信息的披露从总量上来看有所增加，样本数量增加的原因客观存在；从均值来看，不论是总量还是分类型的资质均值变化都有所波动，这表明不同企业获取资质的能力和对资质信息披露的重视程度也有差别。

5. 关于无形资产投入研究

创业板上市公司各行业无形资产相关的费用投入存在如下特征：

一是软件、信息技术服务业在管理费用、研发支出两方面遥遥领先，财务费用与销售费用也排名较前。因此，无形资产的总体投入水平高居所有行业第一位。

二是计算机、通信及电子行业在管理费用、研发支出以及政府补助方面均处于较高水平，同时销售费用以及财务费用又处于中等水平，并无明显短板。所以，总体来看，无形资产的总体投入水平高居所有行业第二位。

三是互联网及相关服务业的财务费用水平较高，其他每项基本都处于总体的平均水平，无明显短板，因此综合来看，该行业的无形资产投入水平与计算机、通信及电子行业并列第二位。

四是医药制造业在销售费用方面明显高于其他行业，在其他方面多处于所有行业的平均水平，只有研发支出略低。综合来看，该行业的无形资产投入对结构的影响值得关注。

五是机械、设备、仪表行业的每项基本都处于总体的平均水平，没有明显的短板，但同样没有任何突出之处，所以其无形资产投入属于一般水平，应加大投资力度。

六是文化传播行业虽然受政府补助遥遥领先，但销售费用、财务费用和管理费用都明显落后，所以总体来看，其无形资产市场配置水平总体较低。

七是化学、橡胶、塑料行业除研发支出处于中等水平外，其他每项指标的排序都处于末端，在各项相关费用的投入水平上都远远低于样本均值，已成为"最差钱"的二级行业，行业未来无形资产的竞争能力不容乐观。

三、继承内容

（一）无形资产典型行业研究

前六卷蓝皮书的已有研究表明，创业板公司无形资产具有因行业技术经济特征造成的结构和规模差异，因此对典型行业进行专项研究十分必要。本书继承了《蓝皮书（2015-2016）》的行业分类，基于招股说明书及2016年年报分别对机械设备仪表行业，软件、信息技术服务，化学、橡胶、塑料行业，计算机、通信及电子行业，医药制造行业的无形资产规模及结构进行了研究，并通过构建细分行业的竞争矩阵筛选出优秀企业进行案例分析。由于互联网和相关服务业，文化与传播行业本年度较上一年度仅新增1家企业，行业规模和结构变化较小，故本书未进行专门研究。

统计表明，以上五个行业常规无形资产和非常规无形资产的规模和结构在招股说明书和2016年年报中均有所变化，且不同类型的无形资产呈现出行业差异化特征，详情可参见各分报告。此外，本次研究基于无形资产规模结构、无形资产持续能力和无形资产竞争能力三个维度对五大行业中细分行业的代表性公司进行了对比分析，通过构建竞争矩阵筛选出了五家优秀企业进行无形资产专项分析，这些企业分别为理邦仪器（300206，机械设备仪表业）、神州泰岳（300002，软件、信息技术服务业）、雅本化学（300261，化学、橡胶、塑料行业）、东土科技（300353，计算机、通信及电子行业）、迈克生物（300463，医药制造行业）。总体来看，长期高额的研发投入、持续优化的创新机制和不断提升的管理效率是上述企业得以在各自细分市场构建核心竞争优势、确立领先地位的主要原因。

（二）无形资产信息披露指数和质量指数

为持续跟踪研究创业板上市公司无形资产整体质量及信息披露质量，本书基于修订后的证监会 30 号准则及 2016 年度创业板上市公司年度报告中的无形资产相关信息，并考虑各类型无形资产对不同行业公司重要性的差异化特征，通过构建年度信息披露指数及质量指数，对 2016 年度创业板上市公司的无形资产信息披露质量和整体质量进行了评价，并基于无形资产类型差异和行业差异进行了比较分析。

1. 2016 年度无形资产信息披露指数分析

一是 2016 年创业板上市公司年度信息披露指数得分均值较低，仅为 53.65 分，依然处于"不及格"状态，相比 2015 年的 54.25 分略有下降，说明创业板上市公司 2016 年年报的无形资产信息披露质量在经过连续几年的小幅上升后有所降低。从得分区间的频率分布看，年度信息披露指数得分相对较为集中，呈现出正态分布特征，但横向差异较为明显，最高分与最低分之间的差值保持在 40 分左右，其中有 12% 的公司指数得分达到 60 分的及格线，比 2015 年下降 1 个百分点。

二是从无形资产的类型差异来看，技术类及市场类无形资产信息披露得分普遍较低，而人力资源类无形资产信息披露得分相对较高，其主要原因在于第 30 号准则对人力资源类无形资产相关要素的披露规则较为严格、明确和详细，上市公司并无太多自主调整的空间，从而保证了信息披露质量。

三是从行业差异来看，有 4 个行业的指数得分均值高于全样本均值（53.65 分），其中，互联网及相关服务业的指数得分均值（58.85）及最高分（74.85）、最低分（45.55）均远超过其他行业，成为无形资产信息披露质量最高的行业，这可能与该行业样本数量较少且在人力资源类指标上所占权重相对较高有关。计算机通信及电子、文化传播和软件、信息技术服务业等 3 个行业的指数得分均值在 55~58 分，处于第二梯队。而医药制造、化学橡胶塑料、机械设备仪表和其他行业的指数得分在 50~53 分，处于落后地位。

2. 2016 年度无形资产质量指数分析

一是创业板上市公司无形资产质量指数得分均值较低，仅为 37.85 分，显示创业板上市公司无形资产整体质量不高，相比 2015 年的 36.50 分略有提升。从得分区间的频率分布看，无形资产质量指数得分较为集中，呈现出明显的正态分布特征，横向差异并不明显，其中，超过七成以上公司的得分在 20~40 分，集中度较高。但相较于无形资产信息披露指数，创业板上市公司的无形资产质量指数分布则相对分散，样本极差依然超过 55 分，分值区间包含 5 个分数段，说明不同企业间的无形资产质量差异较为明显。与此同时，得分在 50 分以上的无形资产整体质量较高的企业占比仅为 5%，尽管比上年度提高1个百分点，但无形资产综合竞争力较强的领先企业依然偏少。

二是从一级指标评价维度的差异来看，创业板上市公司的无形资产规模能力相对较差，且企业间的差距较为明显。尽管本报告在指标体系的设置中剔除了个别覆盖率极低的或有指标，但仍有部分企业在该指标上的得分明显偏低，说明其无形资产规模和结构尚未形成企业的核心竞争力。相较于规模能力，创业板上市公司的无形资产持续能力的描述性指标与质量指数基本保持一致，除因其在指数计算过程中所占的权重（40%）较大外，近年来创业板上市公司对研发活动、营销活动的持续高额投入也是主要原因之一。

三是从行业差异来看，有4个行业的质量指数得分均值高于全样本均值（37.85分），其中，软件、信息技术服务业的质量指数得分均值（44.97）、最高分（69.88）及最低分（27.53）均超过其他行业，成为无形资产整体质量最高的行业，这可能与该行业的无形资产富集特征相关，且该行业近年来的经营业绩普遍提升，从而拉高了整体得分。互联网及相关服务业、计算机通信及电子和文化传播三类行业的得分均值较为接近，均略高于全样本均值。其中，由于样本数量较少，互联网及相关服务业和文化传播业样本公司的得分较为集中，而计算机通信及电子行业的得分则相对分散。其他行业则"高分不高、低分过低"，从而拉低了行业得分均值。医药制造、机械设备仪表、化学橡胶塑料和其他行业的得分均值都在33~37分，虽低于全样本均值，但差距不大。

四、新增内容

（一）创业板上市公司无形资产价值评价指数

本书在无形资产质量指数的基础上，结合创业板公司2016年年度报告中披露的无形资产及相关财务信息，计算得出了创业板上市公司无形资产价值评价指数（2016）。该指数从无形资产账面价值占比、托宾Q值和无形资产质量三个维度对创业板上市公司的无形资产价值进行了评价，并对整体得分和行业得分差异进行了比较分析。

从整体情况来看，2016年创业板上市公司无形资产价值评价指数均值较低，仅为30.78分，显示创业板上市公司无形资产整体价值偏低，且明显低于无形资产信息披露指数和无形资产质量指数。从频率分布来看，无形资产价值评价指数相对集中，其中，超过七成以上公司的得分在40分以下，拉低了整体均值。与此同时，得分在60分以上的优秀企业占比不足10%，说明无形资产整体市场价值较高的领先企业相对偏少。

从行业差异来看，仅有4个行业的无形资产价值评价指数得分均值高于全样本均值（30.78分），其中软件信息技术服务业的无形资产价值评价指数得分明显高于其行业，互联网及相关服务、计算机通信及电子、文化传播行业的得分均值较为接近，均略高于全样本均值。医药制造、机械设备仪表和化学橡胶塑料行业的得分均值都在25分以下，明显低于全样本均值。尤其是化学橡胶塑料行业的均值则仅为17.50分，说明该行业的无形资产账面价值占比、托宾Q值和无形资产质量指数三项指标均与其他行业存在明显差距，行业无形资产整体竞争力不容乐观。

创业板上市公司无形资产价值评价指数是从无形资产角度分析上市公司创新能力和企业价值的评价方法，既体现了资本市场对企业无形资产的认可程度和溢价水平，也体现了企业自身的创新基础和创新能力，对于更为全面、客观地评价创业板上市公司的创新水平和竞争能力具有重要参考意义。

（二）创业板上市公司股利政策研究

通过对创业板上市公2016年股利分配情况进行统计分析，发现同主板相比，创业板现金股利分配的金额比例都较低，更倾向于转增股本，有1/4的公司转增了股本，明显高于主板；转增的公司中50%以上的公司转增超过了1股，表明创业板"高送转"现象具有一定的普遍性。创业板"高送转"现象与该类市场中主体企业多为无形资产比例高的轻资产公司有关，这类公司研发投入高，而无形资产研发投入与产出的弱对应性，导致其经营风险更高。

以陇神戎发作为研究对象的案例分析发现，作为刚上市不足一年的创业板公司，在成长性指标出现下降的情况下，仍然出现每股送0.3股、转2.2股的高比例送转行为，其操纵股价的意图明显。虽然"高送转"通过除权降低股价，一定程度上提升了股票的流动性，同时通过投资者的价格幻觉，在填权过程中拉升股价，带来更高的收益。但是，对成长性较差的公司，"高送转"操纵股价容易产生价格与价值的背离，为公司后续发展埋下隐患。

（三）创业板上市公司投资价值评估指标体系的构建分析

创业板的推出和快速发展为处在成长中的创新型企业和成长型企业提供了一个新型股权投资价值评估机制，但因其高市盈率，较强波动性等干扰因素的存在，使得投资者面临较大的投资风险，进而干扰了市场合理的价值定价机制，所以创业板市场对其上市公司投资价值评估的合理性受到较大程度的质疑。本书在考虑存在信息不对称、市盈率过高、股价波动过大等高风险因素的状况下，引入TBP理论，对当前中国创业板上市公司投资价值评估指标体系的缺陷进行了分析，并在此基础上构建了创业板上市公司企业投资价值评估指标体系的基本理论框架。

（四）风险投资对创业板公司技术创新的影响研究

本书尝试以2010年至2015年创业板上市公司作为研究对象，通过多元线性回归方法进行实证分析，探讨风险投资对创业企业创新的影响。研究发现：一是相对没有风险投资进入的企业，有风险投资进入的企业对企业创新的产出和投入均有显著的影响；二是国有背景的风险投资对企业创新的产出和投入均有积极的影响。这一研究表明，对于拟上市公司来说，积极引入风险投资，有助于企业创新的提升，以及长期竞争力的培育。

本书是中南财经政法大学企业价值研究中心部分师生持续合作研究的成果。汪海粟负责制定研究方案和终审整体报告，曾维新负责协调和初审、修订整体报告，吴祺编制创业板上市公司无形资产信息披露指数、质量指数和价值评价指数并与汪勇军共同撰写报告十三。基芳婷撰写报告一和报告十二，吕娟撰写报告二和报告十一，陈雅林撰写报告三和报告八，丁敏撰写报告四，耿晓铭撰写报告五，叶畅撰写报告六，顾金朝撰写报告七，冷乾宇撰写报告九和报告十。

同时本书与上海立信会计金融学院从事资产评估的教学科研团队进行了首次合作，该团队的专家高度重视这一合作尝试，并完成了相关专题报告的撰写，其中郭昱、曹中撰写报告十四，王玉龙撰写报告十五，王平撰写报告十六。

八年前，当我们准备启动《中国创业板上市公司无形资产蓝皮书》的研究项目时，创业板还在襁褓之中，现在创业板已运行了八年，尽管还存在不少问题，但也取得了可圈可点的成就。我们希望以消耗有形资产，借以形成无形资产为基本特征的创业板上市公司，在追求高科技和高质量发展目标的过程中，优化无形资产结构，强化无形资产经营，细化无形资产披露，使中国的创业板真正成为优秀中小型高科技公司由弱变强，由小变大的摇篮。

第一篇

创业板2016年发展回顾

创业板 2016 年发展回顾

2016 年创业板企业的平均营业收入、净利润、销售净利率等指标较 2015 年均有不同幅度的上升，但新增企业在平均营业收入和净利润两项指标上的表现均低于上市公司整体均值。本报告从市场规模及结构、市场行情和企业经营情况三个维度总结创业板市场 2016 年的发展概况，并回顾了当年发生的典型性事件，以期通过对创业板市场发展进程的描述，帮助投资者更加理性、客观地看待该市场的上市企业。

一、创业板市场规模及结构

2016 年，创业板市场在规模、结构等方面都发生了诸多变化，本报告尝试选取部分关键指标，基于公开可得的数据，对创业板市场 2016 年的主要发展情况进行简要回顾。

（一）上市公司数量

截至 2016 年 12 月 30 日，创业板上市公司数量达到 570 家，较 2015 年年底增加 78 家，增幅为 15.85%，如图 1-1 所示。新增上市公司数量增幅环比下降的原因之一可能在于监管层有意尽力维持市场稳定，防止 IPO 企业数量突增导致市场资金压力骤增。

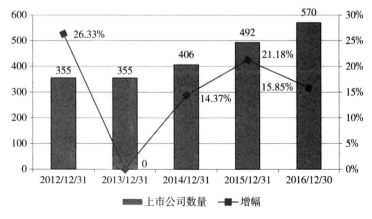

图 1-1　创业板上市公司数量变化

数据来源：深圳证券交易所，http://www.szse.cn/。

(二) 上市公司行业分布

为规范上市公司行业分类工作，根据《中华人民共和国统计法》《证券期货市场统计管理办法》《国民经济行业分类》等法律法规和相关规定，证监会制定了《上市公司行业分类指引》。按照证监会 2012 年新规定，一级行业、二级行业的分类发生较大变化。本报告以证监会 2012 年修订的《上市公司行业分类指引》为基础，统计截至 2016 年年底创业板上市公司所属一级行业及二级行业的分布情况，结果如表 1-1 所示。

从一级行业来看，2016 年创业板新增上市企业涉及制造业，建筑业，科学研究和技术服务业，农、林、牧、渔业，批发和零售业，文化、体育和娱乐业，信息传输、软件和信息技术服务业七个一级行业，新增上市企业数分别为 53 家、3 家、1 家、1 家、1 家、1 家和 18 家，新增企业中制造业企业仍占据多数。至此，创业板上市公司中制造业，建筑业，科学研究和技术服务业，农、林、牧、渔业，批发和零售业，文化、体育和娱乐业，信息传输、软件和信息技术服务业企业分别达到 397 家、9 家、9 家、8 家、6 家、10 家和 105 家。其中，制造业及信息传输、软件信息技术服务业企业数量占比之和高达 87.07%，较 2015 年下降 0.53 个百分点，规模相当。

从二级行业来看，制造业中的计算机、通信和其他电子设备制造业，专用设备制造业企业数量相对较多，信息传输、软件和信息技术服务业中的软件和信息技术服务业企业数量相对较多，其他二级行业企业数量则相对偏少。

表 1-1　创业板上市公司行业分布　　(单位：家)

证监会一级行业	证监会二级行业	2015 年年底	2016 年新增	2016 年年底
制造业	电气机械和器材制造业	45	4	49
	纺织服装、服饰业	1	1	2
	非金属矿物制品业	14	0	14
	化学原料和化学制品制造业	30	8	38
	计算机、通信和其他电子设备制造业	69	14	83
	金属制品业	4	0	4
	农副食品加工业	3	0	3
	其他制造业	3	0	3
	汽车制造业	5	2	7
	食品制造业	4	0	4
	铁路、船舶、航空航天和其他运输设备制造业	3	0	3
	通用设备制造业	26	3	29

续表

证监会一级行业	证监会二级行业	2015 年年底	2016 年新增	2016 年年底
制造业	文教、工美、体育和娱乐用品制造业	2	0	2
	橡胶和塑料制品业	13	2	15
	医药制造业	35	5	40
	仪器仪表制造业	23	5	28
	有色金属冶炼和压延加工业	5	0	5
	专用设备制造业	59	9	68
小计		344	53	397
电力、热力、燃气及水生产和供应业	燃气生产和供应业	1	0	1
	电力、热力生产和供应业	1	0	1
小计		2	0	2
建筑业	建筑装饰和其他建筑业	1	1	2
	土木工程建筑业	5	2	7
小计		6	3	9
交通运输、仓储和邮政业	仓储业	3	0	3
小计		3	0	3
科学研究和技术服务业	研究和试验发展	1	0	1
	专业技术服务业	7	1	8
小计		8	1	9
采矿业	开采辅助活动	4	0	4
小计		4	0	4
农、林、牧、渔业	畜牧业	3	0	3
	农业	3	1	4
	渔业	1	0	1
小计		7	1	8
批发和零售业	零售业	3	0	3
	批发业	2	1	3
小计		5	1	6
水利、环境和公共设施管理业	生态保护和环境治理业	8	0	8
小计		8	0	8
卫生和社会工作	卫生	3	0	3
小计		3	0	3
文化、体育和娱乐业	广播、电视、电影和影视录音制作业	6	1	7
	文化艺术业	1	0	1
	新闻和出版业	2	0	2

证监会一级行业	证监会二级行业	2015 年年底	2016 年新增	2016 年年底
小计		9	1	10
信息传输、软件和信息技术服务业	电信、广播电视和卫星传输服务	2	0	2
	互联网和相关服务	15	1	16
	软件和信息技术服务业	70	17	87
小计		87	18	105
租赁和商务服务业	租赁业	1	0	1
	商务服务业	5	0	5
小计		6	0	6

数据来源：深圳证券交易所，http://www.szse.cn/。

（三）上市公司地域分布

截至 2016 年 12 月 31 日，创业板上市公司的地区分布如表 1-2、表 1-3 所示。2016 年，新增的 78 家创业板上市公司中，有 60 家位于东部地区，占比 76.92%，东部地区企业累计占比达 79.12%，较 2015 年下降 0.35 个百分点。

从上市公司所属省份（市）来看，2016 年新增上市公司所属省份（市）排名前六位的是广东省、江苏省、浙江省、北京市、湖北省和四川省，分别有 24 家、11 家、10 家、6 家、6 家和 5 家企业。相对而言，广西、贵州、黑龙江、海南、新疆、内蒙古等省份在 2016 年并无公司在创业板上市，且已上市公司数量也相对较少，地区间的差距有进一步扩大的趋势。

表 1-2　创业板上市公司区域分布　　　　　　　　（单位：家）

区域	2015 年年底	2016 年新增	2016 年年底
东部	391	60	451
中部	58	10	68
西部	43	8	51
合计	492	78	570

数据来源：深圳证券交易所，http://www.szse.cn/。

表 1-3　创业板上市公司省份分布　　　　　　　　　　（单位：家）

	省份	2016年新增	2016年年底		省份	2016年新增	2016年年底		省份	2016年新增	2016年年底
东部	广东省	24	123	中部	湖北省	6	20	西部	四川省	5	24
	北京市	6	87		湖南省	2	17		陕西省	1	9
	江苏省	11	68		河南省	0	11		重庆市	0	5
	浙江省	10	59		安徽省	2	12		内蒙古	0	3
	上海市	4	40		江西省	0	5		新疆省	0	3
	山东省	1	23		山西省	0	3		甘肃省	1	3
	福建省	2	15						贵州省	0	1
	辽宁省	1	12						云南省	1	2
	天津市	0	7						广西省	0	1
	河北省	0	10								
	海南省	0	2								
	黑龙江	0	2								
	吉林省	1	3								
合计		60	451	合计		10	68	合计		8	51

数据来源：深圳证券交易所，http://www.szse.cn/。

（四）保荐机构分布

考虑到保荐机构对企业 IPO 的成败具有重大影响，并会承担相应的法律责任，加之创业板上市公司的首发保荐人往往也是其股票的主承销商，因此，本报告对 2016 年新增的 78 家上市公司及全部 570 家上市公司的首发保荐人信息进行了统计分析。

对于 2016 年新上市的 78 家创业板公司，其首发保荐机构分布如表 1-4 所示。由表可知，新增上市公司的首发保荐机构相对分散，排名并列第一的广发证券、中信证券在 2016 年均为 7 家创业板上市公司提供保荐服务，位列前九位的其他保荐机构依次是：国信证券、安信证券、招商证券、国泰君安证券、申万宏源证券、兴业证券、中国国际金融有限公司。

对于全部创业板上市公司，其首发保荐机构的分布也较为分散、集中度不高，如图 1-2 所示。截至 2016 年 12 月 31 日，平安证券是承担保荐业务最多的保荐机构，客户共计 44 家，占比 7.72%，位列前十位的其他保荐机构依次是：国信证券、广发证券、招商证券、中信证券、国金证券、华泰联合证券、中信建投证券、海通证券和安信证券，前十家证券机构累计为近一半的创业板上市公司提供了保荐及股票承销服务。

表 1-4 2016 年新增上市公司首发保荐机构分布 （单位：家）

首发保荐机构	企业数目
广发证券股份有限公司	7
中信证券股份有限公司	7
国信证券股份有限公司	5
安信证券股份有限公司	4
招商证券股份有限公司	4
国泰君安证券股份有限公司	3
申万宏源证券承销保荐有限责任公司	3
兴业证券股份有限公司	3
中国国际金融有限公司	3
其他	39

数据来源：巨灵金融服务平台，http：//terminal.chinaef.com/。

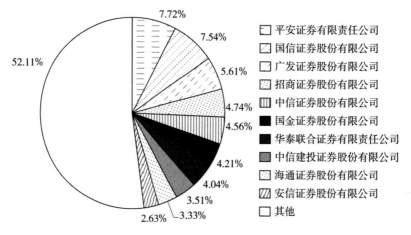

图 1-2 截至 2016 年年底创业板上市公司首发保荐人分布

数据来源：巨灵金融服务平台，http：//terminal.chinaef.com/。

二、创业板市场行情变化

（一）首发融资及超募

1. 首发融资

从年度总额来看，创业板公司 2016 年首发实际募集资金总额❶为 234.1 亿元，较上年度有所回落，创业板 2016 年新上市公司数量较 2015 年有所减少是主要原因。

---

❶ 已剔除发行费用。

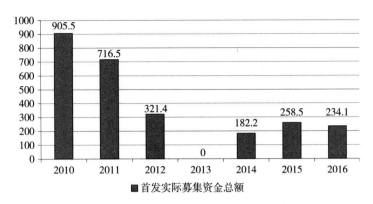

图 1-3 创业板上市公司分年度融资总额

数据来源：巨灵金融服务平台，http：//terminal. chinaef. com/。

从年度均值来看，2016 年创业板上市公司首发实际融资均值为 3.0 亿元，剔除
2013 年数据后，这是连续四年下降后的首次小幅上升，如图 1-4 所示。

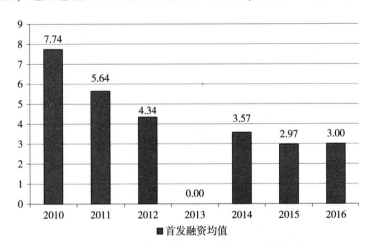

图 1-4 创业板上市公司分年度实际融资均值

数据来源：巨灵金融服务平台，http：//terminal. chinaef. com/。

从公司排名上看，2016 年新上市的 78 家创业板企业中，共有 26 家（占比
33.33%）公司首发实际融资额达到或超过平均值，其中赛托生物（300583）、冰川网
络（300533）、天能重工（300569）、华舟应急（300527）、中亚股份（300512）、贝达
药业（300558）、久之洋（300516）、太辰光（300570）、星源材质（300568）、雪榕生
物（300511）、移为通信（300590）的融资规模均超过 5.0 亿元，其中赛托生物
（300583）以 10.74 亿元高居榜首，如图 1-5 所示。

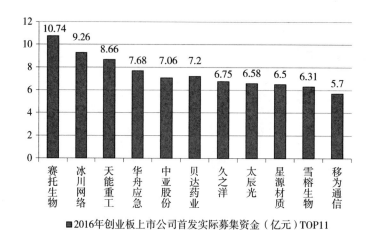

■2016年创业板上市公司首发实际募集资金（亿元）TOP11

图1-5 2016年创业板上市公司首发实际融资额前十一名

数据来源：巨灵金融服务平台，http：//terminal.chinaef.com/。

从融资规模结构上看，2016年创业板上市公司首发实际融资额的分布总体较为平均，77%的上市公司首发融资额在1.03亿~4亿元，如图1-6所示。

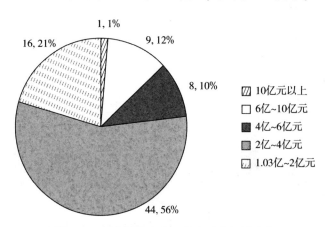

- 10亿元以上
- 6亿~10亿元
- 4亿~6亿元
- 2亿~4亿元
- 1.03亿~2亿元

图1-6 创业板上市公司首发融资规模分布

数据来源：巨灵金融服务平台，http：//terminal.chinaef.com/。

2. 超募情况分析

创业板上市公司IPO超募现象一直受到有关各方的高度关注。数据显示，截至2016年12月31日，创业板出现首发超募的上市公司共有378家，占比高达66.32%。从各年度首发超募企业的占比来看，自2010年以来，首发超募企业占比连续下降，从2010年的100%降低至2016年的1.3%，尤其2014年以来，占比急剧下降，2016年度，仅1家公司（维宏股份，300508）出现首发超募，其超募金额为0.44亿元，另有13家公司（13.17%）实际募集金额低于计划募集金额如图1-7所示。新增超募企业数量急剧减低，超募金额下降可能是因为：①宏观经济不景气；②发行询价制度进一步完善；③投资者更加理性；④信息不对称导致的代理冲突现象缓解；⑤公司投资价值降低等原因。

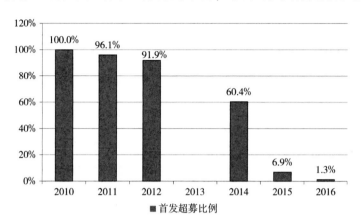

图 1-7　创业板上市公司分年度首发超募企业占比

数据来源：巨灵金融服务平台，http：//terminal. chinaef. com/。

（二）指数变化

创业板指数旨在更全面地反映创业板市场行情变化，向投资者提供更多的可交易的指数产品和金融衍生工具的标的物，推进指数基金产品以及丰富证券市场产品品种，对于研究创业板市场走势具有重要意义。2016 年及历年来的创业板指数变化走势图分别如图 1-8、图 1-9 所示。

由图 1-8 可知，创业板指数在 2016 年 1 月保持持续下降态势，而后基本保持稳定，除局部小范围内波动外，并无剧烈突变的情形，指数在 2200 点上下浮动。结合图 1-9 可知，创业板市场在 2013 年至 2014 年保持缓慢的上涨趋势，2015 年上半年开始暴涨，而后暴跌，并在 2016 年保持基本稳定。从 2016 年 1 月 4 日的最高点 2491. 24 点，到 2016 年 2 月 29 日降至最低点 1880. 15 点，降幅为 24. 53%。

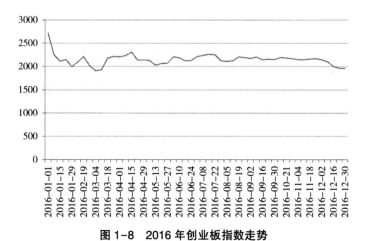

图 1-8　2016 年创业板指数走势

数据来源：巨灵金融服务平台，http：//terminal. chinaef. com/。

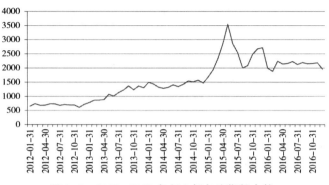

图 1-9　2012-2016 年创业板年度指数走势

数据来源：巨灵金融服务平台，http：//terminal. chinaef. com/。

　　图 1-10 则是同期上证指数和中小板指数走势图。可以发现，同期上证指数和中小板指数的变化趋势与创业板指数基本保持一致，其中，上证指数波动程度最为平稳。图 1-11 是同期纳斯达克综合指数走势图。与创业板指数变化相比，纳斯达克市场波动也较为平稳，且处于小幅波动上升的稳定增长通道。

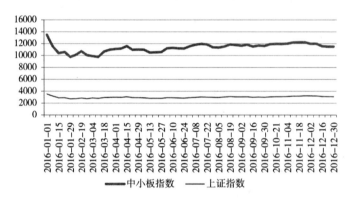

图 1-10　2016 年上证指数、中小板指数走势

数据来源：巨灵金融服务平台，http：//terminal. chinaef. com/。

图 1-11　2016 年纳斯达克指数走势

数据来源：雅虎财经，http：//finance. yahoo. com/。

（三）市值变化

截至 2016 年 12 月 31 日，创业板市场总市值累计达到 51755.80 亿元，较 2015 年年底的 55404.11 亿元下降 3648.32 亿元，降幅为 6.58%，如图 1-12 所示，说明新增上市公司数量不仅有所下降，且其市值增长势头放缓。

就市场整体而言，2016 年年底创业板上市公司平均市值达 92.09 亿元，较 2015 年年底的 114.47 亿元下降 22.38 亿元，降幅为 19.55%，这是继上年度峰值后的一次回落，如图 1-13 所示。分析其中原因：一是 2016 年秋季以来创业板行情低迷、投资热点转换等市场本身原因造成；二是在于创业板自身模式的转变：2013-2015 年，创业板市值的飙升主要依靠外延式并购以及黑科技、新概念等带来的"鸡血"，而随着 IPO 提速带来的供应改变，以及业绩对赌失败带来的并购光环的破灭，使得创业板上市公司市值增长的逻辑发生了变化。

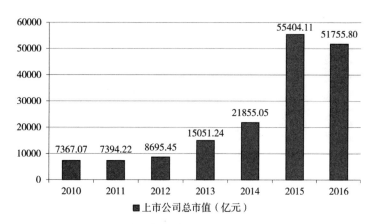

图 1-12　创业板上市公司总市值的年度变化

数据来源：深圳证券交易所，http：//www.szse.cn/。

图 1-13　创业板上市公司平均市值的年度变化

数据来源：深圳证券交易所，http：//www.szse.cn/。

　　就单家公司而言，截至 2016 年 12 月 31 日，有 142 家创业板上市公司市值超百亿元，较 2015 年的 174 家减少 32 家。其中以温氏股份（300498）为代表的 14 家企业，如图 1-14 所示，市值超 300 亿元，这些公司成为市值规模上"第一集团"。此外，在市场行情低迷的情况下，2016 年有 344 家企业（占比高达 71%）市值同比下降，近1/3的企业市值增长幅度在 0~1 倍之间，5 家企业市值增长幅度在 1~2 倍之间，2 家企业市值增长幅度在 2~3 倍之间，2 家企业市值增长超 3 倍，如图 1-15 所示。其中，金科娱乐（300459）以 4.52 倍的涨幅位居创业板市值涨幅榜首位，通合科技（300491）、坚瑞沃能（300116）、华自科技（300490）、山鼎设计（300492）、盛天网络（300494）、易事特（300376）、富祥股份（300497）、三聚环保（300072）则紧跟其后，如图 1-16 所示。

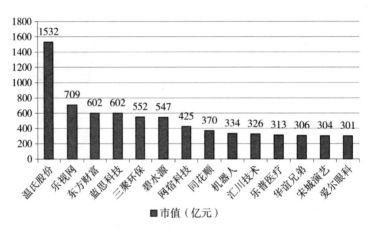

图 1-14　2016 年 12 月 31 日创业板市值 300 亿元以上企业

数据来源：巨灵金融服务平台，http：//terminal.chinaef.com/。

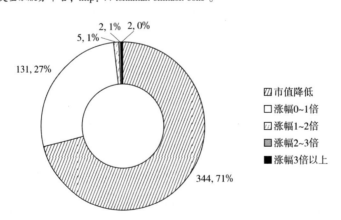

图 1-15　2016 年 12 月 31 日创业板上市企业市值同比变化情况

数据来源：巨灵金融服务平台，http：//terminal.chinaef.com/。

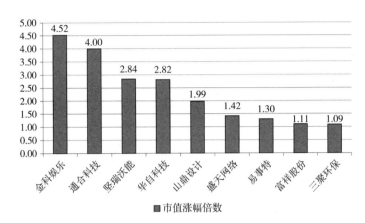

图 1-16　2016 年 12 月 31 日创业板上市企业市值涨幅前九名

数据来源：巨灵金融服务平台，http://terminal.chinaef.com/。

（四）市盈率变化

就年度市盈率来看，2016 年的市场表现不佳，市盈率仅约为 2015 年的 1/3，2016 年创业板市场整体市盈率降至 125.86 倍，如图 1-17 所示，是继 2015 年峰值后的一次回落。

就行业 IPO 市盈率来看，2016 年个别行业平均 IPO 市盈率较 2015 年变化较大，排名顺序有所调整。图 1-18 显示了 2016 年创业板各行业的平均 IPO 市盈率，可知不同行业的 IPO 市盈率存在较大差距。创业板所涉及的 13 个一级行业中，采矿业，农、林、牧、渔业，水利、环境和公共设施管理业的行业平均 IPO 市盈率位列前三名且均在 60 倍以上，而企业数量占比最高的制造业及信息传输、软件和信息技术服务业的 IPO 市盈率分别位列第 10 及第 9。

此外，图 1-19 是 2016 年创业板新增企业的行业平均 IPO 市盈率，可以发现，新增企业所涉及的七个一级行业——制造业，建筑业，科学研究和技术服务业，农、林、牧、渔业，信息传输、软件和信息技术服务业，文化、体育和娱乐业、批发和零售业，其平均 IPO 市盈率明显低于已上市公司的行业平均 IPO 市盈率，新增企业的 IPO 市盈率整体偏低且趋同。

就单个公司的 IPO 市盈率来看，569❶ 家公司的平均 IPO 市盈率为 43.19 倍，共有 237 家（占比 41.65%）公司的 IPO 市盈率高于平均值，其中 IPO 市盈率过百的公司仅有 15 家，最高的新研股份（300159）IPO 市盈率高达 150.82 倍。2016 年新上市公司的平均 IPO 市盈率仅为 22.49 倍，最高的 IPO 市盈率仅为 22.99 倍，个体差异性不大，市盈率趋同。其中，共有 32 家公司市盈率为 22.99 倍（占比达 41.03%），有 26 家公司市盈率为 22.98（占比达 33.33%），总体较之前年份明显下降。

---

❶　由于温氏股份（300498）数据不可得，故对此予以剔除。

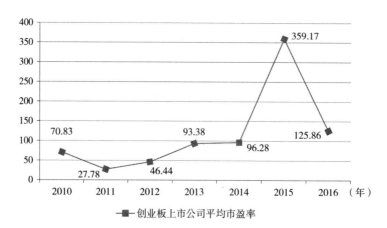

图1-17 创业板上市公司各年度平均市盈率变化

数据来源：国泰安数据服务中心，http：//www.gtarsc.com/。

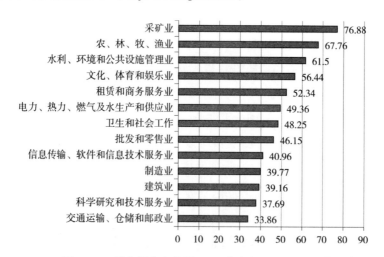

图1-18 创业板上市公司2016年各行业平均IPO市盈率

数据来源：巨灵金融服务平台，http：//terminal.chinaef.com/。

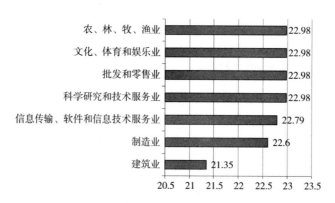

图1-19 2016年创业板新增企业一级行业平均IPO市盈率

数据来源：巨灵金融服务平台，http：//terminal.chinaef.com/。

三、创业板公司经营概况

(一) 经营业绩

本报告选取营业收入、净利润以及销售净利率三个指标来评价创业板上市公司的 2016 年的整体经营情况。

2016 年，创业板上市公司在营业收入、净利润及销售净利率三项指标上较 2015 年均有所提高。具体来看，平均营业收入从 2015 年的 10.26 亿元增长至 2016 年的 13.73 亿元，增幅高达 33.82%，如图 1-20 所示；平均净利润从 2015 年的 1.17 亿元增长至 2016 年的 1.60 亿元，增幅达 36.75%，如图 1-21 所示。创业板 2016 年营业收入和净利润增长迅速原因有三，一是内生增长型（当年无重大资产重组）公司业绩创新高，其在营业收入及净利润增长额中贡献率达到 78% 和 67%，说明内生增长仍然是创业板公司增长的主要因素❶；二是创业板公司不断强化培养创新能力，随着研发力度的加大，创新特色进一步凸显；三是创业板整体资产负债率保持较低水平，整体财务状况较为稳健，风险可控。销售净利率亦呈现明显增长，从 2015 年的 9.96% 增长至 2016 年的 12.54%，如图 1-22 所示，这主要是由于 2016 年新增公司的销售净利率较高，从而拉高整体水平。以上三项指标表明创业板上市公司不论是营收规模还是盈利能力均有所提高。值得注意的是，虽然 2016 年新上市的 78 家公司平均营业收入仅为 4.58 亿元，但其销售净利率指标（18.19%）却高于上市公司整体均值（12.54%）。由此可见，新上市公司营收规模虽不及过去上市的公司，但其盈利能力却优于后者。

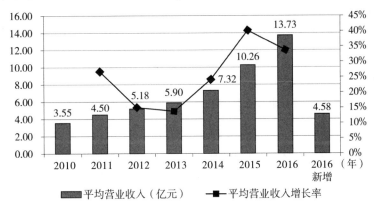

图 1-20　创业板上市公司平均营业收入变化❷

数据来源：巨灵金融服务平台，http://terminal.chinaef.com/。

---

❶ 中国银河证券：《创业板上市公司业绩佳　营收净利双增长凸显四大特点》，2017 年 5 月。

❷ 图 1-20、图 1-21 和图 1-22 中 2016 年指 570 家样本公司的数据，含 2016 年新增只包含当年度新增 78 家公司的数据。

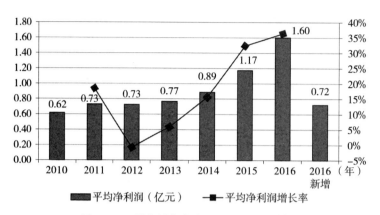

图1-21 创业板上市公司平均净利润变化

数据来源：巨灵金融服务平台，http：//terminal.chinaef.com/。

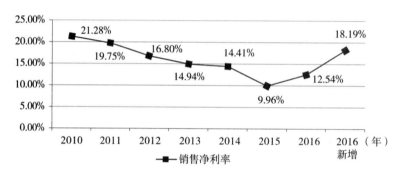

图1-22 创业板上市公司销售净利率变化

数据来源：巨灵金融服务平台，http：//terminal.chinaef.com/。

图1-23和图1-24则显示了创业板上市公司2016年营业收入及净利润的同比增长变化情况。

统计显示，在2016年创业板上市的570家公司中，共有476家（占比83.51%）上市公司在2016年实现营业收入同比增长，较2015年增加107家企业，其中有65家为2016年新增上市公司，有37家（占比6.49%）公司营业收入同比增长超过100%；共有413家（占比72.46%）上市公司在2016年实现净利润同比增长，较2015年增加107家企业，其中有21家（占比3.68%）公司净利润同比增长超过300%。

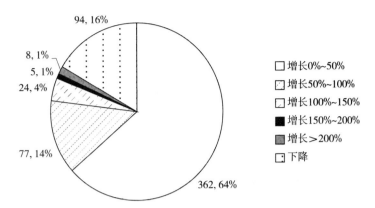

图 1-23　创业板上市公司 2016 年营业收入同比变化情况

数据来源：巨灵金融服务平台，http：//terminal.chinaef.com/。

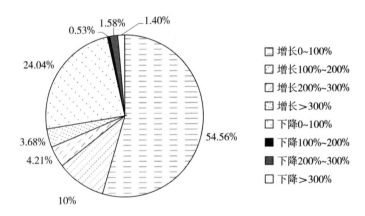

图 1-24　创业板上市公司 2016 年净利润同比变化情况

数据来源：巨灵金融服务平台，http：//terminal.chinaef.com/。

（二）股利分配

创业板上市公司股利分配的方式主要有三种：一是现金分红，亦称为现金股利、每股股利或派现，简称派；二是送红股，也称为每股红股或送股，简称送；三是公积金转增股本，称为转增，简称转。

由图 1-25 可知，2016 年有 507 家（88.95%）创业板上市公司通过派、送、转三种方式分配当年的股利，较 2015 年增加 93 家，其中 74 家为 2016 年新增上市公司。由图 1-26 可知，每股转增股本（转）在 2014 年达到峰值，后出现转折，呈下降趋势，每股红股（送）一直保持在较低水平，严格意义上来说，每股转增股本（转）和每股红股（送）都不是实际上的利润分配，两者都相当于对股本的稀释；现金股利基本保持平稳且处于低位，偶有小幅波动。综上所述，表明 2016 年创业板企业总体上降低了对股东的回报，且更多的依然是对未来的投资，而当下现金股利的派送极低。

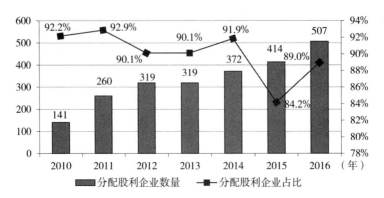

图 1-25　创业板上市公司股利分配情况

数据来源：巨灵金融服务平台，http：//terminal.chinaef.com/。

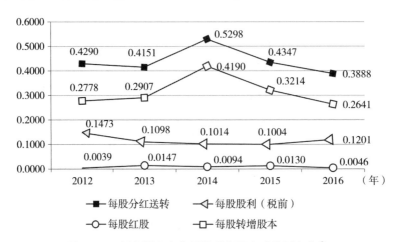

图 1-26　创业板上市公司股利分配方式比例变化❶

数据来源：巨灵金融服务平台，http：//terminal.chinaef.com/。

　　由于利润分配关系到投资者的切身利益，因此利润分配的大小以及方式将会直接影响投资者的决策，最终可能会反映到企业的经营业绩上来，图 1-27 显示了每股分红送转与企业销售净利率、平均营业收入之间的变化趋势，可知每股分红送转与平均营业收入以及销售净利率曲线的变化趋势上不存在显著关联性。

---

❶ 每股分红送转指的是每股股利（派）、每股红股（送）和每股转增股本（转）三者之和。

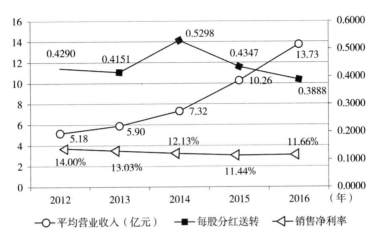

图 1-27　每股分红送转与销售净利润及平均营业收入的关系

数据来源：巨灵金融服务平台，http：//terminal. chinaef. com/。

四、年度典型事件梳理

为进一步加深了解创业板市场 2016 年的发展动态，本报告从监管制度、处罚与处分、市场资讯和公司报道四个维度对本年度创业板市场的典型事件进行了梳理，汇总结果如表 1-5 所示。

表 1-5　2016 年创业板市场典型事件汇总

类别	序号	事件	时间	概况	来源
监管制度	1	证监会关于修改《首次公开发行股票并在创业板上市管理办法》的决定	2016. 2. 26	删除第十六条、第二十二条；增加一条，作为第三十四条："发行人应当在招股说明书中披露已达到发行监管对公司独立性的基本要求。"	证监会
	2	证监会发布《证券公司风险控制指标管理办法》及配套规则	2016. 6. 17	为提升风险控制指标的有效性，促进证券公司持续稳定健康发展，中国证监会再次研究修订了《办法》及配套措施。此次《办法》修订，一方面在维持总体框架不变基础上，对不适应行业发展需要的具体规则进行调整；另一方面，结合行业发展的新形势，通过改进净资本、风险资本准备计算公式，完善杠杆率、流动性监管等指标，明确逆周期调节机制等，提升风控指标的完备性和有效性。	证监会
	3	关于改《上市公司重大资产重组管理办法》的决定（征求意见稿）	2016. 6. 17	为进一步规范上市公司重大资产重组行为，证监会拟对《上市公司重大资产重组管理办法》（证监会令第 109 号）进行修改并向社会公开征求意见。	证监会

续表

类别	序号	事件	时间	概况	来源
监管制度	4	中国证监会公布《证券期货经营机构私募资产管理业务运作管理暂行规定》	2016.7.14	为了进一步加强对证券期货经营机构私募资产管理业务的监管，规范市场行为，强化风险管控，根据系列法律法规制定本规定。该文件被视为资管业新"八条底线"。	证监会
	5	证监会发布《证券投资基金管理公司子公司管理规定》和《基金管理公司特定客户资产管理子公司风险控制指标指引》	2016.11.29	为进一步加强基金管理公司子公司监管，提高子公司风险管理能力和内部控制水平、严格通道业务，证监会结合行业发展情况和监管工作实际，修订此两项规定。	证监会
处罚与处分	6	关于对中文在线数字出版集团股份有限公司副总经理宋洁给予通报批评处分的决定	2016.1.29	通报批评：宋洁，10月20日其通过竞价交易减持中文在线股票2000股，减持金额251600元，违反了《上市规则》第1.4、第3.1.11条和《运作指引》第1.3、第3.8.1条、第3.8.17条的相关规定。	深交所
	7	关于对北京东土科技股份有限公司总经理宛晨给予通报批评处分的决定	2016.2.1	通报批评：宛晨通过本所证券交易系统以竞价交易方式卖出公司股票5000股，成交均价25.88元，交易金额129370元。违反了《上市规则》第1.4条、第3.1.11条和《运作指引》第1.3条、第3.8.1条的相关规定。	深交所
	8	关于对海南神农基因科技股份有限公司时任董事兼副总经理张雄飞给予公开谴责处分的决定	2016.2.2	公开谴责：张雄飞通过本所证券交易系统以竞价交易方式减持公司股票320000股，减持比例0.03125%，涉及金额2944000元。违反了《上市规则》第1.4条、第3.1.11条和《运作指引》第1.3条、第3.8.1条的相关规定。	深交所
	9	关于对中颖电子股份有限公司董事会秘书潘一德给予通报批评处分的决定	2016.2.3	通报批评：潘一德增持中颖电子股份有限公司股票30000股，并承诺自增持之日起6个月内不转让所持有的中颖电子股票。但后以竞价交易方式卖出中颖电子股票7500股，交易金额117472.5元。违反了《上市规则》第1.4条、第3.1.11条和《运作指引》第1.3条、第3.8.16条的规定。	深交所
	10	关于对深圳市昌红科技股份有限公司监事管逢兴给予通报批评处分的决定	2016.3.16	通报批评：2015年12月21日，管逢兴通过本所证券交易系统以竞价交易方式卖出昌红科技股票12500股，减持金额308750元违反了《上市规则》第1.4条、第3.1.11条和《运作指引》第1.3条、第3.8.1条、第3.8.17条的相关规定。	深交所

续表

类别	序号	事件	时间	概况	来源
处罚与处分	11	关于对河北先河环保科技股份有限公司监事张文给予通报批评处分的决定	2016.3.17	通报批评：2015 年 12 月 31 日，张文通过本所证券交易系统以竞价交易减持先河环保股票 2625 股，减持金额 55387.5 元违反了《上市规则》第 1.4 条、第 3.1.11 条和《运作指引》第 1.3 条、第 3.8.1 条、第 3.8.17 条的相关规定。	深交所
	12	关于对新疆西部牧业股份有限公司副总经理陈建防给予公开谴责处分的决定	2016.3.17	公开谴责：2015 年 11 月 3 日，陈建防通过竞价交易减持西部牧业股票 35000 股，减持金额 728000 元。违反了《上市规则》第 1.4 条、第 3.1.11 条和《运作指引》第 1.3 条、第 3.8.1 条、第 3.8.17 条的相关规定。	深交所
	13	关于对江苏华盛天龙光电设备股份有限公司及相关当事人给予公开谴责处分的决定	2016.5.9	公开谴责：常州诺亚科技有限公司向天龙光电借款，该行为属于控股股东非经营性占用上市公司资金，违反了《上市规则》第 1.4 条和《运作指引》第 2.1.4 条、第 7.1.5 条的相关规定。	深交所
	14	关于对中新融泽、中新睿银、中新融鑫给予通报批评处分的决定	2016.5.20	通报批评：在买入荃银高科股份达到 5% 时，中新融泽、中新睿银、中新融鑫作为一致行动人没有及时向中国证监会和深交所提交书面报告并披露权益变动报告书，违反了《证券法》第 86 条和《上市公司收购管理办法》第 13 条的规定。	深交所
	15	关于对北京昆仑万维科技股份有限公司时任副总经理方汉给予通报批评的决定	2016.8.18	通报批评：方汉作为昆仑万维时任副总经理，于 2016 年 2 月 22 日、23 日分别卖出公司股票 10 万股、40 万股，交易金额累计为 1766.3 万元，上述减持行为发生在业绩快报公告前十日内。违反了《上市规则》第 1.4 条、第 3.1.11 条规定及本所《运作指引》第 3.8.1 条、第 3.8.17 条规定。	深交所
	16	关于对恒信移动商务股份有限公司及相关当事人给予通报批评处分的决定	2016.8.23	通报批评：恒信移动变更后的年报业绩说明会日期距年度报告披露日期超过十个交易日，距《关于变更公司 2015 年度网上业绩说明会日期的公告》披露日期不足二个交易日。违反了《上市规则》第 1.4 条规定及本所《运作指引》第 1.4 条、第 2.1.1 条、第 9.9 条规定。恒信移动董事长孟宪民、董事会秘书赵东未能恪尽职守、履行诚信勤勉义务，违反了《上市规则》第 2.2 条、第 3.1.5 条规定，对恒信移动违规行为负有重要责任。	深交所

续表

类别	序号	事件	时间	概况	来源
处罚与处分	17	关于对宁波 GQY 视讯股份有限公司股东姚国际给予公开谴责处分的决定	2016.9.13	公开谴责：姚国际通过本所证券交易系统以集中竞价交易方式累计减持 GQY 视讯股份有限公司（以下简称"GQY 视讯"）股份 8538169 股，占 GQY 视讯总股本的 4.03%，成交均价 20.15 元/股，成交金额为 172023554 元。违反了《上市规则》第 2.10 条、第 11.11.1 条和《运作指引》第 4.1.4 条的规定。	深交所
	18	关于对上海华虹计通智能系统股份有限公司及相关当事人给予通报批评处分的决定	2016.10.10	通报批评：华虹计通违反了《上市规则》第 1.4 条、第 2.1 条、第 11.3.4 条的相关规定。华虹计通董事长项翔，董事兼总经理徐明，时任财务总监黄健军未能恪尽职守、履行诚信勤勉义务，违反了《上市规则》第 2.2 条、第 3.1.5 条的相关规定，对华虹计通上述违规行为负有重要责任。	深交所
	19	关于对王利峰给予公开谴责处分的决定	2016.11.2	公开谴责：王利峰作为重大资产重组交易对手方，未能诚实守信，上述相关行为违反了本所《上市规则》第 2.10 条、第 11.11.1 条的规定。	深交所
	20	关于对安徽盛运环保（集团）股份有限公司及相关当事人给予通报批评处分的决定	2016.11.3	通报批评：盛运环保违反了本所《上市规则》第 2.1 条、第 10.2.6 条、第 10.2.10 条、第 10.2.11 条的相关规定。盛运环保董事长开晓胜、总经理王仕民、财务总监杨宝、时任董事会秘书齐敦卫未能恪尽职守、履行诚信勤勉义务，违反了《上市规则》第 2.2 条、第 3.1.5 条的相关规定，对公司违规行为负有重要责任。盛运环保原董事兼副总经理汪玉未能履行忠实义务，违反了《上市公司章程指引（2014 年第二次修订）》第 101 条及本所《上市规则》第 2.2 条、第 3.1.5 条的相关规定，对公司违规行为负有重要责任。	深交所

类别	序号	事件	时间	概况	来源
处罚与处分	21	关于对北京无线天利移动信息技术股份有限公司董事兼总经理邝青给予通报批评处分的决定	2016.11.14	通报批评：2016 年 7 月 6 日，邝青以大宗交易方式减持了 75 万股京天利股票，减持价格为 38.73 元，合计减持金额为 2904.75 万元。7 月 15 日，京天利披露了 2016 年半年度业绩预告。邝青的上述减持行为发生在京天利业绩预告公告前十日内，行为违反了《上市规则》第 1.4 条、第 3.1.11 条规定及《创业板上市公司规范运作指引》（2015 年修订）第 3.8.1 条和第 3.8.17 条规定。	深交所
	22	关于对江苏新宁现代物流股份有限公司及相关当事人给予通报批评处分的决定	2016.12.12	通报批评：新宁物流违反了《上市规则》第 1.4 条、第 2.1 条、第 11.3.4 条、第 11.3.8 条规定。新宁物流董事长王雅军、副董事长曾卓、董事兼总经理谭平江、副总经理吴宏、财务总监马汝柯未能恪尽职守、履行诚信勤勉义务，违反了《上市规则》第 2.2 条、第 3.1.5 条的规定，对新宁物流违规行为负有重要责任。	深交所
市场资讯	23	十三五科技规划印发：深化创业板市场改革	2016.8.8	国务院印发"十三五"国家科技创新规划指出：大力发展创业投资和多层次资本市场，完善科技和金融结合机制，提高直接融资比重。支持创新创业企业进入资本市场融资，完善企业兼并重组机制，鼓励发展多种形式的并购融资。深化创业板市场改革，健全适合创新型、成长型企业发展的制度安排，扩大服务实体经济覆盖面。强化全国中小企业股份转让系统融资、并购、交易等功能。	和讯网
	24	创业板成立七周年	2016.10.31	七年来，创业板作为创新驱动发展的主战场，培育了勇于创业、敢于创新的制度环境和社会氛围，凸显出较强的成长型和创新型特征，为供给侧结构性改革和经济转型升级提供重要支持。	和讯网
公司报道	25	欣泰电气因欺诈发行被强制退市	2016.7.8	证监会对欣泰电气涉嫌欺诈发行及信息披露违法违规案开出罚单，并启动强制退市程序。欣泰电气将成为中国资本市场首个因欺诈发行而强制退市的公司。根据相关规定，因欺诈发行暂停上市后不能恢复上市，且创业板没有重新上市的制度安排。	中国证券报

续表

类别	序号	事件	时间	概况	来源
公司报道	26	乐视网市值四天蒸发 128 亿	2016.11.7	乐视资金链风波持续发酵。自从 11 月 2 日传出乐视欠款消息后，乐视网股价不断下跌。11 月 7 日，乐视网再跌 4.68%。4 个工作日，乐视网连跌近 15%，市值已蒸发 128 亿元。	第一财经

注："处罚与处分"类别中，《上市规则》指代《创业板股票上市规则（2014 年修订）》；《运作指引》指代《创业板上市公司规范运作指引（2015 年修订）》，全文同。

五、创业板 2016 年发展总结

2016 年创业板市场市值和市场行情的主要特征可以归纳为以下几点：

一是行业和区域集中度仍然较高。截至 2016 年 12 月 31 日，创业板上市公司数量总计 570 家，较 2015 年增加 78 家，制造业和信息技术业企业整体占比从 2015 年的 87.60%进一步上升至 2016 年的 88.25%，东部沿海发达地区企业占比小幅下降至 76.12%，集中度仍然保持高位。

二是市场波动剧烈且主要指标式微。2016 年全年创业板指数均值为 2148.93，较 2015 年下降约 17%；企业平均市盈率、平均市值均较 2015 年有所下降；IPO 超募比例与超募金额均下降。

三是上市公司经营业绩明显提高。相较于 2015 年，创业板上市公司 2016 年的营业收入、净利润及销售净利率的均值均有所提高，且营业收入和净利润均值的增长速度皆达到了近 5 年来的最高水平。此外，2016 年创业板公司并购重组继续保持活跃态势，全年共有 79 家公司完成重大资产重组，这些公司 2016 年度营业收入和净利润增幅分别达 64.5%和 127.9%，显著高于创业板整体水平。

四是监管更加严格。2016 年，证券行业迎来了"史上最严监管年"，无论是对上市公司信息披露等方面的监管，还是对借壳重组的审核，抑或是对券商等中介机构的监管，又或者是对私募的监管，都展现出全面从严之势。

第二篇

创业板上市公司分类型无形资产研究

✐ **报告二**

创业板上市公司无形资产账面价值整体评价
——基于创业板上市公司财务报表和报表附注

基于系统性和延续性的要求，本报告继续沿用《中国创业板上市公司无形资产蓝皮书（2015-2016）》的研究框架，以截至 2017 年 5 月 18 日上市的 638 家创业板公司中同比新增的 130 家上市公司招股说明书，以及全样本公司披露的 2016 年年报为数据来源，对其包含的无形资产账面价值信息进行整体评价。

一、新上市公司无形资产账面价值分析——基于招股说明书

报告期内新增创业板上市公司 130 家，基于招股说明书中披露的无形资产账面价值信息，其中 14 家上市公司招股说明书未披露无形资产明细科目，本报告按照"边缘无形资产""经典无形资产""其他无形资产"和"商誉"四个大类对上述 116 家❶公司的无形资产明细科目的账面价值进行统计分析，结果如表 2-1 所示。

表 2-1 新增创业板公司无形资产账面价值（含土地使用权）　（单位：万元）

类型名称	总额	均值	中位数	占比
土地使用权	274984.80	2370.56	2268.43	85.15%
许可权	0.00	0.00	0.00	0.00%
小计：边缘无形资产	274984.80	—	—	85.15%
专利权及专有技术	15927.48	137.31	69.33	4.93%
著作权	640.80	5.52	160.06	0.20%
商标权	101.48	0.87	4.71	0.03%
软件技术投资	11208.71	96.63	62.79	3.47%
技术使用权	323.43	2.79	16.17	0.10%

---

❶ 新增 130 样本中去掉没有无形资产明细表的企业，剩余有效样本为 116 家，数据分析均基于有效样本。

续表

类型名称	总额	均值	中位数	占比
特许权	0.00	0.00	0.00	0.00%
小计：经典无形资产	28201.90	—	—	8.73%
商誉	14693.79	126.67	119.27	4.55%
其他无形资产	4970.38	42.85	129.14	1.54%
无形资产账面价值	322946.83	2784.02	1762.10	100%

数据来源：创业板上市公司招股说明书。

由表 2-1 可知，若包含土地使用权在内，本年度新增上市公司无形资产账面价值的整体结构相较于 2015❶ 年的样本公司有如下变化：一是土地使用权的账面均值显著下降；二是除了专利、专有技术、商标权账面均值显著上升，著作权、软件技术投资等经典无形资产科目的账面均值普遍下降；三是边缘无形资产账面总额的占比也出现小幅下降，从 2015 年的 90% 下降至 2016 年的 85%，而经典无形资产账面总额的占比较为稳定，保持在 8.6% 左右。

从具体科目来看，土地使用权账面均值从上年度的 3236.63 万元下降至本年度的 2370.56 万元，总额占比也从 89.69% 降至 85.15%；专利及专有技术账面均值为 137.31 万元，明显高于上年度的 77.17 万元，总额占比也从上年度的 2.14% 增长至本年度的 4.93%；著作权账面均值为 5.52 万元，相较于上年度的 65.55 万元降幅明显，总额占比从上年度的 1.82% 降至本年度的 0.20%；商标权账面价值均值由 0.17 万元上升至 2016 年的 0.87 万元；软件技术投资的账面价值均值和占比与上年度相比降幅明显，账面价值均值由 165.45 万元大幅降至 96.63 万元，2015 年占比为 4.59%，2016 年为 3.47%；特许权的账面价值均值在 2015 年和 2016 年均保持在 0 元。就商誉资产而言，本年度的账面均值和总额占比增长明显，账面均值从上年度的 26.33 万元增加至本年度的 126.67 万元，总额占比则由 0.73% 增长为 4.55%。其他无形资产总额为 4970.38 万元（占比 1.54%），均值为 42.85 万元，较上一报告期增长幅度较大。

为排除土地使用权账面价值的扰动，更加科学地分析新增创业板上市公司的无形资产账面价值结构，本报告将剔除土地使用权后的新增上市公司无形资产账面价值重新进行统计，结果如表 2-2 所示。

---

❶ 2015 年的无形资产账面价值情况参见《中国创业板上市公司无形资产蓝皮书（2015-2016）》。

表2-2　新增创业板公司无形资产账面价值（不含土地使用权）　（单位：万元）

类型名称	总额	均值	中位数	占比
许可权	0.00	0.00	0.00	0.00%
小计：边缘无形资产	0.00	—	—	0.00%
专利权及专有技术	15927.48	137.31	69.33	33.28%
著作权	640.80	5.52	160.06	1.34%
商标权	101.48	0.87	4.71	0.21%
软件技术投资	11208.71	96.63	62.79	23.42%
技术使用权	323.43	2.79	16.17	0.68%
特许权	0.00	0.00	0.00	0.00%
小计：经典无形资产	28201.90	—	—	58.92%
商誉	14693.79	126.67	119.27	30.70%
其他无形资产	4970.38	42.85	129.14	10.38%
账面无形资产	47866.07	413.47	99.53	100.00%

数据来源：创业板上市公司招股说明书。

由表2-2可知，在剔除土地使用权后，边缘无形资产总额占比大幅降至0%，专利、非专利技术、著作权、商标等经典无形资产总额占比则提升至58.92%，商誉总额占比变为30.70%，而上年度边缘无形资产、经典无形资产、商誉和其他无形资产的总额占比分别为9.77%、83.04%、6.94%和0.25%。与上年度相比，本年度新增上市公司的经典无形资产总额占比出现显著下降趋势，其中软件技术投资总额的数值由13566.99万元降至11208.71万元，总额占比由44.56%降至23.42%，专利、专有技术总额占比则提升了12个百分点，商标权总额占比略有提升，技术使用权的账面价值出现大幅度上升，总额占比由0%升至0.68%。商誉总额占比较2015年增加23个百分点，上升至30.70%，增幅明显，可能原因有：一是创业板新增企业并购活动频繁从而导致自身商誉总额较多；二是因为2016年的许可权账面均值和总额占比显著减少（许可权账面价值和总额占比由2015年的36.29万元，9.77%减少为2016年的0万元，0%），进而增加了商誉的占比。

二、创业板上市公司无形资产账面价值变化——基于年度报告

（一）无形资产账面价值的变化趋势

为考察创业板上市公司无形资产账面价值的整体变化趋势，本报告将2017年5月18日前上市的638家公司纳入统计范畴，除去未披露2016年年度报告和未披露明细表的48家公司外，共统计了590家样本公司的无形资产账面价值信息。

统计结果显示，创业板上市公司2016年年报披露的无形资产账面价值总额为

25607338 万元，较上年度增长 59.58%，账面均值为 43402.27 万元，较上年度增长 33.89%，如表 2-3 所示。在无形资产账面价值总额和均值大幅提高的同时，无形资产占总资产的比例也由上年度的 15.29% 提升至本年度的 15.56%。此外，由于近三年来创业板市场不断扩容，企业并购频繁发生，在相关因素的共同驱动下，上市公司的商誉总额也在迅速增加，2014 年、2015 年和 2016 年分别达到 4708577.37 万元、10806143.85 万元和 17904376.00 万元，构成了创业板上市公司无形资产总额和均值迅速增长的重要推动力。然而，由于商誉不可直接用于支付，其获利能力也具有较大的不确定性，因商誉规模扩大导致的无形资产账面价值高速增长并不能表明创业板上市公司的无形资产整体质量在本年度得到了明显提升。

表2-3　近五年创业板公司无形资产账面价值及占比　　（单位：万元）

年份	无形资产账面价值总额	无形资产账面价值均值	资产总额	无形资产占总资产比例
2012	2439645.71	6872.24	43947348.12	5.55%
2013	4028107.55	10628.25	53212642.45	7.57%
2014	8240665.18	19667.46	72598400.93	11.35%
2015	16046529.50	32417.23	104929537.20	15.29%
2016	25607338.00	43402.27	164563454.43	15.56%

数据来源：2012 年、2013 年、2014 年、2015 年和 2016 年创业板上市公司年度报告。

为进一步研究可辨认无形资产在创业板上市公司中的规模和变化趋势，本报告将剔除商誉后的无形资产各明细科目的账面价值进行了统计分析，结果如表 2-4 所示。

表2-4　近五年创业板公司无形资产账面价值及占比（不含商誉）　　（单位：万元）

年份	无形资产账面价值总额	无形资产账面价值均值	资产总额	无形资产占总资产比例
2012	1829023.51	5152.18	43947348.12	4.16%
2013	2523865.81	6659.28	53212642.45	4.74%
2014	3532087.82	8429.80	72598400.93	4.87%
2015	5271514.54	10649.52	104929537.2	5.02%
2016	7709817.34	13067.49	164563454.4	4.69%

数据来源：2012 年、2013 年、2014 年、2015 年和 2016 年创业板上市公司年度报告。

在剔除商誉资产以后，样本公司的无形资产账面价值均值及占比增速明显放缓，只由 2012 年的 4.16% 提高至 2016 年的 4.69%，在不包含商誉的情况下，创业板上市公司无形资产占总资产的比例依然较低，且日益频繁的并购行为并未明显促进除商誉外的其他无形资产的明显增长。

（二）无形资产账面价值的结构分析

为反映创业板上市公司年度报告披露的无形资产账面价值的内在结构，本报告将2016年创业板上市公司无形资产各明细科目的账面价值进行了统计分析，结果如表2-5所示。

表 2-5   2016 年创业板公司无形资产账面价值（含土地使用权）   （单位：万元）

类型名称	总额	均值	中位数	2016 年占比
土地使用权	3205854.09	5424.46	3671.13	12.52%
许可权	1622075.67	2744.63	3170.71	6.33%
小计：边缘无形资产	4827929.76	—	—	18.85%
专利权及专有技术	1134227.09	1919.17	1468.76	4.43%
著作权	769098.61	1301.35	1645.36	3.00%
商标权	111107.68	188	63.74	0.43%
软件技术投资	417506.37	706.44	176.54	1.63%
技术使用权	0	0	0	0.00%
特许权	0	0	0	0.00%
小计：经典无形资产	2431939.76	—	—	9.50%
商誉	17904376.00	30295.05	1370.82	69.92%
其他无形资产	443092.45	749.73	658.54	1.73%

数据来源：创业板上市公司 2016 年年度报告。

由表2-5可知，在2016年年度报告所披露的无形资产账面价值中，经典无形资产占比较低，而商誉占比明显偏高。与上年度相比，本年度无形资产的结构呈现出以下特点：

一是以土地使用权为代表的边缘无形资产占比继续降低，土地使用权占比从2015年的15.87%下降至2016年的12.52%；

二是经典无形资产占比从上年度的10.22%略微下降至本年度的9.5%；

三是商誉占比提升，从上年度的67.35%小幅上升至本年度的69.92%，从侧面印证了创业板公司持续的并购热潮。

从明细科目数值变动的情况来看，2016年各类型无形资产账面均值与上年度相比均有较大波动。土地使用权均值从上年度的5145.09万元增长5.43%达到5424.46万元。许可权均值由2015年的1419.61万元增长为2016年的2744.63万元。专利权及专有技术均值从1589.47万元增至1919.17万元，增幅达20.74%。此外，著作权、商标的变化幅度较小。著作权账面价值均值由2015年的1008.37万元增加至2016年的1301.35万元，占比却由3.11%略微降至3.00%。商标的账面价值均值由149.38万元增至 188 万元，占比则由 0.46% 降至 0.43%。

值得注意的是，除了许可权和著作权，其他类型的无形资产账面均值高于中位数，说明部分公司的某些单项无形资产账面价值巨大，例如，商誉账面价值最高的掌趣科技拥有商誉近 56 亿元，商誉占无形资产的比例高达 97.97%，捷成股份的商誉价值为 55.5 亿元，商誉占比 88.38%，从而拉升了整体均值；而许可权的账面均值显著低于中位数，说明拥有该项无形资产的公司数量较少，查看财务报表数据发现 2016 年度仅 43 家公司拥有该项无形资产。

为排除土地使用权账面价值的干扰，本报告将剔除土地使用权后的创业板上市公司无形资产账面价值进行统计分析，结果如表 2-6 所示。

表 2-6　2016 年创业板公司无形资产账面价值（不含土地使用权）　　（单位：万元）

类型名称	总额	均值	中位数	2016 年占比
许可权	1622075.67	2744.63	3170.71	7.24%
小计：边缘无形资产	1622075.67	—	—	7.24%
专利权及专有技术	1134227.09	1919.17	1468.76	5.06%
著作权	769098.61	1301.35	1645.36	3.43%
商标权	111107.68	188	63.74	0.50%
软件技术投资	417506.37	706.44	176.54	1.86%
技术使用权	0	0	0	0.00%
特许权	0	0	0	0.00%
小计：经典无形资产	2431939.76	4114.96	—	10.86%
商誉	17904376.00	30295.05	1370.82	79.92%
其他无形资产	443092.45	749.73	658.54	1.98%

数据来源：创业板上市公司 2016 年年度报告。

可以发现，在排除土地使用权资产后，经典无形资产和商誉资产之间的不平衡现象更加突出。2016 年经典无形资产的账面均值为 4114.96 万元，较 2015 年的 3313.95 万元高出 24.17%，但其总额占比却从 11.81% 下滑至 10.86%。本年度商誉均值与上年度相比增长了 38.75%，但总额占比从 2015 年的 80.06% 略微降至 2016 年的 79.92%。

三、无形资产账面价值的行业比较——基于年度报告

为考察各行业创业板上市公司的无形资产账面价值，本报告将 2017 年 5 月 18 日前上市的 638 家公司纳入统计范畴，除去未披露 2016 年年度报告和未披露明细表的 48 家公司外，共统计了 590 家样本公司的无形资产账面价值信息，并基于 2012 年证监会二级行业分类标准进行了分类，采用的分类标准与上年度一致，2016 年统计的二级行业

有42个。各行业无形资产账面价值的基本情况（含土地使用权）如表2-7所示，该表按照行业无形资产账面价值的均值大小进行降序排列。

可以发现，在包含土地使用权的情况下，无形资产均值最高的5个二级行业依次为燃气生产和供应业、商务服务业、生态保护和环境治理业、互联网和相关服务、新闻和出版业。

表2-7 2016年创业板公司无形资产账面价值分行业统计（含土地使用权）

序号	二级行业	行业均值（万元）	行业总额（万元）	公司数量（家）	无形资产占比
1	燃气生产和供应业	234722.53	234722.53	1	0.92%
2	商务服务业	220853.12	1325118.74	6	5.17%
3	生态保护和环境治理业	167305.38	1338443.02	8	5.23%
4	互联网和相关服务	161410.37	2421155.50	15	9.45%
5	新闻和出版业	153566.04	307132.07	2	1.20%
6	广播、电视、电影和影视录音制作业	130988.92	916922.47	7	3.58%
7	文教、工美、体育和娱乐用品制造业	102806.26	205612.52	2	0.80%
8	卫生	86962.97	260888.90	3	1.02%
9	其他制造业	77547.95	232643.86	3	0.91%
10	仓储业	67825.77	203477.32	3	0.79%
11	电信、广播电视和卫星传输服务	65706.45	65706.45	1	0.26%
12	开采辅助活动	62549.15	250196.59	4	0.98%
13	文化艺术业	50380.96	100761.92	2	0.39%
14	土木工程建筑业	49263.22	344842.52	7	1.35%
15	软件和信息技术服务业	46829.88	4214689.15	90	16.46%
16	批发业	46141.85	138425.54	3	0.54%
17	专业技术服务业	43338.43	346707.45	8	1.35%
18	汽车制造业	40127.00	321016.00	8	1.25%
19	农业	38972.20	155888.78	4	0.61%
20	畜牧业	38228.41	114685.23	3	0.45%
21	电气机械和器材制造业	37914.78	1857824.26	49	7.26%
22	租赁业	37873.34	37873.34	1	0.15%
23	通用设备制造业	37525.94	1163304.20	31	4.54%
24	电力、热力生产和供应业	36031.49	36031.49	1	0.14%
25	医药制造业	34033.18	1463426.84	43	5.71%
26	专用设备制造业	33693.97	2358578.06	70	9.21%

续表

序号	二级行业	行业均值（万元）	行业总额（万元）	公司数量（家）	无形资产占比
27	计算机、通信和其他电子设备制造业	31876.49	2709501.31	85	10.58%
28	纺织服装、服饰业	31300.23	31300.23	1	0.12%
29	非金属矿物制品业	28028.05	420420.75	15	1.64%
30	食品制造业	25114.34	100457.38	4	0.39%
31	仪器仪表制造业	25087.28	702443.73	28	2.74%
32	化学原料和化学制品制造业	20906.35	815347.53	39	3.18%
33	有色金属冶炼和压延加工业	15740.18	78700.92	5	0.31%
34	铁路、船舶、航空航天和其他运输设备制造业	12711.68	63558.41	5	0.25%
35	零售业	11750.70	35252.09	3	0.14%
36	橡胶和塑料制品业	9986.65	179759.79	18	0.70%
37	建筑装饰和其他建筑业	7992.15	15984.31	2	0.06%
38	渔业	6272.73	6272.73	1	0.02%
39	农副食品加工业	4689.86	14069.57	3	0.05%
40	金属制品业	4063.81	16255.24	4	0.06%
41	纺织业	1033.65	1033.65	1	0.00%
42	皮革、毛皮、羽毛及其制品和制鞋业	905.58	905.58	1	0.00%

数据来源：创业板上市公司2016年年度报告。

燃气生产和供应业的无形资产平均账面价值最高，该行业仅有一家公司，即天壕环境（300332）。天壕环境是一家综合节能服务提供商，公司主营业务为余热发电项目的连锁投资、研发设计、工程建设和运营管理。公司在2016年披露的无形资产总额高达23.47亿元，其无形资产中商誉占比超过50%，披露的商誉值为11.74亿元。

无形资产账面均值排名第二的行业为商务服务业，该行业有六家公司。这六家公司按照所披露的无形资产由高到低排序依次是蓝色光标（300058）、联建光电（300269）、天龙集团（300063）、华谊嘉信（300071）、腾邦国际（300178）、宣亚国际（300612）。该行业不同公司拥有的无形资产价值悬殊，无形资产最多的是蓝色光标，其披露的无形资产价值为62.36亿元，而排名最后的宣亚国际披露的无形资产仅为386.61万元。该行业无形资产占比前三名公司的无形资产之和占比高达90.58%。该行业前四家公司的无形资产中的商誉占无形资产账面价值的比例均高达90%以上，其中联建光电披露的无形资产中商誉占无形资产账面价值的 98.82%，宣亚国际披露的商誉价值占无形资产账面价值的比重最低，为 20.66%。无形资产账面价值均值排名第五的行业是新闻和出版业，该行业包括天舟文化（300148）、中文在线（300364）两个公司。天舟文化是中国民营出版传媒行业的第一家上市企业，以图书研发发行行为基础产业，其无形资产总额为 28.03 亿元，其中 95.79% 均为商誉；中文在线是全球最大的中文数字出版机构之一，为数字出版和发行机构提供数字出版运营服务，共拥有 2.69 亿元无形资产，其中 91.87% 为著作权，达 2.47 亿元。两家公司的无形资产构成差异较大，天舟文化是商誉占绝大部分，中文在线则是著作权占无形资产比重大。

无形资产账面均值在后五位的行业依次为渔业，农副食品加工业，金属制品业，纺织业，皮革、毛皮、羽毛及其制品和制鞋业。渔业只有国联水产（300094）一家公司，无形资产总额为 6272.73 万元，土地使用权和商誉占比分别为 64.08% 和 35.21%，经典无形资产占比极低。农副食品加工业由晨光生物（300138）、朗源股份（300175）、万福生科（300268）三家公司构成。晨光生物所拥有的无形资产总额为 1.16 亿元，土地使用权为该公司主要无形资产，占比高达 98.35%，相较而言，其他无形资产几乎可以忽略不计了。万福生科的无形资产结构同样以土地使用权为核心，土地使用权占比达 100%。朗源股份作为三家公司中无形资产规模最小的公司，土地使用权占比达到 99.88%。总体而言，该行业的无形资产结构单一，均以土地使用权为主。金属制品业则包括宜安科技（300328）、红宇新材（300345）、星徽精密（300464）和恒锋工具（300488）四家公司。四家公司的无形资产结构也比较单一，都是以土地使用权为核心，四家公司的土地使用权占无形资产账面价值的比例分别为 73.50%、65.28%、91.05%、97.79%。其中红宇新材的商誉占无形资产价值比例为 15.19%，商誉与土地使用权占比之和超过 80%。无形资产账面价值均值排名最后的皮革、毛皮、羽毛及其制品和制鞋业也只有一家公司——万里马（300591），无形资产账面价值为 905.58 万元，土地使用权占比为 72.65%。

由上述分析可知，土地使用权作为一种边缘无形资产，在无形资产总额中占有较大比重，一定程度上干扰了对其他类别无形资产账面价值的横向比较，为避免其扰动，本报告在剔除土地使用权后对各行业的无形资产均值进行再次排序，其结果如表 2-8 所示。

表 2-8　2016 年创业板公司无形资产账面价值分行业统计表（不含土地使用权）

序号	二级行业	行业均值（万元）	行业总额（万元）	公司数量（家）	无形资产占比
1	燃气生产和供应业	228544.56	228544.56	1	1.02%
2	商务服务业	219343.86	1316063.17	6	5.87%

续表

序号	二级行业	行业均值（万元）	行业总额（万元）	公司数量（家）	无形资产占比
3	生态保护和环境治理业	161747.03	1293976.26	8	5.78%
4	互联网和相关服务	160831.72	2412475.85	15	10.77%
5	新闻和出版业	153566.04	307132.07	2	1.37%
6	广播、电视、电影和影视录音制作业	130988.92	916922.47	7	4.09%
7	卫生	86171.97	258515.90	3	1.15%
8	文教、工美、体育和娱乐用品制造业	81625.60	163251.20	2	0.73%
9	其他制造业	74759.26	224277.77	3	1.00%
10	仓储业	61768.42	185305.27	3	0.83%
11	电信、广播电视和卫星传输服务	60232.52	60232.52	1	0.27%
12	开采辅助活动	59396.58	237586.31	4	1.06%
13	软件和信息技术服务业	45576.98	4101928.32	90	18.31%
14	批发业	44366.13	133098.39	3	0.59%
15	土木工程建筑业	43643.52	305504.61	7	1.36%
16	专业技术服务业	39285.97	314287.76	8	1.40%
17	租赁业	36734.68	36734.68	1	0.16%
18	汽车制造业	32573.06	260584.46	8	1.16%
19	纺织服装、服饰业	31300.23	31300.23	1	0.14%
20	电气机械和器材制造业	31233.78	1530455.01	49	6.83%
21	电力、热力生产和供应业	30786.18	30786.18	1	0.14%
22	通用设备制造业	29964.54	928900.70	31	4.15%
23	农业	28540.99	114163.95	4	0.51%
24	专用设备制造业	27223.30	1905631.06	70	8.51%
25	计算机、通信和其他电子设备制造业	26005.64	2210479.22	85	9.87%
26	医药制造业	25982.55	1117249.67	43	4.99%
27	仪器仪表制造业	22527.76	630777.22	28	2.82%
28	非金属矿物制品业	20061.80	300927.05	15	1.34%
29	化学原料和化学制品制造业	15572.62	607332.06	39	2.71%
30	食品制造业	15362.70	61450.80	4	0.27%
31	零售业	8832.08	26496.25	3	0.12%
32	有色金属冶炼和压延加工业	8125.42	40627.12	5	0.18%
33	畜牧业	5950.70	17852.09	3	0.08%

续表

序号	二级行业	行业均值（万元）	行业总额（万元）	公司数量（家）	无形资产占比
34	文化艺术业	4097.18	8194.36	2	0.04%
35	铁路、船舶、航空航天和其他运输设备制造业	3441.26	17206.30	5	0.08%
36	橡胶和塑料制品业	3274.35	58938.38	18	0.26%
37	渔业	2253.28	2253.28	1	0.01%
38	金属制品业	785.98	3143.94	4	0.01%
39	皮革、毛皮、羽毛及其制品和制鞋业	247.66	247.66	1	0.00%
40	建筑装饰和其他建筑业	217.27	434.54	2	0.00%
41	农副食品加工业	64.14	192.41	3	0.00%
42	纺织业	22.86	22.86	1	0.00%

数据来源：创业板上市公司2016年年度报告。

在剔除土地使用权后，无形资产均值位列前五的行业没有发生变化，由于排名第一位至第五位的燃气生产和供应业、商务服务业、生态保护和环境治理业、互联网和相关服务、新闻和出版业中商誉占无形资产总额的比例较大，土地使用权所占的比例十分有限，因此，剔除土地使用权对其无形资产均值排名的影响极小。但对于依赖土地使用权资产的畜牧业而言则大为不同，在统计口径改变后，畜牧业无形资产均值的排名从第二十名跌至第三十三名。畜牧业包含三家公司，分别西部牧业（300106）、天山生物（300313）和温氏股份（300498），三家公司无形资产中土地使用权的占比都比较高，分别为98.31%，87.25%和82.53%，因此将土地使用权剔除后排名下降较多。在剔除土地使用权后，无形资产均值末五位的行业发生了较大变化，依次是金属制品业，皮革、毛皮、羽毛及其制品和制鞋业，建筑装饰和其他建筑业，农副食品加工业，纺织业，这五个行业的土地使用权占比分别为80.66%、72.65%、97.28%、98.63%和97.79%。其中纺织业仅包含一家公司开润股份（300577），这家公司的土地使用权为1010.78万元，无形资产账面价值为1033.65万元，土地使用权占比接近100%。

四、小结

（一）结论

第一，本年度新增创业板上市公司的无形资产整体质量水平与上年度相似，结构也保持一致。与上年度相比，本年度新增创业板上市公司的数量是上年度的近两倍，虽然本年度新增创业板公司无形资产整体账面价值总额高于2015年对应数据，但均值却相比 2015 年出现明显下降趋势，同样，经典无形资产大类的总额高于上年度，但其均值也低于上年度同期数据。2016 年专利权及专有技术科目均值有所提升，但是剩余的经典无形资产的明细科目均值都出现较大幅度的下降，其中软件技术投资均值下降了 42%。此外，虽然本年度新增公司的边缘无形资产的占比下降了 5 个百分点，但是经典无形资产总额占比与上年度保持一致，并没有较大的波动。另外，商誉的总额、均值都高于上年度数据，总额占比也上升明显。本报告认为，与上年度新增创业板上市的公司相比较，本年度新增创业板上市公司的无形资产结构不具有特别的优势。

第二，创业板上市公司基于 2016 年年报的无形资产账面价值总额和均值快速上升，无形资产占总资产的比例却增长缓慢。具体而言，在包含土地使用权的情况下，土地使用权资产和常规无形资产的总额占比较 2015 年度均有下降，而商誉总额占比却出现小幅度上升；在剔除土地使用权后，常规无形资产占比较上年度有升有降，变化不大，商誉总额占比也与上年度维持一致水平，降幅较小。

第三，企业并购导致的商誉资产快速增加推动了商务服务业，互联网和相关服务以及新闻出版业成为无形资产均值领先的行业。尤其是新闻出版业，商誉对无形资产账面价值的贡献占据主导作用，该行业商誉占无形资产价值比例高达 90%。此外，土地使用权依然是影响行业无形资产排名特别是末位排名的重要因素。在剔除土地使用权之后，无形资产均值排名靠后行业的共同特征是：行业内公司除土地使用权资产外，其他无形资产的占比普遍偏低，比如农副食品加工业中的万福生科，公司的其他无形资产的占比为 0。

（二）存在的问题

综观近三年创业板账面价值模块报告，行业无形资产最核心的问题在于无形资产的披露缺失，所以本年度报告将对所存在的信息披露问题进行一个梳理，为企业和行业投资者提供借鉴意义。

1. 现行会计制度核算存在局限性

（1）核算内容的局限性

无形资产概念内涵过于狭窄。财政部于 2006 年发布的《企业会计准则第 6 号——无形资产》中对无形资产界定的概念是企业拥有或者控制的没有实物形态的可辨认非货币性资产。无形资产确认范围过窄使得大量实际存在而且价值颇高的无形资产游离于会计核算的范围之外，使会计资料体现的内容严重失实，也造成创业板公司大量无形资产未能在账面价值中反映出来。

（2）核算方法的局限性

第一，历史成本计量模式的局限性。创业板是技术密集型的资本市场板块，无形资产在公司总资产中应该处于核心地位，但各公司的财务报表并未反映出该项特性。因为财务报表是以历史成本来衡量无形资产的价值，这造成了大批商标、专利、非专利技术、版权等无形资产的低估，直接导致了一些无形资产密集型行业的无形资产价值过低，不利于对创业板公司的核心竞争力的判断。

第二，摊销方法单一。有形资产通过自身的耗费给企业带来效益，应计算其转移的价值，以准确提供成本资料，而无形资产通过其功能和运作给企业带来收益，在此过程中，有的无形资产的价值并没有减少（如企业文化氛围），但许多公司的无形资产却采用与有形资产相同的"摊销"方法计算其耗费水平。

第三，货币计量的局限性。现行会计制度以货币为主要计量单位，侧重于有形资产的计量，忽视无形资产的计量。大量无法以货币明确计量取得成本资料的就没有被划归为无形资产。此认定标准没有反映出具有战略眼光的衡量企业竞争力的无形资产，比如顾客满意程度、企业研究与开发能力、企业人力资源价值、企业文化氛围等方面。当这些作为公司获得未来现金流量和价值的动力和源泉不包括在"资产"之中，势必会低估其财务状况和盈利能力。

2. 无形资产披露存在局限性

第一，公司信息披露程度不一。基于招股说明书披露的无形资产账面价值信息，报告期内新增创业板上市公司130家，其中就有14家上市公司招股说明书未披露无形资产明细科目；基于年报披露的无形资产账面价值信息，2017年5月18日前有638家公司上市的，其中11家公司未披露无形资产明细表。还有部分公司，比如幸福蓝海（300528）只披露无形资产总额和商誉，剩余的无形资产细分项目都没有披露。

第二，信息披露术语不一致。一是缺乏统一规范的表达：例如关于专利权的表达，创业板公司的披露中不仅出现了专利使用权，甚至出现了法学上的用语专利技术等多种表达方式。二是无形资产的分类不清晰，例如金运激光（300220），其专利权、专有技术及非专利技术放在一起披露，使得无形资产的分类别账面价值模糊不清，造成公司无形资产难以横向比较。

第三，无形资产披露的二级科目设置不规范。有的公司二级科目设置不完备，大量的无形资产被划分至其他无形资产科目中；有的公司设置了相关科目却仍将无形资产错报，列示于其他无形资产科目下，这些现象都表明某些公司在无形资产披露中操作不规范，甚至有舞弊嫌疑。

参考文献

[1] 彭坤玲. 浅析历史成本计量模式对会计报告的影响 [J]. 当代会计，2016（3）：
　　10-11.

[2] 孙国军. 新会计准则下无形资产核算的探讨 [J]. 现代经济信息，2009（19）：
　　201-201.

[3] 中国资产评估协会. 资产评估 [M]. 北京：经济科学出版社，2012.

创业板上市公司技术类无形资产研究

专利、非专利技术、技术标准和软件著作权均是与技术高度相关的无形资产，各种技术类无形资产与企业竞争力之间存在一定关系，因此，本报告在《创业板上市公司无形资产蓝皮书（2015-2016）》（以下简称《蓝皮书（2015-2016）》）的基础上，对截至 2017 年 5 月 18 日前上市的 638 家创业板公司 2009-2016 年的专利、非专利技术、技术标准和软件著作权等四种技术类无形资产的统计数据进行分析，从而持续观测创业板上市公司技术类无形资产的发展情况。

一、技术类无形资产的界定

基于系统性和一致性原则，本报告沿用《蓝皮书（2015-2016）》对于技术类无形资产的界定：即技术类无形资产是指与技术密切关联的，不具有实物形态，为特定主体拥有或控制并且能够为其带来收益的资产或资源。其基本内容应包括所有与技术密切关联的无形资产，包括常规技术类无形资产及非常规技术类无形资产。其中，常规技术类无形资产包括专利、非专利技术和软件著作权；非常规技术类无形资产包括技术标准等❶。

二、相关典型事件和文献综述

相关典型事件梳理和文献综述是本次报告的新增内容，力图让读者了解过去一年在技术类无形资产方面发生的典型事件和有关技术类无形资产的最新研究。

（一）相关典型事件

技术类无形资产是企业核心竞争力的重要部分，也是衡量创新能力的重要指标。本报告整理了 2016 年发生的关于技术类无形资产的典型事件，如表 3-1 所示。

---

❶ 沿用《蓝皮书（2015-2016）》对技术标准的解释：将技术标准定义为非常规技术类无形资产主要因其具备两大属性：一是其与技术具有天然的关系，二是现行会计制度尚未设计这类科目予以计量和报告。

表3-1　2016年技术类无形资产典型事件

时　间	内　容
2016 年 3 月	经国务院同意，国务院知识产权战略实施工作部际联席会议（下称联席会议）制度建立。
2016 年 5 月	华为在中美两地同时起诉三星专利侵权，重塑中国制造新形象。
2016 年 6 月	小米与微软达成全球合作伙伴关系，从微软购买大约 1500 项专利。
2016 年 9 月	中国提出的首个知识产权管理新国际标准提案《创新管理-知识产权管理指南》得到了全体与会成员国的大力支持。
2016 年 9 月	拥有自主知识产权的圆珠笔笔头用新材料在太钢集团研发成功，太原钢铁（集团）公司成功生产出第一批圆珠笔笔头用新型不锈钢材料。
2016 年 10 月	国家知识产权局发布《专利审查指南修改草案（征求意见稿）》，正式就审查指南的修改征求公众意见。
2016 年 11 月	国家知识产权局加快知识产权快速协同保护，建立"黑名单"出击专利黑代理。
2016 年 11 月	华为利用通信基础专利实现标准突破，获 5G 控制信道标准方案。
2016 年 12 月	我国首次出台知识产权保护顶层设计，《中共中央国务院关于完善产权保护制度依法保护产权的意见》正式对外公布。
2016 年 12 月	中央深改组会议审议通过《关于开展知识产权综合管理改革试点总体方案》开展知识产权综合管理改革试点。
2016 年 12 月	北京握奇公司专利侵权案获 5000 万元赔偿，首次对知识产权律师按时计费。
2016 年 12 月	全球最高专利赔偿金纪录，吉利德科技公司被判 25.4 亿美元赔偿。
2016 年	我国专利申请受理量、发明专利拥有量均超过 100 万件。
2016 年	首批团体标准破茧而出，释放标准供给新动能。在中国标准体系中首次引入非政府标准这一类型，激发了市场主体活力。
2016 年	企业标准松绑搞活，增添"双创"新活力。建立企业产品和服务标准的自我声明公开和监督制度，取消企业标准备案和收费。
2016 年	首次聘请外籍专家担任中国标准化专家委员会顾问。来自美国、加拿大、法国、德国和英国国家标准化机构的 5 名国际标准化知名专家被聘请为中国标准化专家委员会顾问，以推动中国标准化更好融入国际标准化进程，加强与有关国家标准化交流合作，拓宽专家委员会工作的国际视野。
2016 年	已有超过 6 万家企业通过全国企业标准信息公共服务平台公开了 24 万多项标准，涵盖近40 万种产品，企业标准公开数量呈现"井喷式"增长。
2016 年	我国参与制定国际标准数量首次突破年度新增国际标准总数的 50%，ISO 秘书处首次超英赶法，居第 5 位，新承担国际标准组织技术机构主席 15 个，秘书处 10 个。中国连续两年成为国际标准新提案最多的国家之一。
2016 年	军民标准通用化工程启动，助推军民融合深度发展。国家标准委、军委装备发展部联合启动军民标准通用化工程，拉开了军民标准融合的序幕。
2016 年	首个国家技术标准创新基地落户中关村，取得显著成效。目前，已批准筹建中关村、中国光谷、成都、海尔家用电器等 8 个国家技术标准创新基地。
2016 年	《关于在国家科技计划专项实施中加强技术标准研制工作的指导意见》，启动科技成果转化为技术标准试点，51 个标准领域研究项目获得国家重点研发计划"国家质量基础的共性技术研究与应用"重点专项支持。

续表

时　间	内　容
2016 年	建立由国务院领导同志牵头负责的国务院标准化协调推进部际联席会议制度，在国务院领导下，统筹协调全国标准化工作。
2016 年	国家发改委和财政部联合发布停征计算机软件著作权登记费通知，自 2017 年 4 月 1 日起停止执收软件著作权登记费。
2016 年	2016 年我国软件著作权登记量突破 40 万件。与 2015 年相比，增长 11.5 万件，共有 116844 个著作权人进行了软件著作权登记。广东省总量首次超越北京市，跃居全国榜首。

（二）相关文献综述

本报告搜集了近三年国内外关于技术类无形资产的相关研究，并对其进行梳理以掌握技术类无形资产研究的最新动向。

1. 技术类无形资产的研究

在知识经济时代，企业更加重视技术类无形资产。有学者研究技术类无形资产的价值评估问题。常爱成、孙颖（2015）通过对技术类无形资产概念和特征的分析，指出了传统评估原理的不足和制约。赵永莉（2015）通过比较研究发现成本法、市场法和收益法在技术类无形资产评估中无优劣之分，应根据具体情况合理选用。在目前环境下，收益法是技术类无形资产评估普遍选用的方法。在国外 Reilly（2015）讨论了债务人公司面临破产时，商业秘密、专利申请、技术资料和著作权等无形资产的评估问题。

部分学者研究技术类无形资产价值管理问题。王登辉（2015）利用案例对技术类无形资产的价值管理改善提出改进技术类无形资产的确认方式、改进无形资产的核算与计量方法、建立健全无形资产管理制度、改进会计信息披露模式等。Santos 和 Siluk 等（2016）通过建立技术型公司无形资产价值评估模型，寻找对技术型公司最具价值的无形资产。此外，刘彦蕊、丁明磊、管孟忠（2015）讨论了技术类无形资产入股问题，提出当前科研机构和高校在技术入股时，存在技术入股审批程序复杂，强制性技术入股评估作价不合理，技术入股未获得收益即征所得税，股权激励措施落实难等问题。建议国家从立法层面确定技术入股管理制度、优化相关制度流程、完善定价机制。

2. 相关专利的研究

专利相关的研究非常丰富，本报告仅选取与报告关联度较高的文献综述。大量学者研究专利相关评价指数。胡谍、王元地（2015）选出最能反映专利新颖性、创造性和实用性的指标，使用主成分分析法来确定各指标权重，从而构建企业专利质量综合指数。王宏起、郭雨、武建龙（2016）基于专利形成和运用过程设计战略性新兴企业专利风险评价指标体系。王言、鲍新中（2016）采用面板格兰杰因果检验，研究了专利指标和托宾 Q 值的关系，并在此基础上建立企业专利实力指数。Wang M H 和 Hsiao 等（2015）采用遗传模糊标记语言对专利质量进行评价，推导出专利的质量综合评价。kim 和 Kwon（2016）通过构建不同的专利指数对韩国润滑油行业公司竞争力进行了评价。

部分学者探究专利与企业绩效关系的研究。张漪、彭哲（2016）通过对 273 家深圳制造企业的分析，指出不同规模企业从创新获利的不同途径。李强、顾新（2016）以中国创业板数据为基础，实证研究创业板专利数量和质量对企业长期和短期绩效的影响。并且这类研究从企业扩展到产业，魏延辉、张慧颖（2016）以电子信息制造业为例，从产业视角分析了专利数量对产业经济增长的影响。而国外学者研究开始关注专利管理与企业绩效的关系。Ernst 和 Conley（2016）利用美国和德国 158 家技术性企业数据实证研究发现专利管理的两个重要方面，专利保护管理和专利信息管理，与企业的财务盈利水平和专利组合的战略和财务影响正相关。

部分学者研究关于专利和技术标准转化的问题。舒辉、高璐（2016）回顾相关文献，分析了关于专利和技术标准转化影响因素的研究，从技术、企业、市场及机构四个层面对相关影响因素进行归纳。同年还对专利与技术标准协同转化的核心问题从技术、市场、管理、政策及法律五大层面进行了探讨。而 Kang B 和 Bekkers R（2015）发现公司使用"及时专利"的策略。在标准化会议之前申请低技术专利，然后与专利发明者将这项专利技术谈判成标准。

3. 非专利技术的研究

近三年关于非专利技术的研究较少，国内非专利技术研究关注非专利技术出资问题。卢臻（2015）认为公司法修改后，验资程序取消，非货币出资比例可全额出资，便利公司的筹资活动，但非专利技术出资的特殊性在新公司法的框架下没有得到妥善的安排，并提出相关的建议和解决办法。李剑（2016）认为非专利技术出资涉及出资比例、评估、职务发明、出资不实等一系列问题，提出减资是处理非技术专利出资瑕疵的最稳妥的方式。而国外关于非专利技术的研究关注专利和非专利技术的激励作用，Takenak 和 Toshiko（2017）利用日本制药行业的案例，探讨了专利和非专利技术对药物研发工作的激励作用。

4. 技术标准的研究

技术标准的研究内容丰富，部分学者梳理了技术标准的发展。胡黎明、肖国安（2016）研究发现学术界关于技术标准的实证研究和政策研究日益增多，研究多关注非正式联盟、政府行为，产业集群等问题。田博文、田志龙等（2016）以物联网为例研究了战略新兴产业技术标准的发展。刘珊、庄雨晴（2016）回顾 20 年内国内外专利和技术标准的研究文献，总结了专利和技术标准冲突，融合到战略运用的整个发展。

有学者研究技术标准和产业发展关系。李福（2016）从技术标准化历史演变看产业内涵的变迁，提出现代技术标准化以技术使用、质量和管理等综合体系认证为主，以适应全球化经济贸易秩序建立和知识经济所带来的新兴产业的需求，产业内涵表现为以知识流和价值流为基础的生态系统。王博、刘则渊等（2016）发现产业技术标准实现产业技术内容的收敛与规范；标准专利技术产生于产业先导技术，通过技术标准实现产业先导技术向主导技术的转换。戴万亮、李庆满（2016）基于产业集群环境，分析市场导向对技术标准扩散的影响，以及技术创新的中介效应和网络权力的调节效应。还有部分研究关注技术标准的保护。王渊、熊伟红（2017）研究技术标准可否受著作权法保护，认为对企业标准外的标准进行出版就存在专有出版权，行政主体对于制定出来的标准应当予以行政公开。

国外学者关于技术标准的研究关注技术标准化过程中政府行为的影响。Arnold 和 Hasse（2015）认为技术标准作为政府管制手段，在不断地强化，无论是发达国家还是发展中国家都在积极地制定本国的标准化战略作为提升其国际竞争力的重要战略工具。Cabral 和 Salant（2014）认为政府选择技术标准容易导致企业搭便车行为，保留两个互不兼容的标准则在总体上有利于消费者及社会福利。Kim 等人（2014）从技术贸易壁垒的视角分析中国 ICT 产业的信息安全标准化问题，认为中国政府处理标准化中利益相关的主要方式是以市场为导向的。

5. 软件著作权的研究

软件著作权的研究关注软件著作权的侵权和保护。邓恒（2014）以美国司法判例演变为研究对象，认为我国司法实践中开始采用类似美国非纯文本侵权保护的类型及相应的判定法则。我国计算机软件著作权侵权判定是否采用 SSO 抑或 AFC 标准，还是其他标准，最终取决于我国著作权的立法目的和公共利益实现之要求。而伴随云计算的带来，陈星（2014）提出大数据背景下，虽然窃取个人信息软件作品受著作权法保护，但是其权利行使应当受到限制。借鉴物权法上物的分类理论，将窃取个人信息软件作品归类为禁止传播作品，从流通利用环节对其进行管制。国外学者对于软件著作权的侵权和保护也格外关注。Samuelson（2015）总结了判例法判断软件案件中的版权侵权索赔的四种主要方法，并提出了一种与传统版权法原则相一致的侵权统一测试方法，以促进软件产业的健康竞争和持续创新。Unni V K（2017）认为计算机软件的版权保护范围是专有和开源软件开发者担心的主要来源。对著作权保护范围的分析，应当通过巧妙地平衡作者的创作权利和公众的获取利益来确定。Paterson M（2017）认为个人知识产权，特别是版权和专利权的覆盖范围不断扩大，导致两者之间的范围发生重叠，从而导致低效的知识产权制度过度保护知识产权。著作权和专利权之间的重叠在计算机软件上尤其严重，理论上的解决方案是将计算机软件划分到版权保护的范围。

三、创业板技术类无形资产状况统计分析

（一）基于招股说明书的数据分析

本报告以 2017 年 5 月 18 日前在创业板上市的 638 家公司（300001-300653❶）为样本，以招股说明书披露的技术类无形资产信息为来源，分析其技术类无形资产在公司上市前的存续状况。其中，专利、非专利技术和软件著作权依据证监会第 28 号准则要求，技术标准参照 28 号准则并结合样本公司的实际披露情况进行统计。

1. 创业板技术类无形资产总体情况

从 638 家样本公司招股说明书披露的信息来看，创业板上市公司专利和非专利技术的覆盖率在技术类无形资产中依然较高，占比分别是 87.77% 和 73.35%，如表 3-2 所示，说明超过七成的创业板公司在上市前即拥有一定的技术实力。相对而言，技术标准和软件著作权的覆盖率则较低。其中，技术标准的覆盖率为 35.74%，软件著作权覆盖率为 50.47%，但是两者的覆盖率较上年度出现上涨。可见，创业板上市公司技术类无形资产的存续结构在资产类型上依然存在较为明显的差异。

表 3-2　创业板公司上市前拥有各类技术类无形资产情况

技术类无形资产类型	拥有公司数量（家）	占比（%）
专利	560	87.77
非专利技术	468	73.35
技术标准	228	35.74
软件著作权	322	50.47

此外，在 638 家公司中，有 12 家公司❷未拥有或未披露技术类无形资产，占比 1.88%，其余 626 家公司均拥有一种及以上的技术类无形资产。如图 3-1 所示，拥有两种和三种技术类无形资产的公司占比最多，分别是 34.95% 和 39.66%；拥有四种技术类无形资产的公司，占比 14.89%；而仅拥有一种技术类无形资产的公司占比最少，为 8.62%。

---

❶ 不含 300060、300186、300361、300454、300504、300524、300544、300564、300574、300594、300614、300624、300634、300644、300646。
❷ 这 12 家公司为：300015、300022、300144、300175、300336、300350、300380、300392、300399、300418、300419、300426。

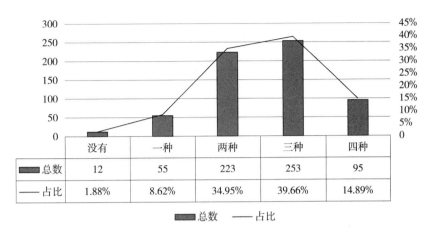

图 3-1 创业板上市公司拥有技术类无形资产种类情况

2. 技术类无形资产分类分析

（1）专利

从类型差异来看，创业板 638 家样本公司总计拥有已授权专利 22920 件，正申请专利 4783 件，其中各类型专利的数量详见表 3-2。

由表 3-3 可知，在已授权专利中，发明专利占比略有所上升，占比为 21.63%；实用新型专利的占比有所下降，占比 61.52%，较上年度下降 2 个百分点；而外观设计专利的占比变化不大。整体来看，创业板上市公司专利技术类无形资产的结构有所优化但提升空间仍然较大。同时，从申请专利的数量来看，发明专利的申请比例最高，达 62.28%，实用新型及外观设计的申请数量保持稳定，占比则小幅降低。整体而言，创业板上市公司申请专利的质量结构优于已授权专利。

表 3-3 创业板公司上市前各专利类型数量及占比

类型	已授权专利		正在申请专利	
	数量（件）	占比	数量（件）	占比
发明	4957	21.63%	2998	62.68%
实用新型	14101	61.52%	1230	25.72%
外观设计	3862	16.85%	555	11.60%

从行业差异来看，制造业、信息传输、软件和信息技术服务业、建筑业的表现良好，在已授权专利中居于前三位，而且在行业均值上也位列前茅，相比其他行业有较为明显的优势。而从正在申请的专利来看，制造业、信息传输、软件和信息技术服务业和科学研究和技术服务业的总量位于前三位，在行业的均值上也表现良好。交通运输、仓储和邮政业表现不佳，无论是在已授权专利和正在申请的专利方面拥有量都低

于其他行业。在发明专利占比方面，已授权专利的发明专利占比中，信息传输、软件和信息技术服务业的比重最高。而在正在申请专利的发明专利占比方面，建筑业、卫生和社会工作以及文化、体育和娱乐业均为100%。

表3-4 创业板不同行业上市公司专利情况

一级行业	公司数（家）	已授权专利			正在申请专利		
		总数（项）	平均（项/家）	其中发明专利占比（%）	总数（项）	平均（项/家）	其中发明专利占比（%）
采矿业	4	37	9.25	27.0	14	3.5	78.6
电力、热力、燃气及水生产和供应业	2	80	40	20.0	2	1	0.0
建筑业	10	280	28	7.1	3	0.3	100.0
交通运输、仓储和邮政业	3	0	0.0	0.0	0	0.0	0.0
科学研究和技术服务业	11	199	18.1	18.6	73	6.6	63.0
农林牧渔业	8	210	26.25	24.3	16	2	18.8
批发和零售贸易	7	32	4.6	12.5	10	1.4	50.0
水利、环境和公共设施管理业	8	181	22.63	18.8	73	9.13	78.1
卫生和社会工作	3	1	0.3	0.0	9	3	100
文化、体育和娱乐业	12	108	9	6.5	1	0.1	100
制造业	448	19808	44.2	20.1	4211	9.4	60.1
信息传输、软件和信息技术服务业	115	1920	16.7	40.8	357	11.9	82.0
租赁和商务服务业	7	64	9.14	6.3	14	2	50.0

（2）非专利技术

本报告延续《蓝皮书（2015-2016）》对非专利技术的分类，将创业板公司拥有的非专利技术分为三类：明确说明本公司拥有并披露的非专利技术（下称第一类）；明确说明本公司拥有并披露的专有技术（下称第二类）；根据28号准则予以披露的核心技术中，剔除其中说明正在申请专利或是已获得专利授权技术之外的技术（下称第三类）❶ 三种类型。基于此种分类，638家创业板上市公司在其招股说明书中披露的非专利技术存续情况如图3-2所示。经统计，638家样本公司共计拥有5060件非专利技术，各类型非专利技术的数量及占比如图3-3所示。

---

❶ 这部分技术也构成公司的非专利技术，并且对公司的竞争力产生重要影响，对该技术的统计分析有助于投资者更加全面地了解公司的技术情况。

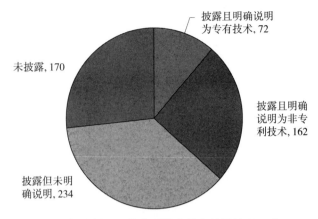

图 3-2 创业板公司非专利技术信息披露情况（家）

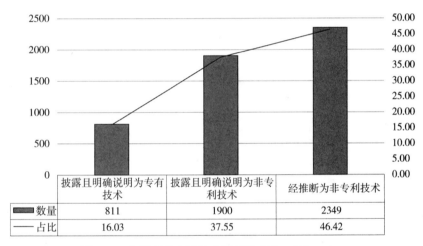

图 3-3 各类型非专利技术数量及占比（单位：项、%）

通过对比上年度三类非专利技术披露的情况来看，直接披露且明说为专有技术和直接披露且明说为非专利技术的占比出现下降现象。这说明有关部门过于重视专利技术而忽视非专利技术，对于企业招股说明书非专利技术信息需要经过推断确定为非专利技术的占比接近 50%。

在行业差异方面，如表 3-5 所示，非专利技术拥有总量排在前三位的行业分别是制造业（3470 项）、信息传输、软件和信息技术服务业（1225 项）和水利、环境和公共设施管理业（103 项）。从行业的均值来看，水利、环境和公共设施管理业（12.88项/家），信息传输、软件和信息技术服务业（10.65 项/家）和租赁和商务服务业（8.57 项/家）位于前三位。

表3-5　创业板不同行业上市公司非专利技术情况

一级行业	公司数（家）	总数（项）	平均（项/家）
采矿业	4	40	10
电力、热力、燃气及水生产和供应业	2	22	11
建筑业	10	60	6
交通运输、仓储和邮政业	3	0	0
科学研究和技术服务业	11	8	7.3
农林牧渔业	8	23	2.88
批发和零售贸易	7	26	3.71
水利、环境和公共设施管理业	8	103	12.88
卫生和社会工作	3	7	2.33
文化、体育和娱乐业	12	16	1.33
制造业	448	3470	7.74
信息传输、软件和信息技术服务业	115	1225	10.65
租赁和商务服务业	7	60	8.57

（3）技术标准

在638家样本公司中，只有228家拥有并披露了技术标准信息，其中有22家公司未准确披露技术标准的数量，另有2家公司使用"多个"等模糊词语披露其技术标准数量。在剔除未披露和无法明确数量的公司后，剩余的204家创业板样本公司招股说明书披露信息显示其共计拥有技术标准1290项，其行业分布如表3-6所示。

表3-6　创业板不同行业公司拥有技术标准数量

	制造业	信息传输、软件和信息技术服务业	科学研究与技术服务业	建筑业	采矿业	水利、环境和公共设施管理业	小计
公司数（家）	164	28	3	5	1	3	204
标准数量（项）	939	285	30	17	1	18	1290
占比（%）	72.79%	22.09%	2.33%	1.32%	0.08%	1.40%	100%
平均（项/家）	5.73	10.18	10	3.40	1.00	6	6.32

注：其他行业公司未披露或不拥有技术标准，故不予列示。

由表3-6可以发现，创业板上市公司的技术标准数量均值较上年度有所增加，但是整体数量依然较少，技术标准主要集中在制造业。而且行业之间存在差异，仅有6个行业拥有技术标准，信息传输、软件和信息技术服务行业均值排名最高，其次是科学研究与技术服务业。目前拥有超过30项技术标准的企业在上年度的基础上增加了1家，这一家企业是世名科技（300522），而拥有10项以上技术标准的企业有35家，169家企业拥有的技术标准在 10 项以下。

（4）软件著作权

从总量上看，在 638 家样本公司中，在其招股说明书中披露了软件著作权的公司有 322 家，共计拥有软件著作权 10533 项，较上年度增加 3685 项；平均每家公司拥有32.71 项，较上年度增加 4.87 项/家；638 家样本公司的整体平均拥有量是 16.51 项/家，较上年度提高 3 项/家。

从行业差异来看，信息传输、软件和信息技术服务业，制造业和文化、体育和娱乐业在软件著作权总量指标上排名前三位，软件著作权总量占比分别达到了 56.25%、33.53% 和 7.18%，三者的合计占比达到九成以上，其余所有行业的占比不足 10%。在剔除无软件著作权样本公司的情况下，公司平均拥有软件著作权数量排名前三的分别是文化、体育和娱乐业（平均拥有 75.6 项）、信息传输、软件和信息技术服务业（平均拥有量为 52.90 项）和采矿业（平均拥有 46.5 项），其行业均值高于样本公司整体的均值，而其他行业软件著作权的平均拥有量均位于样本公司整体均值之下，如表 3-7所示。以上数据说明软件著作权在行业之间的差异比较大，大量软件著作权集中在少数行业。

在披露拥有软件著作权的 322 家公司中，公司间的差异也较大。拥有 100 项及以上软件著作权的公司共 20 家，其中，华凯创意（300592）拥有软件著作权 413 项，数量最多。拥有 50~100 项的共 52 家，拥有量在 11~50 项的有 134 家，拥有 10 项及以下的公司则有 116 家，其中仅拥有 1 项的公司有 31 家。

表 3-7　创业板不同行业上市公司拥有软件著作权数量　（单位：项/家）

	著作权数量	数量占比	披露公司数量	公司平均拥有量	行业公司数	行业平均拥有量
采矿业	93	0.88%	2	46.5	4	23.25
电力、热力、燃气及水生产和供应业	3	0.0%	1	3	2	1.5
建筑业	0	0.0%	0	0	10	0
交通运输、仓储和邮政业	15	0.14%	3	5	3	5
科学研究和技术服务业	66	0.63%	6	11	11	6
农林牧渔业	2	0.0%	1	2	8	0.25
批发和零售贸易	85	0.81%	4	21.25	7	12.14
水利、环境和公共设施管理业	8	0.0%	2	4	8	1
卫生和社会工作	23	0.22%	2	11.5	3	7.67
文化、体育和娱乐业	756	7.18%	10	75.6	12	63

续表

	著作权数量	数量占比	披露公司数量	公司平均拥有量	行业公司数	行业平均拥有量
制造业	3532	33.53%	175	20.18	448	7.88
信息传输、软件和信息技术服务业	5925	56.25%	112	52.90	115	51.52
租赁和商务服务业	25	0.24%	4	6.25	7	3.58
总计	10533	100%	322	32.71	638	16.51

（二）基于年报披露数据的分析

证监会 30 号准则要求企业在年报中披露专利、非专利技术及著作权的变化情况及原因，因此本报告对年报所披露的技术类无形资产的研究侧重于对其变化趋势的分析。本报告涉及的全部原始数据均来源于创业板上市公司 2009-2016 年年报。其中包括 2009 年年报 58 份（300001~300059，无 300055），2010 年年报 188 份（300001~300189，无 300060），2011 年年报 292 份（300001~300291、300299、300302，无 300060），2012 年年报 355 份（300001~300356，无 300060），2013 年年报 379 份（300001~300383，无 300060、300360、300364、300374），2014 年年报 417 份（300001~300427，无 300060、300361、300300394、300404、300414、300422、300423、300424、300426、300427）。2015 年年报 497 份（300001~300513，无 300060、300186、300361、300454、300474、300502、300503、300504、300505、300507、300508、300509、300510、300511、300512、300513），2016 年年报 601 份（300001~300653❶）。

1. 专利情况分析

（1）专利覆盖率❷有所下降

2009-2011 年，专利覆盖率从 2009 年的 81%升至 2011 年的 91.8%，2012-2014 年连续三年略微下降，但仍高于 2009 年，2015 年专利覆盖率有所提升，但 2016 年年报披露的专利覆盖率出现大幅下降，如表 3-8 所示。其原因很大程度是当前年度报告对于无形资产的披露减少。

---

❶ 其中不含 300060、300186、300361、300454、300504；有 10 个证券编码缺失公司：300524、300544、300564、300574、300594、300614、300624、300634、300644、300646；有 37 家为当年度新上市公司：300514、300554、300604、300613、300616、300617、300618、300619、300620、300621、300622、300623、300625、300626、300627、300628、300629、300630、300631、300632、300635、300636、300637、300638、300639、300640、300641、300642、300643、300645、300647、300648、300649、300650、300651、300652、300653，因证监会不强制新上市公司公布年报，故上述新上市公司无年报披露。
❷ 专利覆盖率是指拥有专利的公司数量占样本总数的比例。

表3-8 各年度拥有专利公司数量及占比

	2009年	2010年	2011年	2012年	2013年	2014年	2015年	2016年
披露公司数（家）	47	168	268	313	331	356	452	456
拥有专利公司占比	81.00%	89.40%	91.80%	88.20%	87.34%	85.37%	90.95%	75.87%

（2）专利总量迅速增长

2016年创业板上市公司授权专利数量大幅增加，从总量看，目前授权专利达到了50716项，平均拥有量达到了84.4项/家，较上年度提高了28.1项/家。专利总量增加来自于已上市公司的增量专利和新上市公司的存量专利，已上市公司的增量专利对于本年度专利数量增加的贡献较多。在2016年5月18日之前上市的507家公司2016年的年度报告披露的专利信息显示这507家企业的专利合计达到46296项，对整个创业板的专利贡献达到了92.5%。其中千山药机（300216）和楚天科技（300538）分别拥有1381项专利和1282项专利，表现十分突出。

表3-9 创业板公司授权专利类型数量❶ （单位：项）

	2009年	2010年	2011年	2012年	2013年	2014年	2015年	2016年
发明	186	526	1337	2454	3765	4640	7523	10476
实用新型	269	1606	4291	5632	8876	10961	16882	19534
外观设计	109	687	1293	1531	1884	2264	3130	4108
未披露及其他	54	96	130	175	189	323	456	16598
总计	618	2915	7051	9792	14714	18188	27991	50716
公司数量	58	188	292	355	379	417	497	601
均量（项/家）	10.7	15.5	24.1	27.6	38.8	43.6	56.3	84.4

（3）各类型授权专利占比下降

在已授权的专利中，由于年报中对专利信息的披露不足，导致很多的专利难以分类，各类型授权专利占比下降。从三大类型专利的占比来看，实用新型专利的占比依然是最高的。达到了38.52%，而"含金量"较高的发明专利仅仅占授权专利总量的20.65%。

---

❶ 由于政策变更，大量企业未在2014年报中披露当年的"申请专利"，故从2014年年报开始，所有有关专利的数据统计，不再计算"申请专利"数量，只计算"授权专利"数量。

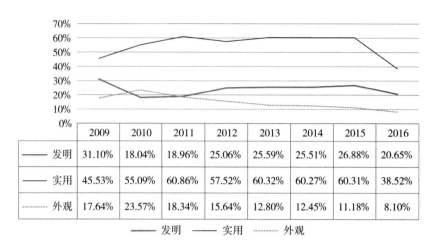

	2009	2010	2011	2012	2013	2014	2015	2016
发明	31.10%	18.04%	18.96%	25.06%	25.59%	25.51%	26.88%	20.65%
实用	45.53%	55.09%	60.86%	57.52%	60.32%	60.27%	60.31%	38.52%
外观	17.64%	23.57%	18.34%	15.64%	12.80%	12.45%	11.18%	8.10%

—— 发明 —— 实用 ……… 外观

图 3-4　各类型已授权专利数量占总量❶

2. 非专利技术情况分析

2016 年，创业板上市公司非专利技术存续情况呈现出以下特征：

非专利技术覆盖率有所下降。创业板公司非专利技术覆盖率维持在 50%～60% 之间，2012 年与 2013 年则持续下降至 35.09%，2014 年提高至 42.68%，2015 年有下降至 32.48%，2016 年非专利技术覆盖率下降到 31.45%。

表 3-10　2011-2016 年拥有非专利技术公司数量及占比　（单位：家、%）

2011 年		2012 年		2013 年		2014 年		2015 年		2016 年	
披露	占比	披露	占比	披露	占比	披露	占比	披露	占比	披露	占比
168	57.5	131	36.9	133	35.09	178	42.68	165	32.48	189	31.45
一类 71	24.3	一类 67	18.9	一类 60	15.83	一类 174	41.72	一类 156	30.71	一类 159	26.46
二类 51	17.5	二类 61	17.2	二类 61	16.09	二类 0	0	二类 0	0	二类 23	3.83
三类 46	15.8	三类 3	0.8	三类 12	3.67	三类 4	0.96	三类 9	1.77	三类 7	1.16

非专利技术总量小幅上涨，并且在 2016 年年度报告中，大量企业公布了非专利技术的账面价值。自从 2011 年，非专利技术达到 1145 项的顶峰之后，从 2012 年开始非专利技术的数量开始不断的下降，到了 2015 年，非专利技术数量相比于 2014 年出现小幅度的上涨。2016 年非专利技术数量继续保持小幅上涨，直接披露的非专利技术达到 337 项，但是非专利技术的平均拥有量只有 0.56 项/家，表明已上市公司的非专利技术研发能力不足，但是较 2015 年的 0.42 项/家有小幅度的增长。

---

❶ 由于 2016 年的年报中大量的授权专利信息披露不全，导致授权专利无法分类，因此图 3-4 中 2016 年各类型已授权专利数量占总量比例之和只有 67.27%，具体情况见表 3-9。

表 3-11　创业板上市公司各类非专利技术数量　　　　　（单位：项）

	2011 年		2012 年		2013 年		2014 年		2015 年		2016 年	
	总数	占比	总数	占比	总数	占比	总数	占比	总数	占比	总数	占比
总计	1145	100	450	100	277	100	192	100	217	100	337	100
一类	519	45.3	213	47.3	131	47.29	192	100	217	100	216	64.09
二类	357	31.2	213	47.3	127	45.85	0	0	0	0	51	15.13
三类	269	23.5	24	5.3	19	6.86	0	0	0	0	70	20.77

3. 技术标准情况分析

总体来看，创业板上市公司各年度拥有的技术标准数量从 2009 年后呈现波动下降的趋势，而 2014 年之后出现回升。2016 年拥有技术标准的企业达到了 130 家，是历年来的最高值。但是拥有技术标准的企业占企业总量比率仅为 21.63%，虽有较大幅度的上升，但仍然没有达到 2009 年的占比水平。这表明创业板上市公司对于技术标准覆盖率还有待提升，如图 3-5 所示。

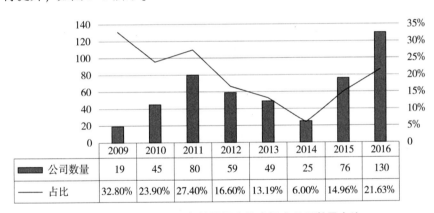

图 3-5　2009-2016 年披露拥有技术标准公司数及占比

在剔除未披露技术标准数量和模糊披露无法确定其技术标准数量的公司后，创业板上市公司 2009-2011 年的技术标准总量逐渐增加，2012 年略有下降，2013 年略有上升，2014 年则下降较为明显，2015 年和 2016 年大幅上升，2016 年创业板上市公司的技术标准数量突破 1000 项，同时技术标准均值达到 1.95 项/家，相比上年度增加了 0.69 项/家。这表明创业板上市企业技术标准的投入逐步地增加，但是整体处于波动的状态，如图 3-6 所示。

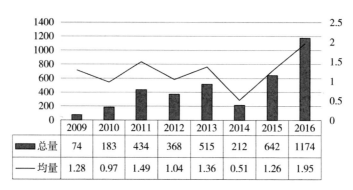

	2009	2010	2011	2012	2013	2014	2015	2016
总量	74	183	434	368	515	212	642	1174
均量	1.28	0.97	1.49	1.04	1.36	0.51	1.26	1.95

图 3-6 2009-2016 年创业板拥有技术标准总量及均量

4. 软件著作权情况分析

2009-2015 年，创业板上市公司的软件著作权覆盖率波动上升，但是在 2016 年出现较大幅度的下降，2016 年软件著作权的覆盖率只有 40.78%，是近年来软件著作权的最低值。如表 3-12 所示。

表 3-12 2009-2016 年度拥有软件著作权公司数量及占比

	2009 年	2010 年	2011 年	2012 年	2013 年	2014 年	2015 年	2016 年
披露公司数（家）	25	74	129	155	187	190	236	245
占当年全部公司比例	43.1%	39.4%	44.2%	43.7%	49.34%	45.80%	46.46%	40.78%

从年度均值的变化来看，2016 年软件著作权的表现优异。2009-2012 年创业板上市公司的软件著作权平均拥有量不断增加，且增幅较大，但从 2013 年起则进入下降区间，直至 2016 年，软件著作权均值大幅的增加，含著作权的公司的均值达到了 82.5 项/家，全样本公司的均值达到了 33.6 项/家，均为目前的最高值如图 3-7 所示。结合表 3-12 的数据可知，虽然软件著作权的覆盖率降低，但是软件著作权覆盖企业的表现优秀，其中神州太岳（300002）以 1181 项软件著作权，成为拥有软件著作权最多的企业。

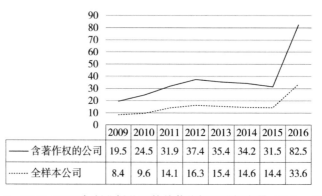

	2009	2010	2011	2012	2013	2014	2015	2016
含著作权的公司	19.5	24.5	31.9	37.4	35.4	34.2	31.5	82.5
全样本公司	8.4	9.6	14.1	16.3	15.4	14.6	14.4	33.6

图 3-7 2009-2016 年创业板公司软件著作权平均拥有量 （单位：项/家）

（三）技术类无形资产与创业板公司盈亏关联分析

技术类无形资产是企业的重要资产，构成企业的核心竞争力，其与企业盈亏是否存有关系有待考察。为此，本报告延续《蓝皮书（2015-2016）》对应章节的研究方法，选取创业板公司技术类无形资产数量、归属于母公司所有者的净利润和净资产收益率[1]等指标，选取相应的样本公司进行对比分析，希望能得到有价值的发现。

从国泰安金融系统提取的数据看，601家样本公司截至2016年12月31日的利润表显示，有23家公司净利润指标为负值，即亏损，剩余公司披露数据为正值。本报告以亏损最严重的前20家企业为A组，同时选取同期公司净利润位于前20名的公司为B组，对比分析两组公司的技术类无形资产情况，详见表3-13和表3-14。

表3-13 A组公司净利润与技术类无形资产数量情况[2]　　　　（单位：项）

证券代码	证券名称	净利润 （2016， 万元）	授权专利 数量	非专利技 术数量	技术标准 数量	软件著作 权数量	技术类 无形资 产总量	技术类 无形资 产种类
300309	吉艾科技	-44296.14	0	0	0	20	20	1
300228	富瑞特装	-29726.9	207	0	0	0	207	1
300392	腾信股份	-26630.7	0	0	0	0	0	0
300431	暴风集团	-24150.3	0	0	0	0	0	0
300104	乐视网	-22189.3	0	0	0	0	0	0
300313	天山生物	-18341.8	9	0	0	0	9	1
300105	龙源技术	-17383.8	246	0	0	11	257	2
300152	科融环境	-13389.1	117	0	0	5	122	2
300372	欣泰电气	-11249.5	35	6	0	0	41	2
300402	宝色股份	-99615.1	31	0	0	0	31	1
300275	梅安森	-7311.9	124	0	0	150	374	2
300052	中青宝	-6557.5	0	0	0	0	0	0
300397	天和防务	-6355.0	0	0	0	0	0	0
300029	天龙光电	-6291.1	57	0	0	0	57	1
300125	易世达	-6052.2	38	0	0	0	38	1
300486	东杰智能	-4966.8	0	0	0	0	0	0
300106	西部牧业	-4676.5	30	0	32	2	65	3
300330	华虹计通	-2894.7	3	0	0	48	51	2
300380	安硕信息	-2201.9	0	0	0	0	0	0

---

❶ 技术类无形资产数量取自招股说明书，归属于母公司所有者净利润和净资产收益率来自国泰安系统。

❷ 技术类无形资产总量是四种技术类无形资产授权和申请量总和。

证券代码	证券名称	净利润（2016,万元）	授权专利数量	非专利技术数量	技术标准数量	软件著作权数量	技术类无形资产总量	技术类无形资产种类
300076	GQY视讯	-2173.0	32	0	0	53	85	2
	平均值	-17698.50	46.45	0	0.3	14.45	67.85	-

表3-14　B组公司净利润与技术类无形资产数量情况　（单位：项）

证券代码	证券名称	净利润（2016,万元）	授权专利数量	非专利技术数量	技术标准数量	软件著作权数量	技术类无形资产总量	技术类无形资产种类
300498	温氏股份	1223792.4	238	0	0	10	248	2
300070	碧水源	184972.9	285	0	0	0	285	1
300072	三聚环保	163465.4	218	0	0	0	218	1
300017	网宿科技	124819.7	25	0	7	35	60	2
300033	同花顺	121157.7	0	77	0	116	193	2
300433	蓝思科技	120496.0	397	0	0	0	397	1
300408	三环集团	105983.4	0	0	0	0	0	0
300267	尔康制药	101273.5	111	0	0	0	111	1
300027	华谊兄弟	99395.2	0	0	0	61	61	1
300182	捷成股份	99393.9	14	0	0	97	111	2
300124	汇川技术	98017.0	630	0	0	121	751	2
300144	宋城演艺	91646.7	0	0	0	0	0	0
300003	乐普医疗	74670.8	492	0	0	0	492	1
300251	光线传媒	73995.5	0	0	0	25	25	1
300118	东方日升	72575.6	0	0	0	0	0	0
300059	东方财富	71243.4	0	40	0	125	165	2
300156	神雾环保	70824.4	79	0	0	0	79	1
300115	长盈精密	69985.9	149	0	0	0	149	1
300058	蓝色光标	68944.8	0	0	0	0	0	0
300296	利亚德	66626.9	566	0	0	28	594	2
	平均值	155164.06	160.2	5.85	0.35	30.9	196.9	-

由表3-13和表3-14可知，2016年A组公司平均亏损17698.50万元，而B组公司平均获得净利润155164.06万元；从两组公司技术类无形资产平均量来看，B组企业平均拥有196.9项/家，高于A组企业平均拥有67.85项/家，进一步发现A组企业在技术类无形资产各个分项上的平均拥有量均低于B公司。

进一步地，本报告引入净资产收益率指标，进而考察技术类无形资产与企业盈利能力的关系。本报告选取 20 家样本公司分两组进行对比分析，其中 C 组为样本公司中技术类无形资产总量排名前十位的公司，D 组为剔除不拥有技术类无形资产的公司后排名后十位的公司，如表 3-15 和表 3-16 所示。

表 3-15　C 组公司技术类无形资产与净资产收益率、净利润情况　（单位：项）

证券代码	证券名称	技术类无形资产总量	技术类无形资产种类	净资产收益率（%）2016 年	净利润（2016 年，万元）
300002	神州泰岳	1553	3	9.36	46905.9
300216	千山药机	1381	1	16.95	19893.7
300358	楚天科技	1282	1	8.97	14312.5
300098	高新兴	1140	3	8.76	31576.5
300386	飞天诚信	1099	2	7.32	11399.5
300307	慈星股份	962	3	3.07	11977.7
300206	理邦仪器	860	2	1.59	1946.5
300020	银江股份	793	2	5.29	150864
300124	汇川技术	751	2	21.14	98017.0
300259	新天科技	747	3	8.39	11058.8
平均值		1056.8	—	9.08	39795.2

表 3-16　D 组公司技术类无形资产与净资产收益率、净利润情况　（单位：项）

证券代码	证券名称	技术类无形资产总量	技术类无形资产种类	净资产收益率（%）2016 年	净利润（2016 年，万元）
300090	盛运环保	1	1	2.20	11937.6
300127	银河磁体	1	1	11.02	11920.9
300187	永清环保	1	1	11.81	16965.9
300227	光韵达	1	1	3.54	1373.6
300276	三丰智能	1	1	2.65	1624.1
300404	博济医药	1	1	0.47	202.5
300046	台基股份	2	1	4.88	3854.3
300160	秀强股份	2	1	10.16	11945.9
300325	德威新材	2	1	6.63	7874.1
300452	山河药辅	2	1	12.74	4878.6
平均值		1.4	—	6.61	7257.8

对比表 3-15 和表 3-16 可知，C 组公司平均拥有 1056.8 项技术类无形资产，而且大部分公司都拥有两种及以上的技术类无形资产，D 组公司平均仅仅拥有 1.4 项技术类无形资产；从净利润看，C 组公司的平均净利润为 39795.2 万元，D 组公司的平均净利润为 7257.8 万元，远远低于 C 组公司；从净资产收益率来看，C 组企业的净资产收益率为 9.08%，高于 D 组公司净资产收益率 6.61%。2016 年的数据进一步验证了《蓝皮书（2015-2016）》的相关结论：在技术类无形资产存量上越有优势的创业板上市公司，其投资所获得的收益也越高，盈利的可能性也越大。

四、研究结论

（一）技术类无形资产的行业差异依旧明显

从总量上看，由于各个行业之间企业数量差距等原因，制造业、信息传输、软件和信息技术服务业各类技术类无形资产总量均排在前列，具有明显的规模优势。从技术类无形资产的行业均值来看，专利平均拥有量较高的行业是信息传输、软件和信息技术服务业和制造业；非专利技术平均拥有量较高的行业是水利、环境和公共设施管理业，信息传输、软件和信息技术服务业和租赁和商务服务业；技术标准平均拥有量较高的行业是信息传输、软件和信息技术服务业、水利、环境和公共设施管理业和制造业；软件著作权平均拥有量较高的行业是信息传输、软件和信息技术服务业。另外，近几年制造业和信息传输、软件和信息技术服务业的技术类无形资产规模呈现出较高增速的趋势，原因一是现代企业更加依靠技术类无形资产带来收益，所以加大了技术类无形资产的研发投入，二是可能受到政府政策及宏观经济的影响。

（二）技术类无形资产结构不均衡

技术类无形资产的结构不均衡主要反映在创业板上市公司对不同类型技术类无形资产的披露质量及重视程度。专利及非专利技术类无形资产无论从覆盖率来看，都明显高于技术标准及软件著作权，其一是参与技术标准的制定的门槛相对较高，获得技术标准认定的难度比较大；其二是软件著作权对于部分行业企业的作用不显著，缺乏对软件著作权的重视。除专利技术以外，其他技术类无形资产的覆盖率都有小幅度的上升，虽然还不能改变技术类无形资产结构不平衡的现状，但情况有所改善。

（三）技术类无形资产的价值贡献凸显

《蓝皮书（2015-2016）》的研究表明，虽然在《蓝皮书（2014-2015）》中研究表明 2015 年盈利情况良好的公司与处于亏损状态下的公司在技术类无形资产平均拥有量（分别为 139.3 项/家和 101.5 项/家）方面差距不是十分明显，但 2016 年的研究表明净利润高的企业与处于亏损下的企业在技术类无形资产方面平均拥有量（分别为

196.9 项/家和 67.8 项/家）有明显的差异，而且在技术类无形资产方面表现突出的企业与技术类无形资产匮乏的企业在净资产利润方面（分别为 9.08% 和 6.61%）差异依旧明显。上述表明技术类无形资产对于提高企业净利润和净资产收益率方面的价值凸显，技术类无形资产存量上越有优势的创业板公司，其投资所获得的收益就越高，盈利的可能性也越大。

参考文献

[1] 常爱成，孙颖. 浅谈技术类无形资产评估的原理和方法 [J]. 经贸实践，2015（7）：169-170.

[2] 陈星. 云计算时代制约窃取个人信息软件著作权的法律机制 [J]. 知识产权，2014（5）.

[3] 戴万亮，李庆满. 产业集群环境下市场导向对技术标准扩散的影响——有调节的中介效应 [J]. 科技进步与对策，2016，33（23）：51-56.

[4] 邓恒. 我国计算机软件著作权侵权判定之"实质性近似"再审视——以美国司法判例演变为研究对象 [J]. 法学杂志，2014，35（9）：124-132.

[5] 胡谍，王元地. 企业专利质量综合指数研究——以创业板上市公司为例 [J]. 情报杂志，2015（1）：77-82.

[6] 胡黎明，肖国安. 技术标准经济学 30 年：兴起、发展及新动态 [J]. 湖南科技大学学报（社会科学版），2016，19（5）：97-103.

[7] 李强，顾新，胡谍. 专利数量和质量与企业业绩的相关性研究——基于中国创业板上市公司的实证分析 [J]. 科技管理研究，2016，36（4）：157-161.

[8] 李福. 从技术标准化的历史演变看产业内涵的变迁 [J]. 科学技术哲学研究，2016（5）：99-103.

[9] 刘彦蕊，丁明磊，管孟忠. 科研事业单位技术类无形资产入股问题探析 [J]. 科学学研究，2015，33（6）：876-880.

[10] 刘珊，庄雨晴. 从冲突、融合到战略运用——专利与技术标准研究综述与展望 [J]. 管理学报，2016，13（4）：624-630.

[11] 卢臻. 非专利技术出资法律制度研究 [D]. 广西大学，2015.

[12] 吕璐成，刘娅，等. 我国创业板上市公司的专利行为研究——以信息技术业为例 [J]. 科技管理研究，2014，20（20）：148-152.

[13] 马晓旭. 论非专利技术出资的法律规制 [D]. 中国政法大学，2012.

[14] 邱洪华，陆潘冰. 基于专利价值影响因素评价的企业专利技术管理策略研究 [J]. 图书情报工作，2016（6）：77-83.

[15] 舒辉，高璐．专利与技术标准协同转化的核心问题分析［J］．科技进步与对策，2016，33（21）：111-116．

[16] 田博文，田志龙，史俊，等．战略性新兴产业技术标准化发展研究——以物联网产业为例［J］．科技进步与对策，2016（3）：57-65．

[17] 王博，刘则渊，丁堃，等．产业技术标准和产业技术发展关系研究——基于专利内容分析的视角［J］．科学学研究，2016，34（2）：194-202．

[18] 王登辉．L公司技术类无形资产价值管理研究［D］．西安石油大学，2015．

[19] 王宏起，郭雨，武建龙．战略性新兴企业专利风险评价研究［J］．科技管理研究，2016，36（1）：56-60．

[20] 王言，鲍新中．企业专利实力指数的构建及与市场价值相关性研究［J］．情报杂志，2016，35（8）：122-127．

[21] 王渊，熊伟红．"技术标准"版权性问题研究［J］．中国科技论坛，2017（3）：88-94．

[22] 魏延辉，张慧颖，魏静．电子信息制造业产值增长专利作用［J］．中国科技论坛，2016（3）．

[23] 曾繁华，冯儒．专利资产证券化运行机理及专利技术产业化路径与对策［J］．科技进步与对策，2016（2）：109-113．

[24] 张运生，何瑞芳．高科技企业技术标准竞争优势形成机理研究［J］．财经理论与实践，2015（4）：126-130．

[25] 张漪，彭哲．基于企业规模的专利活动与企业绩效比较研究——对深圳制造业的实证分析［J］．软科学，2016，30（2）：65-68．

[26] 赵永莉．技术型无形资产评估方法选择研究［J］．经济研究导刊，2015（16）：144-146．

[27] Arnold N, Hasse R. Escalation of Governance：Effects of Voluntary Standardization on Organizations, Markets and Standards in Swiss Fair Trade［J］. Sociological Research Online，2015，20（3）：1-10.

[28] Cabral L, Salant D., Evolving technologies and standards regulation［J］. International Journal of Industrial Organization, 2014, 36（C）：48-56.

[29] Deveza R R. Legal Protection of Computer Software in Major Industrial Countries：A Survey of Copyright and Patent Protection for Computer Software［J］. 2016, 9（1-2）.

[30] Ernst H, Conley J, Omland N. How to create commercial value from patents：the role of patent management［J］. R&D Management, 2016, 46（S2）：677-690.

[31] Kang B, Bekkers R. Just-in-time patents and the development of standards［J］. Research Policy, 2015, 44（10）：1948-1961.

［32］ Kim C, Kwon S, Kim J., The Evaluation of Korea's Competitiveness in Lubricants Industries Using Patent Index Analysis ［J］. Korean Chemical Engineering Research, 2016, 54（3）: 332-339.

［33］ Mangelsdorf A, Portugalperez A, Wilson J S. Food standards and exports: evidence for China ［J］. World Trade Review, 2012, 11（3）: 507-526.

［34］ Marcuzzo R, Santos JRD, Siluk J C M, et al. Modelling for intangible assets evaluation in technology-based companies ［C］International Joint Conference-Cio-Icieom-Iie-Aim. 2016.

［35］ Paterson M., Properly Protecting Code: Solving Copyright and Patent Rights Overlap via Computer Software Suitability in Copyright ［J］. Social Science Electronic Publishing, 2017.

［36］ Reilly R F. Technology Intangible Assets ［J］. Abi Journal, 2015.

［37］ Samuelson P. Functionality and Expression in Computer Programs: Refining the Tests for Software Copyright Infringement ［J］. Social Science Electronic Publishing, 2015.

［38］ Saunders A, Brynjolfsson E. Valuing information technology related intangible assets ［J］. Mis Quarterly, 2016, 40: págs. 83-110.

［39］ Unni V K., Software Protection under Copyright Law ［M］. Copyright Law in the Digital World. Springer Singapore, 2017.

［40］ Wang M H, Hsiao Y C, Tsai B H, Fuzzy markup language with genetic learning mechanism for invention patent quality evaluation ［C］Evolutionary Computation. IEEE, 2015: 251-258.

创业板上市公司市场类无形资产研究

本报告继续沿用《中国创业板上市公司无形资产蓝皮书（2015-2016）》（下称《蓝皮书（2015-2016）》）的研究框架，将商标和客户资产合并为市场类无形资产，同时将竞争地位和核心竞争优势两类与市场类无形资产高度关联的要素作为补充，分别对创业板上市公司招股说明书和 2016 年年报中披露的商标、客户、竞争地位、核心竞争优势等信息进行描述性统计，以期探究创业板公司有关市场类无形资产的现状和变化趋势，得出有价值的研究结论。

一、相关典型事件和文献综述

相关典型事件梳理和文献综述是本次报告的新增内容，力图让读者了解过去一年在市场类无形资产方面发生的典型事件和有关市场类无形资产的最新研究。

（一）典型事件列表

表 4-1　2016 年市场类无形资产典型事件

序号	时间	类型	商　　标
1	2016 年 6 月	商标	中国好声音商标纷争：唐德影视股份有限公司起诉上海灿星文化传播有限公司和世纪丽亮（北京）国际文化传媒有限公司侵犯其商标权及不正当竞争。
2	2016 年 10 月	竞争优势 竞争地位	创业板开板七周年，截至 2016 年 9 月 30 日，创业板共有 439 家公司上市前获得创投的资金支持，初始投资总额达到 173.9 亿元。
3	2016 年	竞争地位	战略新兴产业公司持续发力，龙头公司不断涌现。温氏股份、三聚环保、蓝思科技等 6 家公司营业收入超过 100 亿元；温氏股份、碧水源、三聚环保等 8 家公司净利润超过 10 亿元。

序号	时间	类型	商　　标
4	2016 年	竞争优势	创业板公司不断强化培养创新能力，共投入研发经费 382 亿元，同比增长 29.26%。计算机行业公司的平均研发强度超过 9%，生物医药和国防军工行业公司的平均研发强度超过 6%，远高于国家"十三五"规划中国家研究与试验发展经费投入占 GDP 的 2.5% 目标水平。创业板高新技术企业数达 559 家，占比 88.59%，拥有的与自营产品相关的核心专利技术已达 19920 项。

（二）相关文献综述

国内外很多学者针对商标、客户、竞争地位、竞争优势等市场类无形资产都进行过相关的研究。

1. 商标

在新时代下，信息化拓展了商标权的定义和范畴，越来越多的企业开始重视商标权的注册和保护，立法者和学术界也开始解读和重新定义商标权的边界。

有学者专门研究商标保护的理论问题。齐爱民、马春晖（2016）运用法律关系分析方法，以寻找对商标权保护的科学制度设计，并在研究中加入经济学考量，兼顾法学理论与实际应用，区分了商标行政管理职能与商标司法救济职能二者之间的区别与实际衔接，以阐述司法保护为主导的商标保护基本制度的优越性。Alfadhel（2016）则阐述了将知识产权嫁接到海湾合作委员会的法律框架上的协调问题，讨论了为什么要有效地保护和执行知识产权法律，以防止相关成员国的造假行为。Dogan（2016）重点介绍了 Rescuecom 起诉 Google 的商标侵权案，该案涉及关键字广告的问题，例如，在谷歌上搜索其商标名时，返回的搜索结果中包含有指向竞争对手的广告。

部分学者着重研究商标权在法律上的边界问题。李扬（2016）认为商标法授予商标权的目的在于促进本国产业发展，因而确定商标权的边界时必须严格坚持商标权的地域性原则；在申请商标注册程序或者注册商标争议程序中，商标审查机关应当通过严格解释商标的近似性以防止不适当扩张商标权的边界。王莲峰（2016）认为移动互联网中的 App 标识是一种新的商业标志，该标志不仅具有区别同类 App 商品或服务来源的功能，而且独特的 App 标识逐渐成为一种稀缺资源。Port（2017）则重点讨论商标稀释法在过去 20 年里的变化过程，商标稀释的概念本质上是复杂的，它体现了知识产权法向立法者所提出的挑战，以及要求法官、律师和专家来解决这些挑战。

还有学者研究发现商标的培育与商标权保护活动对企业绩效有十分重要的作用。刘红霞、张烜（2015）以 2004—2014 年获得中国驰名商标认定的沪、深 A 股上市公司为研究对象，结合商标资产对公司绩效的影响机理，分析了中国驰名商标认定前后公司绩效的变化。研究发现，上市公司获得驰名商标认定后，公司绩效较认定前有显著提升；上市公司获得驰名商标认定后，公司拥有的与驰名商标商品同类的普通注册商标数量越多，公司的绩效提升越多。张卫东、张春香（2016）运用 Logit 模型，对 192 家英国微米纳米技术行业企业面板数据进行了实证研究。结果表明，风险投资的获得不仅显著促进企业的商标申请，而且对商标所保护的市场范围也有显著影响。

2. 客户

客户是企业重要的利益相关者，重要客户是否对供应商的经营决策、财务决策以及风险产生影响是一个重要的理论和实务问题。

有学者认为客户集中度具有收益效应。褚剑、方军雄（2016）从股价崩盘风险的角度研究客户集中度的影响。研究结果表明，客户集中有利于公司与客户之间供应链整合，进而降低公司的经营风险和信息披露风险，最终缓解股价崩盘风险。Dan & Judd 等（2016）调查了客户集中度与供应商股权资本成本之间的关系，研究结果显示，客户集中度与供应商的股权成本之间存在正相关关系，进一步证明客户集中度对其融资成本有显著的影响。Holopainen（2016）以私营芬兰医疗保健公司的问卷调查数据为基础，探讨了在医疗保健公司的框架下，客户集中对公司绩效的影响，结果表明，客户集中度对公司的业绩有显著影响。

另有学者认为客户集中度具有风险效应。王俊秋、毕经纬（2016）以 2007-2013 年沪深 A 股制造业上市公司为样本，研究发现，客户集中度与公司竞争优势显著负相关，尤其是高竞争行业的客户集中度对公司竞争优势的负面影响更加显著。王雄元、高开娟（2017）研究我国 2007-2014 年二级市场公司债的数据发现：（1）客户集中度提高了债券信用利差；（2）客户关系风险或商业信用风险较高时，客户集中度更容易被解读为风险；（3）客户集中度越高，企业未来收入风险与现金流风险越高，综上说明客户集中度对债券投资者而言确实是一种风险。Campello & Gao（2016）研究贷款合同的定价和非定价特征，以衡量信贷市场如何评估公司的客户基础情况和供应链关系，研究表明客户集中度提高会减少利率差距、缩短贷款的到期日以及加剧企业与银行之间的紧张关系。

还有学者认为客户集中度的收益效应和风险效应具有阶段性。林钟、高林夜（2016）以 2009-2012 年在创业板上市的公司为样本，首次从上市前后客户集中度变化的视角考察分析了客户集中度对 IPO 公司的业绩影响，研究发现，较高的客户集中度能够稳定企业的市场渠道，但是这种稳定作用在企业上市后边际效用递减，带来的成本降低优势不再明显，甚至会增强客户的议价能力，侵蚀企业业绩。陈峻、张志宏（2016）以 2007-2014 年我国 A 股上市公司为样本，以客户集中度作为企业客户特征的代理变量，研究大客户对企业资本结构动态调整的影响。实证结果表明，企业的客户集中度越高，其资本结构偏离程度越大，调整速度越快；进一步分析发现，客户集中度对企业资本结构动态调整的影响在财政政策相对积极与相对紧缩时存在异质性，导致财政政策相对紧缩时客户集中度对企业资本结构动态调整的正向影响比财政政策相对积极时更为显著。

3. 竞争地位

竞争地位是指企业在目标市场中所占据的位置，它是企业规划竞争战略的重要依据。企业的竞争地位不同，其竞争战略也不同。

有的学者重点研究竞争地位对企业金融财务方面的影响程度。邢立全、王韦程、陈汉文（2016）使用我国上市公司 2007-2012 年数据，就产品市场竞争和竞争地位对经理人盈余管理行为的影响进行研究，研究发现，上市公司所处行业的集中度越低，产品市场竞争越激烈，其应计盈余管理和真实活动盈余管理程度都越高。陈志斌、王诗雨（2015）对 2008-2013 年沪深两市全部 A 股上市公司面板数据进行检验，从行业竞争程度和企业竞争地位双重视角探究产品市场竞争可能导致的掠夺效应对企业现金流风险的影响。理论分析发现：在行业竞争程度较大的环境下，掠夺效应对现金流风险的影响较小，但在行业竞争程度较小的行业中，掠夺效应对企业现金流风险影响的深度和广度反而更大。

有的学者重点研究竞争地位与影响企业发展的其他关键要素之间的关系。郭岚、何凡（2016）分析并探讨行业竞争以及企业竞争地位与企业社会责任的关系。研究结果表明，行业竞争与企业社会责任呈倒 U 形关系，在控制行业竞争基础上，企业竞争地位与社会责任之间呈负向关系。Li Yang（2016）对 2002-2014 年中国上市公司的样本进行了调查，考察了产品市场竞争对公司员工薪酬的影响。发现市场竞争加强会引起员工工资增加，进而提高公司的劳动力需求。与此同时，在该行业中，企业的竞争地位越高，员工获得的工资越高。Adam Czerwinski（2016）对保险公司网站信息质量评价与竞争地位之间的关系进行研究。研究结果表明，保险公司网站上所包含的信息质量和他们在市场上的份额之间不存在显著的相关性；与他们的受欢迎程度之间存在显著的相关性。

还有学者则从不同阶段描述和比较企业间的竞争地位和竞争潜力。Stipe Lovreta & Jelena Končar 等（2016）通过分析零售商在营销渠道上的竞争地位以及大型零售商与生产者之间的关系，证明了零售商在市场竞争中所占据的优势地位，并通过对零售商与生产者之间竞争关系的分析，证明了零售商购买力的明显提高，并对生产者的竞争力产生了显著的影响。Piotr Trąpczyński & Barbara Jankowska 等人（2016）在 2010-2013

年基于波兰的 553 个微型、小型和中型企业的辅助数据（AMADEUS 数据库），开展了一项集群分析，对它们在危机期间（2009 年）的竞争潜力以及竞争地位进行描述，结果表明敢于冒险的企业比其他企业拥有更大的竞争潜力。

4. 竞争优势

竞争优势是一种特质，它可以使组织在市场中得到的价值超过它的竞争对手。企业组织通过保持竞争优势，模仿或取代竞争对手获得更多的经济价值。

有的学者探讨企业如何获得持续性的竞争优势。王京伦、邹国庆（2016）从企业竞争优势理论来探讨索尼获得竞争优势的根源以及使得索尼强大的竞争优势逐渐丧失的原因，他们认为拥有动态能力是企业获得持续竞争优势的关键。Coccia（2016）通过发展问题驱动创新的概念框架来研究企业如何发展激进和渐进的创新，以维持市场的竞争优势，结果表明企业有强烈的动机去寻找解决问题的创新方案，以便在技术为内在动力的市场上实现暂时的利润垄断和竞争优势。Mishra（2016）开发了一个统一的框架来解释动态环境中竞争优势和价值创造的现象。通过一种新的战略价值创造理论，探讨了企业如何通过管理激励、资本市场力量、组织文化和结构以及社会复杂性来衡量和维持其竞争优势。

有的学者从绿色、生态位的视角揭示企业如何构建核心竞争优势。黄江明、丁玲、崔争艳（2016）从生态位的视角揭示了企业市场竞争度、企业产品差异化与同质化的深层次原因，通过对宇通与北汽的比较研究，发现商业生态系统中存在不同的企业生态位分离与重叠的模式、演化过程及其策略，进而提出基于生态位宽度战略构筑企业竞争优势的过程模型。潘楚林、田虹（2016）基于自然资源基础观理论和知识管理理论，探索了绿色智力资本对企业竞争优势的影响机理，通过对 254 份制造企业部门经理调查问卷的实证研究发现，绿色智力资本可以通过绿色创新的中介作用正向影响企业竞争优势，吸收能力与知识共享正向调节了绿色智力资本对绿色创新的影响。

还有学者研究影响企业竞争优势的其他非关键性因素。王建刚、吴洁（2016）基于 164 份问卷数据研究发现，网络稳定性正向影响企业竞争优势，联系强度与企业竞争优势是一种 U 形关系。吸收能力正向调节网络稳定性、网络中心性与企业竞争优势的关系。扩散能力增强网络中心性对企业竞争优势的正向影响，而减弱网络稳定性对企业竞争优势的积极影响。刘建秋、盛梦雅（2016）认为战略性社会责任是传统社会责任与企业战略管理融合后的战略性社会责任行为，向心性、前瞻性、专用性以及组织性等四维属性是战略性社会责任的评估标准。战略性社会责任能通过提升企业短期财务绩效、形成资源基础理论要求的企业无形资源和能力两条路径，帮助企业获取持续竞争优势。

二、基于招股说明书的市场类无形资产披露情况

本报告选取 2017 年 5 月 18 日前在创业板上市的 638 家公司❶（300001～300653）为样本，以公司招股说明书为数据来源，基于证监会 28 号准则要求，并参考公司信息披露实际情况，对其商标、客户、竞争地位和核心竞争优势的相关信息进行数据搜集和整理。

（一）市场类无形资产及相关要素总体情况

从 638 家样本公司招股说明书披露的信息来看，绝大部分创业板上市公司拥有不同类型的市场类无形资产。其中，披露并拥有商标和客户❷等典型市场类无形资产的公司占比均超过 95%，而披露竞争地位和核心竞争优势的公司❸占比也超过 90%，如表 4-2 所示，说明市场类无形资产与企业核心竞争优势和竞争地位的信息分布呈现出较为明显的一致性。值得注意的是，披露每项市场类无形资产和相关要素的公司占比基本与往年持平，其中竞争地位和核心竞争优势略有提高，披露竞争地位的公司相比上年度增加 1.7 个百分点，披露核心竞争优势的公司相比上年度增加了 0.1 个百分点，说明创业板上市公司市场类无形资产的整体信息披露质量有所提高。

表 4-2 披露市场类无形资产及相关要素的总体状况

资产及要素类型	披露信息的公司数（家）	占比（%）
商标	638	100
客户	629	98.6
竞争地位	596	93.4
核心竞争优势	635	99.5

从披露市场类无形资产及相关要素的项数来看，截至 2017 年 5 月 18 日上市的 638 家公司均披露了至少两种该类资产和要素的信息。这一统计结果与上年度类似，进一步验证了上年度报告得出的市场类无形资产及相关要素间具有共生和相互作用特征的结论。其中，披露四项和三项信息的公司数量分别为 512 家和 117 家，即披露三项及以上市场类无形资产及其相关要素的公司数量占比达到 98.6%，如图 4-1 所示，比上年度减少 0.2 个百分点，基本持平。

---

❶ 不包含 300060、300186、300361、300454、300504、300524、300544、300564、300574、300594、300614、300624、300634、300644、300646。

❷ 此处以招股说明书或年报中披露的前五名客户名称为衡量标准。

❸ 由于招股说明书和年报中未对"竞争地位"这一具体要素进行明确的信息披露，因此本文以"市场占有率"或"市场排名"两要素对"竞争地位"进行综合衡量。

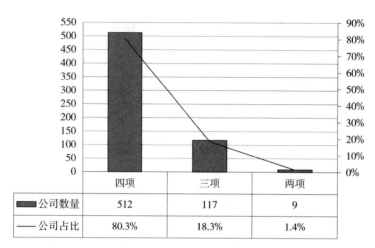

	四项	三项	两项
公司数量	512	117	9
公司占比	80.3%	18.3%	1.4%

图4-1　市场类无形资产及其相关要素的公司持有情况

（二）市场类无形资产及相关要素分类描述

1. 商标

基于公司招股说明书数据，638家创业板上市公司总计持有9480项商标，如表4-3所示，平均每家公司持有商标数为14.9项，相比上年度的10.4项/家有显著增加，说明2016年新上市的130家公司（300514~300653）平均商标持有量比先前上市的样本公司明显增加。此外，638家公司正在申请的商标数量为1738项，平均每家公司在上市前申请商标数量为2.7项，相比先前上市的样本公司呈现减少趋势，减少了0.6项/家，说明大多数新上市企业在对于商标的选择上倾向于更少的副商标模式。对于新上市企业而言，可以给予主商标更多的支持，同时可以减少维持副商标的管理费用。但是从长远的发展角度看，商标权越少则保护越少，不利于运用商标实施品牌战略。

表4-3　创业板上市公司商标持有和申请状况

商标状态	总数（项）	平均数（项/家）
持有商标项数	9480	14.9
申请商标项数	1738	2.7

从商标等级来看，共有192家[1]样本公司分别持有不同等级的商标荣誉，如图4-2所示，平均每3.3家企业便有1家持有驰名或著名商标。其中，持有"中国驰名商标"的公司数量为46家，持有省、直辖市一级商标荣誉的公司数量为148家，持有地级市及其他同级别商标荣誉的公司数量为26家。

---

❶　部分公司同时获得不同级别的商标荣誉，故获单项商标荣誉公司数量的总和大于192家。

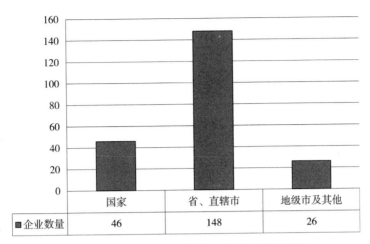

图4-2 拥有不同商标荣誉级别的企业数量状况

	国家	省、直辖市	地级市及其他
■企业数量	46	148	26

从行业分布来看，机械、设备、仪表行业和其他行业受益于较大的样本数量，在商标数量和质量总体指标中占有绝对优势，如表4-4所示。在行业总量上，"持有商标项数"前三名分别为机械、设备、仪表行业（2271项），其他行业❶（2240项）和医药行业（1355项）；"申请商标项数"前三名分别为其他行业（636项），计算机、通信及电子行业（346项）和机械、设备、仪表行业（246项）；"获得商标荣誉"前三名分别为机械、设备、仪表行业（90项），其他行业（49项）和化学、橡胶、塑料行业（32项）。

在行业均值上，平均持有商标项数排名前三位的分别是文化传播行业（40.43项）、医药行业（28.83项）和其他行业（17.36项）；平均申请商标项数排名前三位的分别为文化传播行业（8项）、互联网及相关服务业（5.85项）、其他行业（4.93项）；平均获得商标荣誉排名前三位的分别为医药行业和化学、橡胶、塑料行业并列第一（0.53项），机械、设备、仪表行业第三（0.48项）。

表4-4 商标的行业分布

行业	公司数量（家）	总量（项）			均值（项）		
		持有商标项数	申请商标项数	获得商标荣誉	持有商标项数	申请商标项数	获得商标荣誉
机械、设备、仪表行业	188	2271	246	90	12.08	1.31	0.48
软件、信息技术服务业	100	1246	222	11	12.46	2.22	0.11
计算机、通信及电子行业	94	1196	346	14	12.72	3.68	0.15

❶ 其他行业指除了机械、设备、仪表行业，软件、信息技术服务业、计算机、通信及电子行业，互联网及相关服务业，医药行业，化学、橡胶、塑料行业和文化传播行业以外企业汇总。

续表

行业	公司数量（家）	总量（项）			均值（项）		
		持有商标项数	申请商标项数	获得商标荣誉	持有商标项数	申请商标项数	获得商标荣誉
互联网及相关服务业	13	218	76	5	16.77	5.85	0.38
医药行业	47	1355	76	25	28.83	1.62	0.53
化学、橡胶、塑料行业	60	671	80	32	11.18	1.33	0.53
文化传播行业	7	283	56	0	40.43	8.00	0.00
其他行业	129	2240	636	49	17.36	4.93	0.38

2. 客户

创业板上市公司招股说明书对客户信息的披露主要集中于上市前三年"前五大客户销售占比"和"主要客户基本情况"两大要素，"前五大客户合计销售占比"主要描述创业板上市公司的客户集聚程度。客户集中度高，便于企业集中管理，降低交易成本，但过度依赖大客户也会带来潜在风险。"主导客户类型"主要用以区分企业前五大客户的整体所有制性质，如国企客户占多数，则该企业被归为国企客户类型。

从客户类型上看，在招股说明书中明确披露 2012-2016 年公司客户信息的上市公司数量依次为 108 家、75 家、46 家、117 家和 128 家❶，根据招股说明书中披露的2009-2016 年度客户信息整理发现，民企、国企、外企这三种客户类型主导的上市公司占比最高如表4-5 所示。

表4-5　招股说明书中披露2012-2016 年公司主导客户类型占比情况❷

年份		2012	2013	2014	2015	2016
披露年度客户的公司数（家）		108	75	46	117	128
主导客户类型占比	国企	27.8%	28.4%	30.9%	37.6%	29.7%
	外企	19.1%	18.9%	20.7%	20.5%	18.8%
	民企	44.3%	45.5%	43.7%	36.8%	43%
	行政事业单位	4.7%	3.2%	1.4%	1.7%	3.1%
	其他❸	4.7%	4.0%	3.3%	3.4%	5.5%

由图4-3 可知，在创业板公司不同客户类型的占比上，民企所占比例自2013 年以来显著降低，而国企占比则显著提升，最近八年的平均占比约为30.76%，外企平均比

---

❶　由于各公司分别在不同年度发布招股说明书，因此后续上市的公司只披露了上市前三年的客户信息而未将更早年份的客户信息囊括在内。

❷　表格中的数据只统计每年报告期内新增上市公司披露情况的数据。

❸　其他类型的客户包括台资企业、港资企业、中外合资企业等所有制性质的企业客户。

例约为 18.8%，其客户占比较为稳定；行政事业单位和其他类客户占比 2015 年有所提升，其中占比最低的是行政事业单位，2016 年平均比例约为 3.1%。

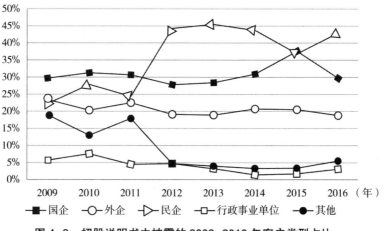

图 4-3   招股说明书中披露的 2009-2016 年客户类型占比

前五大客户合计销售占比如表 4-6 所示，2009-2016 年八年间，行业客户集中度年平均值位居前三甲的行业依次为文化传播行业（39.19%），其他行业（39.15%），计算机、通信及电子行业（38.84%）；占比最小的为化学、橡胶、塑料行业（25.61%）。

表 4-6   2009-2016 年各行业前五大客户合计销售占比

行业类别	2009 年	2010 年	2011 年	2012 年	2013 年	2014 年	2015 年	2016 年	平均值
机械、设备、仪表行业	31.53%	34.36%	34.08%	34.52%	34.91%	34.37%	35.24%	36.37%	34.42%
软件、信息技术服务业	24.33%	23.49%	24.94%	27.18%	27.33%	28.55%	30.97%	35.72%	27.81%
计算机、通信及电子行业	37.08%	42.91%	37.09%	37.25%	36.98%	37.72%	40.30%	41.42%	38.84%
互联网及相关服务业	30.03%	27.13%	21.23%	45.01%	24.20%	34.18%	39.67%	43.14%	33.07%
医药行业	20.92%	24.58%	25.79%	25.79%	28.80%	29.11%	28.67%	31.26%	26.87%
化学、橡胶、塑料行业	18.21%	22.56%	25.15%	25.44%	26.50%	26.44%	29.33%	31.27%	25.61%
文化传播行业	34.66%	33.57%	49.38%	38.88%	38.88%	40.25%	40.25%	37.67%	39.19%
其他行业	28.88%	29.59%	33.59%	77.74%	33.99%	35.01%	36.41%	37.96%	39.15%
年度平均占比	28.21%	29.77%	31.41%	38.98%	31.45%	33.20%	35.11%	36.85%	—

此外，由全行业客户集中度"年度平均占比"指标可知，创业板上市公司前五大客户合计销售占比，除 2012 年异常外，从 2009 年至 2016 年整体呈上升趋势，表明样本公司的平均客户集中度相对比较稳定，创业板上市公司在维护重点大客户的同时也应注重开拓新的客户资源以提升经营业绩，避免过于依赖大客户而产生各类经营和财务风险。

3. 竞争地位

创业板公司竞争地位主要由"核心产品的市场占有率"和"市场排名"❶ 两项指标加以体现。其中，市场占有率指一个企业的销售量（或销售额）在市场同类产品中所占的比重，展现了企业对市场的控制能力；市场排名一般是根据既有规则对企业多个要素打分后按照权重进行加总的分数排名，能够全面体现企业在行业中的竞争地位。

绝大多数披露竞争地位信息的公司拥有多个产品类型，不同产品呈现出差异较大的市场占有率，值得注意的是，虽然市场占有率数据呈现一定程度的波动，但与之相对应的产品市场排名较为稳定，多数集中于市场前十名。

从主营产品的市场占有率来看，超过70%的公司有10家，如表4-7所示，其中，制造业公司占据8席，信息技术业占据2席。除天泽信息（300209）主要提供专业化服务外，其余9家公司均是提供具有物理形态工业产品的企业。值得注意的是，2016年新上市的130家公司（300514～300653）并未出现核心产品市场占有率大于70%的企业。

表4-7　核心产品市场占有率大于70%的企业

证券代码	公司名称	行业	产品类型	市场占有率
300004	南风股份	制造业	核电领域	72.4%
300026	红日药业	制造业	血必净注射液	100.0%
			盐酸法舒地尔注射液	97.4%
300034	钢研高纳	制造业	高温合金	90.0%
300076	宁波GQY	信息技术业	大屏幕拼接显示系统	79.2%
300077	国民技术	制造业	USBKEY安全芯片	72.9%
300082	奥克股份	制造业	光伏电池用晶硅切割液	70.0%
300105	龙源技术	制造业	等离子体点火设备	92.3%
300159	新研股份	制造业	农机装备行业	78.0%
			耕作机械	95.0%
300209	天泽信息	信息技术业	公路运输车辆远程管理信息服务	100.0%
300285	国瓷材料	制造业	陶瓷粉体材料	75.0%

从市场排名来看，随市场排名加速递减的特征依然保持，排名前三的产品平均综合市场占有率合计达到了89.1%，说明部分创业板上市公司可以凭借个别拳头产品在某些细分行业形成一定的市场垄断优势。而新上市的130家公司中，只有40家披露了

---

❶ 此处为国内市场占有率和市场排名，国外市场占有率信息不全，本文不予考虑。

市场占有率，平均市场占有率仅有 11.87%，其中只有两家公司的市场占比超过了 50%。

在上市的 638 家公司中，由表 4-8 可知，有 552 家披露了竞争格局，大约占比 86.52%。新上市的 130 家中，有 123 家披露了竞争格局。从行业分布来看，披露比最高的是机械、设备、仪表行业。

表 4-8　竞争格局披露的行业分布

行业类别	公司数量	占 比
机械、设备、仪表行业	165	29.9%
软件、信息技术服务业	77	13.9%
计算机、通信及电子行业	90	16.3%
互联网及相关服务业	7	1.3%
医药行业	39	7.1%
化学、橡胶、塑料行业	54	9.8%
文化传播行业	5	0.9%
其他行业	115	20.8%

4. 核心竞争优势

本报告的统计表格继续沿用《蓝皮书（2015-2016）》所涵盖的 15 项企业核心竞争优势。15 项核心竞争优势作为一个整体，任何一个方面的缺乏或降低都会导致公司竞争能力的下降，但这些优势又相对独立，企业拥有了其中任何一种竞争优势，都意味着在市场竞争中占领了一个制高点。

从行业来看，188 家机械、设备、仪表行业公司和 129 家其他行业公司占据了样本容量的 49.7%，因此这两大行业在拥有核心竞争优势的总量上占据绝对优势，具体数据见表 4-9。其中，技术研发、产品性能、品牌和人才团队等核心竞争优势数量较多，且主要集中在机械、设备、仪表行业，软件、信息技术服务行业，计算机、通信及电子行业和其他行业，而资质、商业模式、成本、产业链和企业文化等核心竞争优势数量整体较少，且分散在不同行业。

表 4-9　各行业拥有核心竞争优势的公司数量　（单位：家）

核心竞争优势	机械、设备、仪表行业	软件、信息技术服务业	计算机、通信及电子行业	互联网及相关服务业	医药行业	化学、橡胶、塑料行业	文化传播行业	其他行业
技术研发	183	90	88	12	46	60	1	105
产品性能	134	35	57	7	33	39	1	47

续表

核心竞争优势	机械、设备、仪表行业	软件、信息技术服务业	计算机、通信及电子行业	互联网及相关服务业	医药行业	化学、橡胶、塑料行业	文化传播行业	其他行业
品牌	92	44	38	5	16	29	6	68
客户资源	82	57	43	7	12	26	3	41
行业经验	25	30	18	1	4	7	0	25
人才团队	97	61	56	9	14	28	4	66
服务	63	59	20	2	6	17	0	37
营销网络	50	30	30	4	17	18	4	38
管理	54	25	31	2	17	23	2	50
资质	32	21	22	2	6	7	0	17
商业模式	35	30	31	6	16	18	4	45
市场地位	44	37	21	5	17	25	2	29
成本	35	4	18	1	5	17	2	15
产业链	24	8	15	1	14	10	2	16
企业文化	3	4	5	0	2	2	0	7

显然，不同行业对不同类别核心优势依赖的差异性仍然存在，这体现在各行业公司核心竞争优势的覆盖率[1]有所差异。根据表4-10，机械、设备、仪表行业核心竞争优势覆盖率前两位的依次为技术研发（97.3%）和产品性能（71.3%），软件、信息技术服务业为技术研发（90%）和人才团队（61%）；从核心竞争优势的整体覆盖率来看，前三位的依次为技术研发（97.3%）、产品性能（71.3%）和人才团队（51.6%）。

表4-10 各行业公司核心竞争优势拥有比率 （单位：%）

核心竞争优势	机械、设备、仪表行业	软件、信息技术服务业	计算机、通信及电子行业	互联网及相关服务业	医药行业	化学、橡胶、塑料行业	文化传播行业	其他行业	平均值
技术研发	97.3	90.0	93.6	92.3	97.9	100.0	14.3	81.4	97.3
产品性能	71.3	35.0	60.6	53.8	70.2	65.0	14.3	36.4	71.3
品牌	48.9	44.0	40.4	38.5	34.0	48.3	85.7	52.7	48.9
客户资源	43.6	57.0	45.7	53.8	25.5	43.3	42.9	31.8	43.6
行业经验	13.3	30.0	19.1	7.7	8.5	11.7	0.0	19.4	13.3
人才团队	51.6	61.0	59.6	69.2	29.8	46.7	57.1	51.2	51.6
服务	33.5	59.0	21.3	15.4	12.8	28.3	0.0	28.7	33.5

---

[1] 覆盖率，指行业内的企业拥有某项竞争优势的比例。如机械、设备、仪表行业公司有160家，其中披露技术研发优势的公司136家，则技术研发优势在制造业中的覆盖率为$136 \div 160 \times 100\% = 85.0\%$。

核心竞争优势	机械、设备、仪表行业	软件、信息技术服务业	计算机、通信及电子行业	互联网及相关服务业	医药行业	化学、橡胶、塑料行业	文化传播行业	其他行业	平均值
营销网络	26.6	30.0	31.9	30.8	36.2	30.0	57.1	29.5	26.6
管理	28.7	25.0	33.0	15.4	36.2	38.3	28.6	38.8	28.7
资质	17.0	21.0	23.4	15.4	12.8	11.7	0.0	13.2	17.0
商业模式	18.6	30.0	33.0	46.2	34.0	30.0	57.1	34.9	18.6
市场地位	23.4	37.0	22.3	38.5	36.2	41.7	28.6	22.5	23.4
成本	18.6	4.0	19.1	7.7	10.6	28.3	28.6	11.6	18.6
产业链	12.8	8.0%	16.0	7.7	29.8	16.7	28.6	12.4	12.8
企业文化	1.6	4.	5.3	0.0	4.3	3.3	0.0	5.4	1.6

三、基于年报的市场类无形资产披露情况

证监会第 30 号准则要求创业板上市公司在年报中披露商标、客户、竞争地位及核心竞争优势的变化及原因，因此，本报告对年报中市场类无形资产及相关要素的分析侧重于年度变化的分析。本报告收集了 601 家样本公司近 8 年年报所披露的市场类无形资产及相关要素的信息，希望能够全面反映创业板公司市场类无形资产状况的动态变化情况。其中，2009 年年报 58 份（300001~300059，无 300055），2010 年年报 188 份（300001~300189，无 300060），2011 年 年 报 292 份（300001~300291、300299、300302，无 300060），2012 年年报 355 份（300001~300356，无 300060），2013 年年报 379 份（300001~300383，无 300060、300361、300364、300374），2014 年年报 417 份（300001~300427，无 300060、300361、300394、300404、300414、300422、300423、300424、300426、300427），2015 年 年 报 497 份（300001~300513，无 300060、300186、300361、300454、300474、300502、300503、300504、300505、300507、300508、300509、300510、300511、300512、300513），2016 年年报 601 份（300001~300653❶）。

（一）商标情况分析

经统计，2009-2011 年，样本公司的商标持有量、申请量和荣誉数三项指标均呈现

---

❶ 其中不含 300060、300186、300361、300454、300504；有 10 个证券编码缺失公司：300524、300544、300564、300574、300594、300614、300624、300634、300644、300646；有 37 家为当年度新上市公司：300514、300554、300604、300613、300616、300617、300618、300619、300620、300621、300622、300623、300625、300626、300627、300628、300629、300630、300631、300632、300635、300636、300637、300638、300639、300640、300641、300642、300643、300645、300647、300648、300649、300650、300651、300652、300653，因证监会不强制新上市公司公布年报，故上述新上市公司无年报披露。

不同程度的增长趋势，而 2012 年则呈现出了明显下滑，如表 4-11 所示，主要原因在于 2012 年年报的披露形式有了较大变化，注重流量信息而弱化存量信息，导致商标存量信息（持有商标项数、申请商标项数等）严重缺失。2013 年，申请商标项数和获得商标荣誉数与 2012 年基本一致，而持有商标项数相比 2012 年又有显著增加，这一方面是由于对持有商标项数的信息披露要求进一步规范，另一方面则是随着公司知识产权意识的加强，实际持有商标的存量在 2013 年确实有所增加。2014 年，持有商标数大幅增加，而申请商标项数明显减少，417 家公司的商标存量约为 2013 年的 2.2 倍，而申请的商标数量约为上年度的一半，一方面在于 2014 年新上市的公司持有商标数量普遍较多，另一方面也与创业板公司往年所申请注册的商标大部分已审核通过有关。而 2015-2016 年的三项指标均有小幅度增长，进一步印证了创业板上市公司知识产权保护意识的增强。

表 4-11　2009-2016 年商标总数统计信息 （单位：项）

指标	2009 年	2010 年	2011 年	2012 年	2013 年	2014 年	2015 年	2016 年
持有商标总项数	497	2350	4361	2692	4129	9215	11460	12378
申请商标总项数	247	688	774	365	366	205	280	376
获得商标荣誉总数	10	43	84	67	67	46	104	169

表 4-12　2009-2016 年商标均值统计信息 （单位：项/家）

指标	2009 年	2010 年	2011 年	2012 年	2013 年	2014 年	2015 年	2016 年
持有商标均值	8.6	12.5	14.9	7.6	10.9	22.1	23.1	20.6
申请商标均值	4.3	3.7	2.7	1.0	1.0	0.5	0.56	0.63
获得商标荣誉均值	0.2	0.2	0.3	0.2	0.2	0.1	0.21	0.28

从上述三项指标的各年度均值来看，如表 4-12 和图 4-4 所示，创业板上市公司平均持有商标项数从 2009 年至 2011 年依次增长 45.3%、19.2%，从 2012 年至 2014 年依次增长了 43.4%、102.8%。剔除 2012 年的数据，2013 年的平均持有商标项数与 2009-2011 年的平均值接近，2014 年的持有商标均值比上年度翻番，2015 年的数据保持持平，2016 年有小幅下降；而平均申请商标项数则在 2009 年至 2014 年呈下降趋势，但是 2015-2016 年有小幅回升。这种变化说明：后续年份上市的创业板公司平均拥有的商标数量较高。平均获得商标荣誉项数从 2011 年至 2014 年持续缓慢下降，2015-2016 年平均获得的商标荣誉项数有明显上升，这是因为在 2015-2016 年上市的公司中有 70 家拥有商标荣誉，其占比远远高出之前的 508 家，因此提升了整体水平。这也说明创业板上市公司越来越重视打造其企业文化与品牌形象，认识到商标荣誉的获得对于提高商品竞争力、打开销路都起着十分重要的作用。

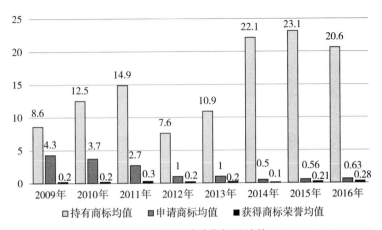

图 4-4　2009-2016 年商标统计指标平均值（单位：项/家）

（二）客户情况分析

由于 2016 年年报中只有较少企业披露了主导客户的性质，因此本年度基于年报信息不再分析主导客户性质，只分析前五大客户销售占比变化情况，同时鉴于 2011-2016 年年报数据统计口径与 2009 年和 2010 年有所出入，因此本部分以 2011-2016 年数据为对象进行数据统计。如图 4-5 所示，2011 年创业板上市公司前五大客户合计销售占比平均值为 35.3%，2012 年该指标降至 34.9%，2013 年降至 34.2%，2014 年为 34.0%，2015 年略有回升（34.6%），2016 年出现大幅上升（39.28%），说明创业板上市公司企业越来越重视培育优质主导客户，认识到优质的大客户会带来产业链整合效应，使整个产业链商品的流动性更加协调，最大化产业链利益。但值得注意的是，客户集中度应保持在一个适度的水平，过高或过低都是不合适的。总体来看，创业板上市公司客户集中度呈现波动上扬的趋势。

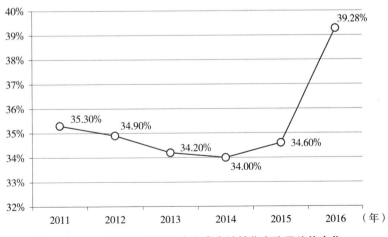

图 4-5　2011-2016 年前五大客户合计销售占比平均值变化

（三）竞争地位情况分析

2009-2012 年，创业板上市公司在年度报告中多选择定性方式对其竞争地位和变化情况进行描述，例如，乐普医疗（300003）在 2011 年年报中披露"目前，支架、封堵器、心脏瓣膜已成为国内最主要生产企业，市场占有率稳步提升"；佳创视讯（300264）在 2012 年年报中披露"报告期内，公司根据市场变化，适当调整了年度经营计划和策略，同时加大对产品技术的研发投入、加强市场营销力度，并在产品库存、应收款项等方面加强管理。在广电运营商软件领域，公司积极应对电信网、互联网和广播电视网三网融合趋势，继续巩固在大型广电业务运营及管理软件系统领域的领先地位"。

而从 2013 年开始，部分公司开始选择"用数据说话"，采用定量方式描述竞争地位变动情况的公司明显增加，如表 4-13 所示。例如，探路者（300005）在 2013 年年报中披露"公司线下连锁经营店铺总数已达 1614 家，较 2012 年年底净新开店 219 家；其中按店铺性质划分包括直营店 195 家，加盟店 1419 家，分别较 2012 年年底净增加 36 家和 183 家，继续巩固了公司作为国内户外用品行业领军企业的市场地位"；博腾股份（300363）在 2014 年年报中披露"根据 Citi-Research 的估算，2014 年中国医药定制研发生产市场规模约为 110 亿元人民币，目前公司约占整个中国市场 6% 以上的份额，处于国内领先地位"。盛天网络（300494）在 2015 年年报中披露"在网吧场景中，根据《2015 年中国互联网上网服务行业发展报告》，公司互联网娱乐平台产品在网吧市场占有率市场排名第二位"。

此外，2009-2012 年，有较高比例的企业在年报中未披露其竞争地位的变动情况，而 2013-2015 年，竞争地位变动的披露情况明显改善如表 4-13 所示，这主要是由于信息披露要求更为严格。但是到了 2016 年未披露竞争地位的企业占比明显增加，原因可能有以下两点：一是过多地披露相关信息会影响与其他企业竞争的效率，因为上市公司的竞争力很大程度上是基于其所存在的独特的领域或所掌握的稀缺的资源，披露会导致其降低竞争效率；二是强制性披露导致部分企业存在被动应付的现象，因此其采取避重就轻的非主动性信息披露。

表 4-13 2009-2016 年年报竞争地位变动信息披露分布

年份	年报数量（家）	定性描述（%）	定量描述（%）	未披露（%）
2009	58	59.52	14.29	26.19
2010	188	50.92	7.36	41.72
2011	292	47.00	10.25	42.76
2012	355	37.46	10.14	52.39

续表

年份	年报数量（家）	定性描述（%）	定量描述（%）	未披露（%）
2013	379	61.47	32.46	6.07
2014	417	64.97	33.83	1.20
2015	497	64.88	31.19	3.93
2016	601	79.53	14.31	6.16

进一步地，本报告对创业板上市公司市场竞争地位的变动情况进行分析，统计发现，近年来市场竞争地位上升的企业占比呈现先降低、后企稳、又降低的变化趋势，2009－2016 年分别为 64.41%、40.49%、42.76%、42.82%、43.64%、35.73%、33.65%、24.96%，如表 4-14 所示，这可能与近年来行业整体产能过剩、市场竞争加剧的宏观经济背景相关。

表 4-14 　2009-2016 年竞争地位上升企业的占比情况

年份	样本数量（家）	上升企业占比（%）
2009	58	64.41
2010	188	40.49
2011	292	42.76
2012	355	42.82
2013	379	43.64
2014	417	35.73
2015	497	33.65
2016	601	24.96

（四）核心竞争优势情况分析

证监会 30 号准则要求公司年报应对企业核心竞争优势的变化进行有效披露，包括设备、专利、核心技术人员等七大类。由表 4-16 可知，2009 年核心竞争优势变动率最大的前三项是专利（10.2%）、核心技术人员（8.5%）和非专利技术（6.8%）；2010年为核心技术人员（8.0%）、独特经营方式和盈利模式（6.9%）和设备（6.4%）；2011 年为专利（11.3%）、非专利技术（5.5%）和设备（4.5%）；2012 年为非专利技术（16.1%）、独特经营方式和盈利模式（15.8%）和设备（14.6%）；2013 年变动较大的是核心技术人员（17.2%）、非专利技术（16.4%）和设备（14.5%）；2014 年变动较大的是非专利技术（46.6%）、设备（14.6%）和专利（9.8%）；而 2015 年变动较大的是非专利技术（40.4%）、设备（16.4%）和核心技术人员（14.1%）；2016 年变动较大的是核心技术人员（42.8%）、非专利技术（31.6%）和设备（19.5%）。

根据样本公司近8年的核心竞争优势变动情况可以看出，核心技术人员、非专利技术、设备、专利等核心竞争优势的年度变化较大，而如特许经营权、资源要素使用等核心竞争优势则比较稳定，少有变动。

表4-15　2009-2016年核心竞争优势变动总数统计　　　　　（单位：项）

指　　标	2009年	2010年	2011年	2012年	2013年	2014年	2015年	2016年
设备	3	12	13	52	55	61	82	117
专利	6	8	33	17	29	41	41	80
非专利技术	4	9	16	57	62	190	201	190
特许经营权	0	0	2	17	28	21	28	67
核心技术人员	5	15	4	5	65	37	70	257
独特经营方式和盈利模式	3	13	11	56	20	25	49	46
资源要素使用❶	0	0	0	2	0	0	0	0

表4-16　2009-2016年核心竞争优势变动占比情况统计　　　　（单位:%）

指　　标	2009年	2010年	2011年	2012年	2013年	2014年	2015年	2016年
设备	5.1	6.4	4.5	14.6	14.5	14.6	16.4	19.5
专利	10.2	4.3	11.3	4.8	7.7	9.8	8.2	13.3
非专利技术	6.8	4.8	5.5	16.1	16.4	46.6	40.4	31.6
特许经营权	0.0	0.0	0.7	4.8	7.4	5.0	5.6	11.1
核心技术人员	8.5	8.0	1.4	1.4	17.2	8.9	14.1	42.8
独特经营方式和盈利模式	5.1	6.9	3.8	15.8	5.3	6.0	9.9	7.7
资源要素使用❷	0.0	0.0	0.0	0.6	0.0	0.0	0.0	0.0

四、研究结论

（一）市场类无形资产覆盖率较高但是质量迥异

无论从招股说明书还是年报来看，创业板公司普遍富集市场类无形资产。以招股说明书为例，对于单项市场类无形资产，除了竞争地位覆盖率为93.4%，其他三类资产的覆盖率均超过95%；对于多项市场类无形资产，三项及以上资产的覆盖率达到了98.6%，且所有的创业板公司均拥有至少两种该类资产。同时，不同创业板公司所拥有的同类资产质量存在较大差别，如"中国驰名商标"比地市级荣誉类商标的质量更高，国企客户比民企客户更为稳定，更有助于企业的持续经营。

---

❶　允许他人使用自己所有的资源要素或作为被许可方使用他人资源要素。
❷　允许他人使用自己所有的资源要素或作为被许可方使用他人资源要素。

（二）市场类无形资产存在明显的行业异质性

对于不同行业，创业板公司所拥有的各类无形资产状况均存在较大的差异。以商标类资产为例，机械、设备、仪表行业和其他行业在持有商标项数、申请商标项数和获得商标荣誉这三项指标中占有绝对优势，且机械、设备、仪表行业平均获得商标荣誉的比例也位居各行业首位，即机械、设备、仪表行业的商标质量总体最优。同样地，以客户类资产为例，文化传播行业的前五大客户销售额占比最大，对大客户依存度最高，化学、橡胶、塑料行业占比最小，对大客户依存度最低。

（三）市场类无形资产数量年度变化趋势不一

从2009-2016年年报的商标数据（剔除2012年）来看，平均每家公司的商标持有数量呈现波动上升，申请商标数量先降后升，商标质量则是稳中提升，说明创业板公司越来越重视商标权的保护，商标状况总体上得到逐年的改善和提高。此外，以年报客户数据为例，前五大客户合计销售占比平均值在2011-2014年持续下降，2014年至今逐步回升。2015-2016年，客户导向也发生了不同程度的变化，其中，国企、外企客户导向占比略有下降，民企、行政事业单位客户导向占比则略有上升。

参考文献

[1] 陈峻，张志宏. 客户集中度对企业资本结构动态调整的影响——财政政策调节效应的实证分析 [J]. 财政研究，2016（05）：90-101.

[2] 李扬. 论商标权的边界 [J]. 知识产权，2016（6）：23-27.

[3] 陈志斌，王诗雨. 产品市场竞争对企业现金流风险影响研究——基于行业竞争程度和企业竞争地位的双重考量 [J]. 中国工业经济，2015（03）：96-108.

[4] 郭岚，何凡. 行业竞争、企业竞争地位与社会责任履行——以中国酒类行业为例 [J]. 现代财经-天津财经大学学报，2016（3）：62-72.

[5] 黄江明，丁玲，崔争艳. 企业生态位构筑商业生态竞争优势：宇通和北汽案例比较 [J]. 管理评论，2016，28（5）：220-231.

[6] 林钟高，林夜. 市场化进程、客户集中度与IPO公司业绩表现——基于创业板公司上市前后主要客户变动的视角 [J]. 证券市场导报，2016（9）：13-20.

[7] 刘红霞，张烜. 驰名商标价值管理与企业绩效研究——以上市公司营销活动和研发活动为例 [J]. 甘肃社会科学，2015（6）：181-185.

[8] 刘建秋，盛梦雅. 战略性社会责任与企业可持续竞争优势 [J]. 经济与管理评论，2017，33（1）：36-49.

[9] 潘楚林，田虹. 经济新常态下绿色智力资本怎样成为企业的竞争优势 [J]. 上海财经

大学学报，2016，18（02）：77-90.

[10] 齐爱民，马春晖. 以司法保护为主导的商标权保护制度之构建 [J]. 知识产权，2016
（7）：54-59.

[11] 王莲峰. 论移动互联网 App 标识的属性及商标侵权 [J]. 上海财经大学学报，2016
（01）：109-116.

[12] 王雄元，高开娟. 客户集中度与公司债二级市场信用利差 [J]. 金融研究，2017
（01）：130-144.

[13] 王京伦，邹国庆. 从索尼兴衰看企业竞争优势及其持续性 [J]. 现代日本经济，2016
（1）：86-94.

[14] 王建刚，吴洁. 网络结构与企业竞争优势——基于知识转移能力的调节效应 [J]. 科
学学与科学技术管理，2016，37（5）：55-66.

[15] 王俊秋，毕经纬. 客户集中度、现金持有与公司竞争优势 [J]. 审计与经济研究，
2016，31（4）：62-70.

[16] 邢立全，王韦程，陈汉文. 产品市场竞争、竞争地位与盈余管理 [J]. 南京审计学院
学报，2016，13（3）：30-43.

[17] 张卫东，张春香. 风险投资对高科技企业商标行为的影响 [J]. 科研管理，2016，37
（7）：8-16.

[18] 褚剑，方军雄. 客户集中度与股价崩盘风险：火上浇油还是扬汤止沸 [J]. 经济理论
与经济管理，2016（7）：44-57.

[19] Adam Czerwinski. The Quality of Information on Websites of Insurance Companies and Their
Competitive Position [J]. Information Systems in Management，2016，Vol. 5（1）3-14.

[20] Alfadhel，Lolwa N. TRIPS and the Rise of Counterfeiting：A Comparative Examination of
Trademark Protection and Border Measures in the European Union and the Gulf Cooperation
Council [J]. Social Science Electronic Publishing，2016.

[21] Campello，Murillo，and J. Gao. Customer concentration and loan contract terms [J].
Journal of Financial Economics，2016.

[22] Coccia，Mario. Sources of technological innovation：Radical and incremental innovation prob-
lem-driven to support competitive advantage of firms [J]. Social Science Electronic Publish-
ing，2017.

[23] Dan，Dhaliwal，et al. Customer concentration risk and the cost of equity capital [J]. Social
Science Electronic Publishing，2014，61（1）：23-48.

[24] Dogan，Stacey L. "We Know It When We See It"：Intermediary Trademark Liability and
the Internet [J]. Social Science Electronic Publishing，2016.

[25] Holopainen，Riikka. Customer Concentration and Profitability in Private Healthcare Companies

[J]. International Conference on Accounting, Auditing, and Taxation, 2016.

[26] Li, Yang. Product Market Competition, Competitive Position and Employee Wage [J]. Journal of Human Resource & Sustainability Studied, 2016, (3): 176-182.

[27] Mishra, Chandra S, Creating and Sustaining Competitive Advantage: Management Logics, Business Models, and Entrepreneurial Rent [M]. Palgrave Macmillan, New York, 2017. Available at SSRN: https://ssrn.com/abstract=2896216.

[28] Port, K. L. The commodification of trademarks: some final thoughts on trademark dilution [J]. Social Science Electronic Publishing, 2017.

[29] Stipe Lovreta, Jelena Končar, LjiljanaĐ. Stanković. Effects of increasing the power of retail chains on competitive position of producers [J]. Acta Polytechnica Hungarica, 2016, 13 (4).

[30] Trąpczyński, Piotr, et al. Identification of Linkages between the Competitive Potential and Competitive Position of SMEs Related to their Internationalization Patterns Shortly after the Economic Crisis [J]. Entrepreneurial Business and Economics Review, 2016, 4 (4): 29-50.

创业板上市公司人力资源类无形资产研究

创业板以快速成长的高科技中小企业为主体，该类企业通常具有无形资产富集的特征，除了会计制度接受并纳入计量报告范围的以专利、商标为代表的常规无形资产外，以高管团队为核心的人力资源类无形资产往往是投资者关注的重点，所以根据证监会的相关规定，该类上市公司通常要在招股说明书和年度报告中对人力资源类无形资产进行信息披露。本报告在《中国创业板上市公司无形资产蓝皮书（2015-2016）》（下称《蓝皮书（2015-2016）》）的基础上，以2017年5月18日前上市的638家公司为对象，研究创业板公司的高级管理人员、独立董事、股东、员工共四类人力资源类无形资产。

一、概念界定及样本范围

（一）概念界定

高级管理人员是创业板上市公司的一项重要的人力资源类无形资产，在企业生产经营中发挥制定决策、规范运营和引导发展的功能。《公司法》第217条明确指出：高级管理人员，是指公司的经理、副经理、财务负责人、上市公司董事会秘书和公司章程规定的其他人员。《蓝皮书（2012-2013）》对高管的概念及相关研究进行了全面详细的梳理，本报告继续沿用这些定义。

创业板上市公司独立董事是指不在创业板上市公司担任除董事外的其他职务，并与其所受聘的创业板上市公司及其股东不存在可能影响其进行独立客观判断关系的董事。独立董事作为公司治理模式的重要组成部分，在公司监管尤其是上市公司监管方面具有重要意义。该制度的实施效果及独立董事履行专业和制衡能力的强弱与公司治理水平高度相关。因此，可将独立董事视作上市公司的异质性无形资产，即非常规无形资产。

创业股东是处于创业阶段企业的实际控制人，是创业板公司快速成长的关键因素。

《蓝皮书（2012-2013）》对创业股东的内涵、特征与分类、创业股东对企业价值贡献等问题进行了深入分析，本报告则继续沿用其对创业股东的定义和研究框架。

创业板上市公司的员工，与高管、独董、股东共同构成创业板上市公司的人力资源。本报告将沿用《蓝皮书（2015-2016）》对员工类无形资产的研究路径，主要关注创业板上市公司劳动力集合（生产型人力资本）和技术研发型人力资源两部分，该类无形资产流动性大，因而有别于股东类人力资本。

（二）样本范围

本报告涉及的全部原始数据均来源于创业板上市公司招股说明书及各年份年度报告。其中，招股说明书来源于 2017 年 5 月 18 日前在创业板上市的 638 家公司（300001～300653，无 300060、300186、300361、300454、300504、300524、300544、300564、300574、300594、300614、300624、300634、300644、300646）。年度报告则包括 2011 年年报 292 份（300001～300291、300299、300302，无 300060），2012 年年报 355 份（300001～300356，无 300060），2013 年年报 379 份（300001～300383，无 300060、300361、300364、300374），2014 年年报 417 份（300001～300427，无 300060、300361、300394、300404、300414、300422、300423、300424、300426、300427），2015 年年报 497 份（300001～300513，无 300060、300186、300361、300454、300474、300502、300503、300504、300505、300507、300508、300509、300510、300511、300512、300513）。2016 年年报 601 份（300001～300653❶）。

在下文的分析中，创业板上市公司高管的年龄、性别、兼职、薪酬、持股、更替等数据来源于年报，只有学历及教育背景来自招股说明书；独立董事和员工所有数据均来源于年报；创业股东所有数据均来源于年报和招股说明书。

二、相关典型事件和文献综述

相关典型事件梳理和文献综述是本次报告的新增内容，力图让读者了解过去一年在人力类无形资产方面发生的典型事件和有关人力类无形资产的最新研究。

---

❶ 其中不含 300060、300186、300361、300454、300504；有 10 个证券编码缺失公司：300524、300544、300564、300574、300594、300614、300624、300634、300644、300646；有 37 家为当年度新上市公司：300514、300554、300604、300613、300616、300617、300618、300619、300620、300621、300622、300623、300625、300626、300627、300628、300629、300630、300631、300632、300635、300636、300637、300638、300639、300640、300641、300642、300643、300645、300647、300648、300649、300650、300651、300652、300653，因证监会不强制新上市公司公布年报，故上述新上市公司无年报披露。

（一）创业板上市公司管理人员典型事件

表 5-1　2016 年创业板上市公司管理人员典型事件

序号	时间	事件	影响	来源
1	2016-10-26	振芯科技（300101）实际控制人何燕女士因犯挪用资金罪、虚开发票罪，被判处有期徒刑 5 年，并处罚人民币 30 万元。	公司公告称，何燕女士的涉案行为与公司无关，公司生产经营情况一切正常。	巨潮资讯网，振芯科技公告编号 2016-081
2	2016-10-14	北京市康盛律师事务所自河南省安阳市汤阴县检察院收到起诉意见书（安汤检及贪移诉（2016）1 号）。起诉意见书认定公司为谋取不正当利益，公司及公司实际控制人、前任董事长总经理徐炜涉嫌行贿人民币 3900 万元。	公司公告称，此事件可能存在以下风险：（1）高额罚金影响公司正常经营的风险；（2）公司在未来一段时间不能进股权融资和股权并购的风险；（3）公司在未来一段时间不能采取有效的股权激励措施导致核心人员流失的风险；（4）公司由于不符合竞标要求而引起的重大客户流失的风险。	巨潮资讯网，腾信股份公告编号 2016-085

（二）关于高管的文献综述

1. 高管薪酬

近两年与高管薪酬研究相关的文献主要关注高管薪酬与职务犯罪的关系以及高管薪酬-业绩倒挂现象。张蕊、管考磊（2016）利用中国上市公司的数据研究发现，内部薪酬差距越小，高管实施侵占型职务犯罪的可能性越大；而外部薪酬差距越小，高管实施侵占型职务犯罪的可能性越低，并且这种关系只有对于法治水平较低地区的企业和自由现金流较多的企业才显著成立。杜勇、张欢（2017）研究发现，与盈利上市公司相比，亏损上市公司出现薪酬-业绩倒挂现象的概率更大；考虑到产权性质差异，民营亏损公司出现薪酬-业绩倒挂现象的概率比国有亏损公司更大；管理者权力较大的亏损公司出现薪酬-业绩倒挂现象的概率更大。

2. 高管激励

高管激励的方式和作用仍然是研究的热点。胡奕明、王悦婷（2016）研究指出，对创业板上市公司来说，货币薪酬、股权激励和在职消费三种高管激励形式均对公司成长有正向促进作用。其中股权激励比货币薪酬、在职消费的正向影响更强。另外在货币薪酬和股权激励构成的总薪酬契约中，货币薪酬占比越低，或股权激励占比越高，企业成长性越好。赵宇恒、邢丽慧、孙悦（2016）研究发现中国沪深两市的上市公司高管激励与资本结构呈非线性关系，另外政治关联会影响高管激励与资本结构的关系，且民营企业中政治关联对股权激励与资本结构关系的影响更加显著，国有企业中政治关联对现金薪酬激励与资本结构关系的影响更显著。Steinbach Adam L.、Holcomb Tim R. 等（2017）研究发现，随着高管团队平均激励水平的上升，高管团队倾向于更多地投资于并购，但是投资者往往会对这些交易公告做出消极反应；但是，如果高管团队成员的激励水平具有差异性，投资者会倾向于作出更积极的反应。研究结果显示，如果高管团队成员拥有差异化的激励水平，他们会倾向于从不同的角度看待投资并进行仔细考量，从而作出更好的决策。因此，在高管团队中引入差异化的激励结构，会提高团队决策，促进经理团队和股东的利益的一致性。

3. 高管异质性

高管异质性对企业的影响也有持续的研究。Gschmack Sigrid、Reimer Marko、Schaeffer Utz（2015）通过对中层管理者的调查研究发现，在战略决策中，高管团队的异质性不仅可以在高管团队内部提供更广泛的知识经验，而且可以有效促进高层管理者和中层管理者之间的信息沟通，从而利于做出高质量的战略决策。韩庆潇、杨晨、顾智鹏（2017）对 2009-2013 年战略性新兴产业中的 103 家上市公司进行了研究，研究发现，对于全样本的战略性新兴企业，高管团队年龄异质性和任期异质性与创新效率之间呈倒 U 形关系；高管团队教育水平异质性和职能背景异质性始终对创新效率有正面影响。另外，民营企业高管团队异质性对企业创新效率的正面作用显著高于国有企业。方明、付子俊（2017）研究了 2013-2015 年的创业板上市公司样本，发现高管团队年龄异质性与企业非效率投资显著负相关，任期异质性与企业非效率投资显著正相关。此外，大股东参与公司治理的程度越高，高管团队年龄异质性对企业投资效率的影响越明显，而大股东参与公司治理在一定程度上抑制了高管团队任期异质性与企业非效率投资的正相关关系。

（三）关于独董的文献综述

1. 独董作用

独立董事发挥的作用仍然是研究的重点。Wei Jiang、Hualin Wan 和 Shan Zhao（2016）研究了独立董事在董事会层面的投票行为和独立董事提出异议会给职业生涯带来的影响。首先，出于职业生涯的考虑，独立董事更倾向于和投资者结盟而不是和管理层结盟，因为他们提出异议的行为最终会在市场上获得回报，如更多地获得管理职位的机会和更少地受到管理制裁的风险。其次，对利益相关者而言，异议会传递出与价值有关的信息，异议行为可以通过利益相关者的反应提高公司的治理水平和市场透明度。Zhu Jigao、Ye Kangtao、Tucker Jennifer Wu、Chan Kam C.（2016）提出，在中国上市公司的董事会成员名单中，独立董事的次序往往靠后，他们将中国公司董事会成员的名单顺序看作董事会的层级结构，反映了董事会的权力分配。研究发现，独立董事的排名次序与公司价值正相关，排名更高的独立董事更有可能在公司管理中投反对票，尤其在财务报告事项上。因此，赋予独立董事更大的权力会增加公司价值。

2. 独董离职

独董离职现象是近两年研究的热点。陈非、刘林丹（2016）以中国独立董事辞职潮为背景，研究了独立董事辞职的市场反应。独立董事强制性辞职引起的证券市场反应显著为负，其中，与国企上市公司相比，民企上市公司的证券市场反应更明显；与金融与能源行业上市公司相比，非金融与能源行业上市公司的证券市场反应更明显。蒋先玲、赵一林（2016）对2014-2015年沪深两市独董离职事件的财富效应进行了检验。从样本整体来看，投资者并未将独董离职事件视作"坏消息"，独董离职没有显著降低股东财富，投资者反应偏向中性；相比于非官员独董，官员独董的离职具有更显著的负向财富效应，且官员独董的离职消息存在一定程度的提前释放，证实了独董的政治关联能为公司带来积极影响；独董离职原因对股东财富没有影响，但是相对于被动离职独董，主动离职独董引起的超额累计回报率较低且更为显著。尚兆燕、扈唤（2016）研究发现，独立董事主动辞职与公司内部控制重大缺陷显著正相关，独立董事主动辞职的公司当年收到非标准审计意见的可能性会显著提高，这说明独立董事的主动辞职行为确实传递了公司内部控制存在重大缺陷的信号；另外，这种信号的强弱会因辞职独立董事的年龄不同而存在显著差异，年轻独立董事主动辞职行为传递了公司内部控制重大缺陷更为强烈的信号，公司收到非标准审计意见的概率会更高。

3. 独董背景

公司对特定背景独董的选择动机以及特定背景独董的作用也是近两年独董研究的内容，其中，独董的法律背景、学术背景和海外背景是研究的重点。

全怡、陈冬华（2017）研究表明，法律背景独立董事能够起到抑制上市公司高管职务犯罪的作用，独立董事的法律背景越多元化、实务经验越丰富，高管职务犯罪的概率越低。较低的高管职务犯罪率一方面是因为法律背景独立董事在任职前选择了低风险公司，表现为信号传递作用；另一方面，具有律师从业背景的独立董事在任职过程中也发挥了积极的治理作用。何威风、刘巍（2017）发现，我国上市公司聘请法律独立董事的主要动因在于咨询，而非监督；当公司有着较多的法律诉讼、股利分配、股权转让以及资产收购等活动时，其更愿意聘请法律独董；进一步研究发现，聘请法律独董的上市公司一般都有着较高的市场价值。

沈艺峰、王夫乐、陈维（2016）研究指出，公司学术背景独立董事的多少与上市公司的研发投入和产品市场竞争存在正相关关系，具有学术背景的独立董事在研发投资上不仅存在咨询的作用，也可能起到传递信号的作用。另外，学术背景的独立董事与公司产品市场竞争并不存在持续的线性关系：在高管学术背景较差和较好的公司中，具有学术背景的独立董事的增加反而会降低公司产品市场竞争的能力。马如静、唐雪松（2016）发现，董事会中学者背景独立董事比例越高时，公司财务业绩越好，CEO变更——业绩敏感性越高。当公司经历业绩滑坡后，将聘任更高比例的学者独董。另外，综合型学者独董在提高业绩、提升CEO变更——业绩敏感性中作用更为明显。

王裕、任杰（2016）研究发现，拥有海外背景独立董事的公司更可能聘请大型会计师事务所进行年报审计，也更容易获得标准无保留的审计意见，上述影响在法律保护较差的环境中更加明显。这表明，海外背景独立董事能够提高独立审计有效性，提升公司治理水平，它是法制等较弱的外部治理机制的一种替代。王裕、刘东博（2016）研究表明，拥有海外背景独立董事的公司能够更好地保护中小投资者，拥有海外背景独立董事的比例越大，投资者保护程度越高，这证实了近些年我国越来越多的企业引进海外背景管理人才的重要性。

（四）关于创业股东的文献综述

在人力资源类无形资产研究中，创业股东特指自然人创业股东。《蓝皮书（2011-2012）》指出，创业股东具有部分或者全部的企业家特质，但只有成功的创业股东才可以成为企业家。本报告研究的创业板上市公司创业股东已使自身企业成功上市，与未上市的中小企业创业股东相比已是成功的企业家。因此，本报告的创业股东人力资本属于企业家人力资本的范畴。

与高管和独董相比，近两年关于上市公司企业家人力资本的研究相对较少。刘林（2016）通过对民营上市公司的研究发现，企业家拥有政治联系的企业市场绩效比企业家没有政治联系的企业市场绩效更好；但是细分政治联系类型之后，则没有发现类似结论。拥有政治联系的企业家所掌管的企业市场绩效之所以更好，是因为企业家所拥有两种及两种以上政治联系而不是拥有单一政治联系的缘故。贺小刚、连燕玲等（2016）研究了业绩消极反馈将导致决策者倾向于冒险创新还是风险规避的问题。研究发现，在可修复水平与期望水平的落差区间企业家会随着落差程度的增加增强其冒险创新的动力，但在生存水平与可修复水平的落差区间企业家则随着落差程度的增加而降低其冒险创新的动力。另外，相对不完善的制度环境降低了决策者的可感知能力，进而降低了他们冒险创新的程度，较高的冗余资源提高了决策者的修复能力，进而增强了他们冒险创新的程度。余汉、蒲勇健、宋增基（2017）指出，具有政府工作背景的企业家能够帮助公司获得更多的资源来提高公司绩效，企业家在政府部门的工作时间亦能正向影响公司的绩效。在法制环境不甚完善、金融市场不够发达、政府干预力度较大的地区，企业家的隐性政治资本对公司绩效提升方面能够发挥更大的作用。Almeida Ana Isabel Silva 和 Teixeira Aurora A. C.（2017）提到，有大量研究关注企业家的态度、认知能力和性格，但是很少有研究关注企业家精神和企业家在工作安排中看重的工作特性之间的关系。他们研究发现，与非企业家相比，企业家认为工作比其他生活维度（除家庭之外）更重要。首创性、成就、工作责任、会谈能力、有发言权、学习新技能等与企业家精神相关的工作价值的确是被企业家多次提到的。一些工作价值例如有发言权等在所有文化中都与企业家精神密切相关，而另一些工作价值例如工作趣味性则会受到文化的影响。

（五）关于员工的文献综述

员工持股计划是近两年上市公司员工研究的热点。Bova Francesco、Kolev Kalin 等（2015）研究发现，非管理层员工持有的公司股票越多，公司的后续风险会越低；如果管理层的报酬中有更多的期权从而鼓励管理者承担风险，那么非管理层员工持股和公司风险的这种相关性会越明显。杨华领、宋常（2016）指出，员工股权激励范围越广，公司净资产收益率和总资产利润率越高，并且在国有企业中员工股权激励范围对公司经营绩效的影响更明显。蒋运冰、苏亮瑜（2016）研究发现，员工持股计划的公告能够为股东带来显著为正的短期财富效应，尤其在熊市时具有修正市场负面估值的作用；然而，我国员工持股计划的财富效应对基础合约要素（股份占比、参与人员比例、高管参与度和资金杠杆等）的敏感性并不显著，而有利于增强员工持股计划激励和约束灵活性的创新型合约要素（保底条款和业绩考核条款等）却是影响员工持股计划财富效应的重要因素。王砾、代昀昊、孔东民（2017）也指出投资者对员工持股计划公告的反应显著为正，体现了员工持股计划对企业员工的激励效应。此外，国有企业发布员工持股计划的公告效应更为显著，推行员工持股计划企业的员工教育水平越高，市场反应也越显著。

三、创业板上市公司高管研究

本报告继续沿用上一年度蓝皮书的框架，对2016年度创业板公司总经理、财务总监和董事会秘书的年龄、性别、学历及教育背景、内部兼职情况、薪酬、持股情况、更替情况等7个方面的信息进行统计分析。

（一）总经理

因顺网科技（300113）、振东制药（300158）未明确披露总经理，大富科技（300134）现采用轮值CEO方式，明家科技（300242）总经理离任且未在2016年年报中披露现任总经理，因此本报告只统计其余597家创业板上市公司的总经理相关信息。

1. 年龄

2016 年，创业板上市公司总经理的平均年龄为 49. 23 岁。50~59 岁年龄段的总经理人数最多，占比 45. 06%，与上年度相比有所上升；其次是 40~49 岁这一年龄段，占比 41. 37%，与上年度相比有所下降，如图 5-1 所示。最年轻的总经理是朗源股份（300175）的戚永茂，其年龄为 29 岁；最年长的总经理是常山药业（300255）的高树华和力星股份（300421）的施祥贵，两人均为 70 岁。

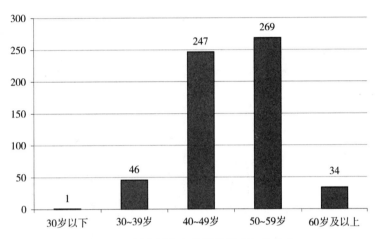

图 5-1 创业板上市公司总经理年龄分布

2. 性别

2016 年，样本公司中的女性总经理人数为 43 人，占总人数的比例为 7. 20%，与2015 年相比有所上升，如图 5-2 所示。

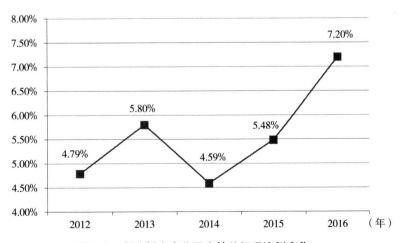

图 5-2 创业板上市公司女性总经理比例变化

3. 学历及教育背景

招股说明书中披露了总经理学历的公司共有 610 家❶。其中，具有高中及以下学历的占比 3.77%，具有大专学历的占比 13.44%，具有本科学历的占比 36.89%，具有硕士（包括在读）学历的占比 37.05%，具有博士（包括在读）学历的占比 8.85%，如图 5-3 所示。本科及以上学历的总经理的人数占比大约为 82.79%，比上年度上升 0.58 个百分点。

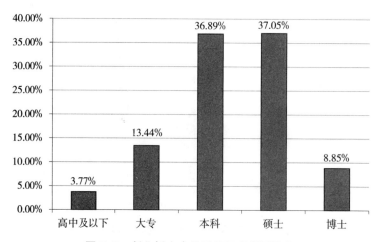

图 5-3 创业板上市公司总经理学历分布

4. 内部兼职情况

截至 2016 年年底，创业板上市公司兼任董事长或副董事长职务的总经理有 285 人，占比 47.74%，如表 5-2 所示，比 2015 年年末减少 0.54 个百分点。除此之外，还有部分公司的总经理兼任董事、董秘、技术总监、财务总监等职务。

---

❶ 总经理的学历及教育背景数据来自招股说明书，年龄、性别、兼职、薪酬、持股、更替等数据来源于年报，所以此处样本公司数量与其他特征分析不同（后文的财务总监、董秘分析皆是同样情况，不再赘述）。

表 5-2　创业板上市公司总经理兼任董事长（副董事长）的情况

兼任情况	公司代码
总经理兼任董事长或副董事长	300003、300004、300005、300006、300008、300009、300012、300014、300017、300018、300019、300022、300023、300024、300027、300028、300030、300033、300038、300044、300046、300047、300051、300052、300053、300057、300058、300059、300061、300065、300067、300069、300071、300072、300076、300077、300078、300079、300080、300081、300082、300083、300087、300089、300091、300093、300097、300101、300104、300108、300110、300119、300120、300121、300122、300123、300124、300125、300126、300128、300129、300130、300135、300137、300138、300140、300141、300147、300152、300154、300160、300161、300162、300163、300166、300167、300168、300171、300173、300175、300179、300184、300187、300191、300192、300193、300195、300198、300202、300206、300207、300210、300211、300214、300215、300216、300218、300220、300223、300227、300228、300229、300230、300231、300232、300233、300241、300243、300244、300245、300246、300247、300248、300250、300251、300255、300258、300260、300261、300263、300269、300270、300273、300274、300276、300278、300279、300282、300283、300286、300287、300289、300290、300293、300296、300297、300298、300299、300302、300303、300304、300306、300307、300308、300312、300314、300317、300318、300320、300321、300323、300329、300333、300335、300336、300338、300339、300342、300344、300347、300349、300350、300352、300353、300357、300358、300359、300360、300363、300364、300368、300369、300373、300376、300377、300381、300382、300384、300385、300387、300390、300393、300394、300397、300398、300403、300404、300405、300409、300410、300414、300416、300419、300421、300423、300426、300427、300431、300433、300434、300435、300438、300442、300445、300447、300449、300450、300452、300457、300460、300461、300463、300464、300466、300468、300469、300472、300474、300476、300480、300481、300483、300484、300485、300493、300494、300495、300501、300503、300508、300510、300511、300513、300517、300518、300519、300523、300529、300530、300531、300535、300539、300540、300543、300545、300546、300548、300549、300550、300551、300552、300553、300555、300556、300561、300562、300565、300566、300568、300569、300571、300572、300573、300575、300577、300581、300582、300583、300584、300585、300589、300590、300592、300593、300595、300597、300599、300600、300601、300605、300606、300607、300608、300609、300610

5. 薪酬

2016 年，披露总经理薪酬的样本公司有 592 家，总经理的平均薪酬为 63.97 万元，比上年度增长了 1.20%。其中，薪酬为 50 万~100 万元（含 50 万元）的公司最多，占比为 38.68%；其次是 30 万~50 万元（含 30 万元），占比为 30.74%，如图 5-4 所示。薪酬最高的是特锐德（300001）的总经理 Siegfried Arno Ruhland，年薪高达 567.84 万元；第二名是蓝思科技（300433）的总经理周群飞，年薪为 480 万元；第三名是探路者（300005）的总经理盛发强，年薪为 457.69 万元。

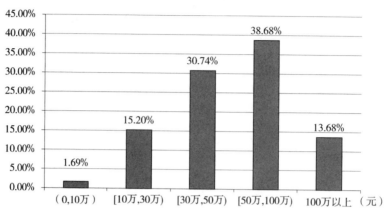

图5-4 创业板上市公司总经理薪酬分布情况

2012-2016年，创业板上市公司总经理的平均薪酬呈不断上升趋势，但2016年增速明显放缓。2016年最高与最低薪酬之间的差距与2015年相比有所上升，如图5-5和图5-6所示。

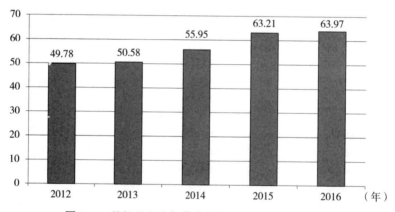

图5-5 总经理平均年薪变化情况 （单位：万元）

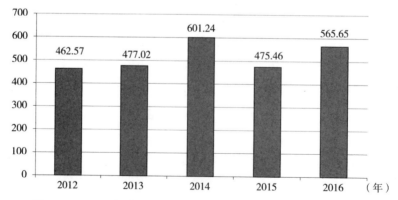

图5-6 总经理年薪最高值与最低值的差距变化 （单位：万元）

6. 持股情况

2012-2016 年，创业板上市公司总经理的持股人数比例变化起伏较大，在经过 2015 年的下降后，2016 年比 2015 年上升了 4.43 个百分点，如图 5-7 所示。

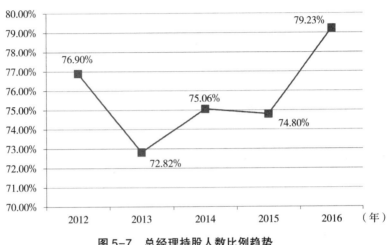

图 5-7　总经理持股人数比例趋势

7. 更替情况

出于可比性的考虑，本报告将 2016 年前上市的 497 家公司与 2015 年年报进行对比，发现在这 497 家创业板上市公司中，2016 年总经理发生变动的有 124 家，变动比例为 24.95%，与上年度相比上升了 9.08 个百分点。

(二) 财务总监

因顺网科技（300113）、易世达（300125）、世纪瑞尔（300150）、舒泰神（300204）、巴安水务（300262）、蓝英装备（300293）、北信源（300352）、腾信股份（300392）、中飞股份（300489）在 2016 年年度报告中并未披露财务总监的信息，因此本报告只统计其余 592 家创业板上市公司财务总监的有关情况。

1. 年龄

2016 年，592 家创业板上市公司财务总监的平均年龄为 44.57 岁，其中年龄最大的是赛托生物（300583）的张余庆，其年龄为 70 岁，年龄最小的是金利华电（300069）的鲁佳斐、海伦钢琴（300329）的金江锋、全通教育（300359）的孙光庆和迅游科技（300467）的杨娟，均为 31 岁。从年龄分布的情况来看，40~49 岁的财务总监人数最多，占比达 56.93%，其次是 30~39 岁，占比为 21.62%，如图 5-8 所示。

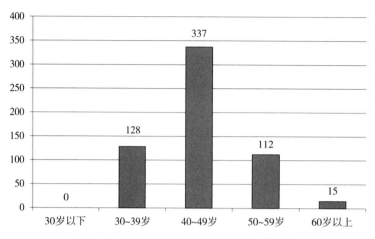

图 5-8　创业板上市公司财务总监年龄分布

2. 性别

2012-2016 年，创业板上市公司的财务总监男女比例平均约为 2 : 1，其中 2016 年男性财务总监比例为女性财务总监比例的 1.77 倍，与 2015 年相比有所下降，如图 5-9 所示。

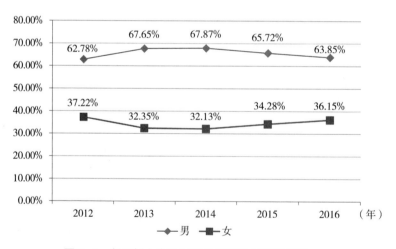

图 5-9　创业板上市公司财务总监性别变化趋势

3. 学历及教育背景

638 家创业板上市公司有 20 家未在招股说明书中披露财务总监学历及教育背景。具有本科及以上学历的财务总监合计占比 73.63%，具有本科学历的财务总监占比最大，为 47.25%，如图 5-10 所示。

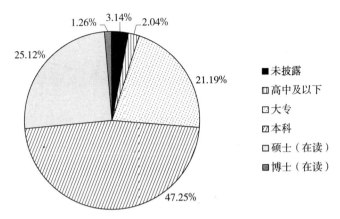

图 5-10 创业板上市公司财务总监学历分布情况

4. 内部兼职情况

2016 年年报披露的财务总监兼职情况呈现多元化特征。经统计，专职于财务总监一职的有 340 人，占比为 57.43%，比上年度减少 4.03 个百分点。其他财务总监均存在内部兼职的情况，甚至存在兼任两份职务的状况，如图 5-11 所示。

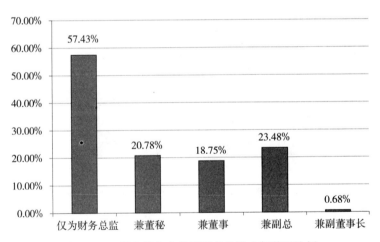

图 5-11 创业板上市公司财务总监内部兼职比例

5. 薪酬

2016 年，有 587 家创业板上市公司披露了财务总监的薪酬，财务总监的平均薪酬继续上升，增长至 38.88 万元，增幅为 4.57%，如图 5-12 所示。薪酬在 40 万元以上的占比最高，为 38.50%，比 2015 年增加 4.35 个百分点，其次是在 20 万~30 万元（含 30 万元），为 24.19%，如图 5-13 所示。薪酬最低的是嘉寓股份的财务总监李晏兵，仅为 0.56 万元。薪酬最高的是温氏股份（300498）的财务总监温小琼，年薪高达 180.84 万元。

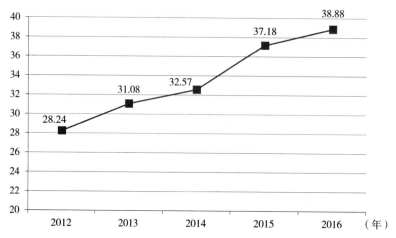

图5-12 创业板上市公司财务总监平均年薪变化情况 （单位：万元）

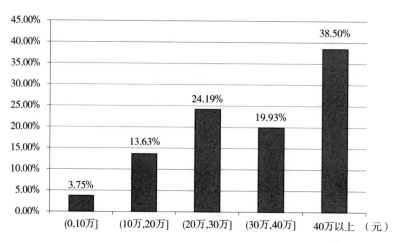

图5-13 创业板上市公司财务总监薪酬分布情况

6. 持股情况

2016年，创业板上市公司财务总监持股的公司有308家，占比52.20%，比上年度减少了0.34个百分点，如图5-14所示。

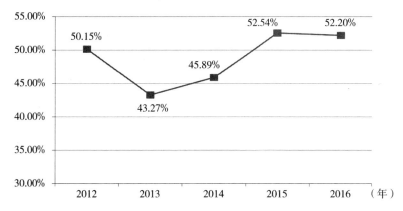

图 5-14　创业板上市公司财务总监持股人数比例变化趋势

7. 更替情况

出于可比性的考虑，本报告将 2016 年前上市的 497 家公司与 2015 年年报进行对比，在这 497 家创业板上市公司中，2016 年财务总监发生变动的有 104 家，变动比例为 20.93%，与上年度相比上升了 6.27 个百分点。

（三）董事会秘书

1. 年龄

根据 2016 年年报，有 595 家创业板公司披露了董事会秘书的信息，595 家样本公司董秘的平均年龄是 42.17 岁，相比总经理和财务总监，董秘呈现出相对年轻化的特征。40~49 岁年龄段的董秘人数最多，占比为 46.72%；其次是 30~39 岁年龄段，占比为 37.31%，如图 5-15 所示，此种特征与 2015 年相一致。最年轻的董秘是红宇新材（300345）的朱明楚和天铁股份（300587）的范薇薇，均为 27 岁，最年长的董秘为东华测试（300354）的瞿小松，其年龄为 68 岁。

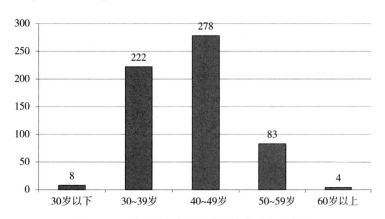

图 5-15　创业板上市公司董事会秘书年龄分布

2. 性别

根据 2016 年年报，创业板上市公司女性董秘有 176 人，占比 29.58%，比例与上年度相比有所上升，如图 5-16 所示。女性董秘的比例远高于女性总经理的比例（7.20%），低于女性财务总监的比例（36.15%）。

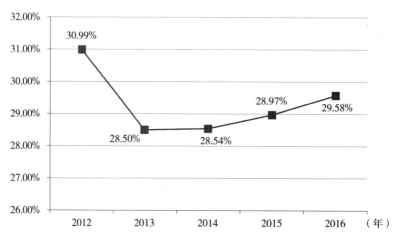

图 5-16 创业板上市公司女性董事会秘书比例变化趋势

3. 学历及教育背景

638 家创业板上市公司中有 18 家未在招股说明书中披露其董秘的学历信息。具有本科及以上学历的董秘合计占比 85.56%，比上年度减少 0.86 个百分点。其中具有本科学历的董秘占比最高，为 47.57%，如图 5-17 所示。

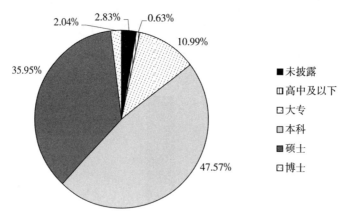

图 5-17 创业板上市公司董秘学历分布情况

4. 内部兼职情况

根据 2016 年年报，在公司内部兼职方面，董秘的兼职比总经理和财务总监更加多样化。专职于董秘一职的人数仅为 111 人，占比 18.66%，比上年度增加 0.55 个百分点。兼职副总经理的董秘人数最多，为 365 人，占比 61.34%，其次是兼职董事的情况，共 148 人，占比 24.87%。另外兼职财务总监的人数也较多，为 116 人，占比 19.50%。其中也存在董秘兼任两份职务的情况。

5. 薪酬

2016 年，创业板上市公司董秘的平均薪酬为 39.98 万元，比上年度增加 2.24 万元，增幅为 5.94%。50 万元以上的董秘人数最多，占比 25.17%，其次是 20 万~30 万元（含 20 万元），占比 22.97%，如图 5-18 所示。除去刚入职还没有薪酬的情况，年薪最低的董秘是华昌达（300278）的张琳，年薪为 2.03 万元，年薪最高的董秘与上年度一致，为红日药业（300026）的郑丹，年薪为 341.45 万元，此外，她还兼任公司副总经理一职。

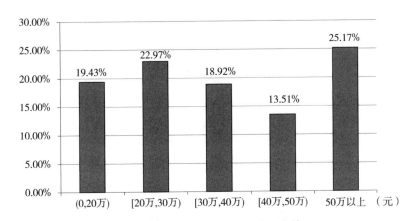

图 5-18　创业板上市公司董秘年薪分布情况

6. 持股情况

2016 年创业板上市公司持股的董秘有 328 人，占比 55.13%，比上年度减少了 1.21 个百分点，如图 5-19 所示。

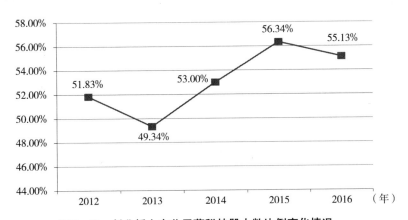

图 5-19　创业板上市公司董秘持股人数比例变化情况

7. 更替情况

出于可比性的考虑，本报告将 2016 年前上市的 497 家公司的 2016 年年报与 2015 年年报进行对比。在这 497 家创业板上市公司中，2016 年董秘发生变动的有 108 家，占比 21.73%，比上年度增加 6.83 个百分点。

四、创业板上市公司独立董事研究

（一）独立董事占董事会比例

中国证监会《关于在上市公司建立独立董事制度的指导意见（2001）》（下称指导意见）要求中国上市公司董事会成员中应当至少包括 1/3 的独立董事。2016 年，全部创业板上市公司均满足这一要求。

（二）性别

2016 年，创业板上市公司共有 1767 名独立董事，其中男性 1435 名，占比达 81.21%，女性 332 名，占比为 18.79%。女性独立董事占比较上年度上升 1.53 个百分点。

（三）年龄

2016 年，创业板上市公司的 1767 名独立董事有 1292 名为 40~59 岁，占比 73.12%，较上年度略有下降。50~59 岁的独立董事占比最大，为 38.94%。年龄最小的独立董事为万顺股份（300057）的陈泽辉，为 31 岁；年龄最大的独立董事为通裕重工（300185）、金盾股份（300411）的许连义和晨曦航空（300581）的王兴治，均为 82 岁。创业板上市公司独立董事的年龄分布，如表 5-3 所示。

表 5-3　创业板上市公司独立董事年龄分布

年龄分组	30~39 岁	40~49 岁	50~59 岁	60~69 岁	70 岁及以上
人数	76	604	688	302	97
占比	4.30%	34.18%	38.94%	17.09%	5.49%

（四）学历及职称

从学历信息披露的情况来看，2016 年未披露学历的独立董事占比 9.73%，比上年度下降了大约 2.19 个百分点，披露状况有所改善。本科占比为 21.51%，比上年度下降了大约 2.26 个百分点，硕士占比 32.26%，比上年度上升了大约 3.84 个百分点，博士占比为 33.96%，比上年度下降了大约 0.08 个百分点。中专学历背景的独立董事有 1 位，供职于上海新阳（300236），但为具有专业从业经验的专职人员，如表 5-4 所示。

从职称信息披露的情况来看，2016 年未披露职称的独立董事占比 22.24%，比上年

度下降了大约 3.24 个百分点，披露状况得到改善。拥有高级职称的独立董事有 1217
人，占比 68.87%，比上年度上升了大约 3.25 个百分点；拥有中级职称的独立董事有
156 人，占比 8.83%，比上年度下降了大约 0.07 个百分点，如表 5-5 所示。

表 5-4　创业板上市公司独立董事学历分布

学历	中专	大专	本科	硕士	博士	未披露
人数	1	44	380	570	600	172
占比（%）	0.06	2.49	21.51	32.26	33.96	9.73

表 5-5　创业板上市公司独立董事职称分布

职称	高级职称	中级职称	初级职称	未披露
人数	1217	156	1	393
占比（%）	68.87	8.83	0.06	22.24

（五）专业背景和从业背景

2016 年，创业板上市公司独立董事专业背景信息披露的总体情况较上年度稍有改
善，未披露的比例为 19.02%，与上年度相比减少了大约 30 个百分点，披露状况有了
很大程度的改善。管理专业背景和经济专业背景的独立董事人数仍然最多，占比
44.87%，比上年度上升了大约 15 个百分点。拥有法学专业背景的独立董事占比
15.90%，比上年度上升了大约 7 个百分点。拥有工学专业背景的独立董事占比
13.87%，较上年度上升了大约 3 个百分点。因专业背景未披露的独立董事占比较大，
2016 年与 2015 年的披露完整性也有较大差别，此项统计在反映创业板独立董事整体专
业背景及变化情况时会存在偏差，如表 5-6 所示。

表 5-6　创业板上市公司独立董事专业背景分布

专业背景	管理学（包括财务会计）	工学	法学	经济学	其他	未披露
人数	633	245	281	160	112	336
占比（%）	35.82	13.87	15.90	9.05	6.34	19.02

（六）董事津贴

2016 年，未在所任职的创业板上市公司领取津贴的独立董事有 59 人，占比
3.34%，其中大部分是在报告期末新上任的独立董事。津贴为 5 万~10 万元的独立董事
最多，占比 67.40%，较上年度上升 1.1 个百分点；其次是 5 万元以下，占比 21.51%，
较上年度下降 0.89 个百分点，如表 5-7 所示。津贴最高的为大富科技（300134）的独
立董事卢秉恒，为 20 万元。

表 5-7　创业板上市公司独立董事津贴分布

年度津贴总额	0	5 万元以下	5 万~10 万元	10 万元以上	未披露
人数	59	380	1191	110	27
占比（%）	3.34	21.51	67.40	6.23	1.53

五、创业板上市公司创业股东研究

本报告继续沿用《蓝皮书（2015-2016）》对创业股东的类型划分进行分析，统计了创业板上市公司招股说明书和 2016 年年报中披露的前十大股东或持股 5% 以上及在公司有决策权的重要股东的信息，剔除了机构投资者、社会公众股、持股比例较小或者不在公司担任职务以及在公司决策中话语权极小的股东。

（一）基于招股说明书的股东信息统计分析

本报告整理了 2017 年 5 月 18 日前上市的 638 家公司招股说明书中"发行人基本情况"和"董事、监事、高级管理人员与其他核心人员"两部分数据作为股东信息的原始数据进行分析。

1. 股东整体结构现状

创业板上市公司自然人股东仍然多于法人股东。638 家上市公司共有 5878 名重要股东，其中自然人股东 3524 名，占比 59.95%；法人股东 2354 名，占比 40.05%，如表 5-8 所示。

表 5-8　基于招股说明书的创业板上市公司重要股东整体结构

股东类型	人数	占比（%）
自然人	3524	59.95
法人	2354	40.05
合计	5878	100.00

有 12 家创业板上市公司（300019、300047、300087、300138、300285、300323、300326、300346、300369、300378、300458、300541）未出现单一股东或一致行动人通过股权兼并产生实际控制人或控股股东的情况，仍由创业团队集体领导。这些公司的创业股东虽然都是企业的主要发起人，但由于公司股权结构较为分散，没有单一股东或一致行动人的持股比例超过 30%，而是以协议或公司章程等其他方式实际控制公司而成为控股股东。

2. 创业股东组织类型分析

创业板多为自然人个人或家族创立的中小企业，创业板公司共有 35 个法人创业股东和 603 个自然人创业股东。在自然人创业股东中，自然人个人有 277 个，占比为 45.94%，自然人家族有 178 个，占比 29.52%，非家族自然人团队有 148 个，占比 24.54%，如表 5-9 所示。

表 5-9　基于招股说明书的创业板公司创业股东组织类型分类统计

类型	数量	占比（%）
自然人个人	277	45.94
自然人家族	178	29.52
非家族自然人团队	148	24.54
合计	603	100.00

对创业股东知识技术和关系背景统计发现，在上述 603 个自然人创业股东中，单一知识技术类型的创业股东占比为 47.76%，关系背景类的创业股东占比 30.51%，同时具备知识技术和关系背景的创业股东占比为 21.72%，比上年度增加了 1.18 个百分点，说明 2016 年新上市的公司创业股东经验更加丰富，如图 5-20 所示。

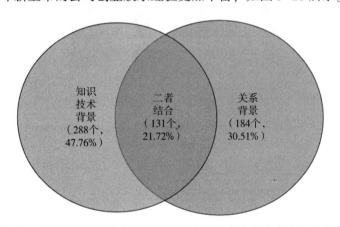

图 5-20　基于招股说明书的创业板公司创业股东人力资本类型分类统计

（二）基于 2016 年年报的股东分析

1. 股东整体结构现状

601 家创业板公司在 2016 年共有 4914 名重要股东，其中自然人股东有 3096 名，占比 63.00%，法人股东有 1818 名，占比 37.00%。自然人股东总数仍然多于法人股东，如表 5-10 所示。有 7 家创业板公司（300047、300087、300138、300323、300369、300378、300541）未出现单一股东或一致行动人通过股权兼并产生实际控制人或控股股东的情况，仍由创业团队集体领导。有 9 家创业板公司（300077、300096、300142、300219、300228、300277、300326、300346、300458）因股权变动或一致行动协议到期失去实际控制人或控股股东。

表 5-10　基于 2016 年年报的创业板公司股东整体结构

股东类型	人数	占比（%）
自然人	3096	63.00
法人	1818	37.00
合计	4914	100.00

与 2015 年相比，创业板上市公司股权结构和控股情况在 2016 年未发生较大变化。自然人股东占比 63.00%，比上年度增加大约 0.83 个百分点，自然人股东比法人股东高出大约 26 个百分点，如图 5-21 所示。

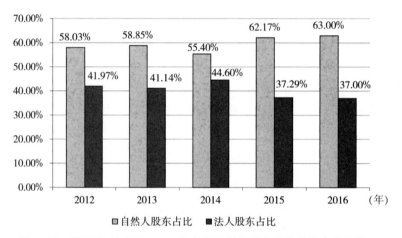

图 5-21　基于 2012 年至 2016 年年报的创业股东整体结构变化趋势

2. 创业股东组织类型统计分析

创业股东是创立企业且拥有企业决策权的原始股东，通过与招股说明书披露的创业股东的比较，2016 年年报披露的创业股东有 615 个，其中法人创业股东 28 个，自然人创业股东 587 个。在自然人创业股东中，自然人个人 266 个，占比 45.32%，自然人家族 177 个，占比 30.15%，非家族自然人团队 144 个，占比 24.53%，如表 5-11 所示。比例分布与招股说明书大致相似。

表 5-11　基于 2016 年年报的创业板公司创业股东组织类型分类统计

类型	数量	占比（%）
自然人个人	266	45.32
自然人家族	177	30.15
非家族自然人团队	144	24.53
合计	587	100.00

通过对 2016 年年报的统计分析，在有自然人创业股东的 587 个自然人创业股东中，单一知识技术类型的创业股东占比为 47.53%，关系背景类的创业股东占比为 30.66%，同时具备知识技术和关系背景的创业股东占比为 21.81%，如图 5-22 所示。比例分布与招股说明书大致相似。

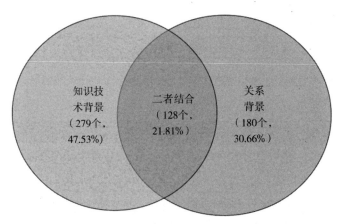

图 5-22　基于年报的创业板公司创业股东人力资本类型分类统计

六、创业板上市公司员工研究

（一）员工数量分析

1. 规模变化趋势

本报告根据 2012 年到 2016 年创业板上市公司在年度报告中披露的员工信息，统计了创业板上市公司各年度的员工数量情况，结果如表 5-12 所示。

表 5-12　创业板上市公司员工数量情况

年份	2012	2013	2014	2015	2016
样本数量（家）	354	379	417	497	601
平均员工数量（人）	958	1030	1201	1617	1726
最小值	63	101	65	58	26
最大值	6457	6866	9877	69581	74174

从表 5-12 可以看出，创业板上市公司平均员工数量仍然保持上升的趋势，2016 年平均员工数量较上年度增加 109 人，增幅为 6.74%。另外，员工数量的最大值和最小值之间的差距进一步拉大，员工数量最多的蓝思科技（300433）和员工数量最少的万福生科（300268）相差 74148 人。

本报告统计了 2011-2015 年各年的创业板上市公司在下一年的增员变化趋势（例如，2011 年的创业板上市公司在 2012 年的增员变化趋势），结果如表 5-13 所示。其中，2015 年 497 家企业在 2016 年的员工平均增长率为 19.01%，平均增员人数为 307 人，增员企业占比 71.43%，其中，长信科技（300088）增员人数最多，为 11713 人。

表 5-13 2012-2016 年度创业板上市公司增员变化情况

观测区间	样本数量（家）	平均增员人数（人）	增员企业占比（%）	平均增长率（%）
2012 年	292	151	80%	17%
2013 年	354	122	74%	13%
2014 年	379	178	73%	17%
2015 年	416	318	73.56%	26.48%
2016 年	497	307	71.43%	19.01%

2. 行业差异

按照证监会 2012 年上市公司行业分类标准，本报告对 2015-2016 年各行业样本公司年末的员工数量进行了统计，结果如表 5-14 所示。除了医药制造业外，其他五大行业在 2016 年平均员工数量都有所增加。软件、信息技术服务行业平均员工数量增加最大，约为 157 人；其次是机械、设备、仪表行业，平均员工数量增加约 147 人。六大行业的企业员工数量最大值和最小值之间的差距也进一步扩大。差距最大的行业是计算机、通信及电子行业，与上年度保持一致；差距最小的行业由 2015 年的化学、橡胶、塑料行业变为互联网及相关服务行业。

表 5-14 2015-2016 年年末各行业样本公司员工数量情况

	年份	计算机、通信及电子	软件、信息技术服务	化学、橡胶、塑料	互联网及相关服务	机械、设备、仪表	医药制造
样本数量（家）	2015	69	73	43	12	155	36
	2016	86	98	58	13	179	43
平均员工数量（人）	2015	3068	1447	839	1360	1248	1345
	2016	3076	1604	943	1457	1395	1335
最小值	2015	155	183	176	182	159	248
	2016	150	198	97	203	133	241
最大值	2015	69581	5235	2453	4885	12442	5183
	2015	74174	6972	6813	5389	16106	6089

（二）员工学历分析

考虑到数据口径的统一性，本报告对员工的学历划分为"高中及以下""专科""本科""硕士及以上"四个阶段，凡未按上述口径进行员工学历信息披露的企业均被排除在样本之外。根据 2016 年年报数据，所有上市公司都披露了员工的学历信息，但只有 383 家企业按上述口径披露了员工学历信息。其学历分布统计结果如表 5-15 所示。

表 5-15　2016 年年末样本公司的学历分布情况

	高中及以下	专科	本科	硕士及以上
员工总人数	269934	142966	178102	27016
占比（%）	43.68%	23.13%	28.82%	4.37%

2016 年，我国创业板上市公司学历整体水平有所上升。高中及以下学历的员工占比 43.68%，较 2015 年下降 0.8 个百分点；专科学历的员工占比 23.13%，较 2015 年下降 0.62 个百分点；本科学历的员工占比 28.82%，较 2015 年上升 0.99 个百分点；硕士及以上学历的员工占比 4.37%，较 2015 年上升 0.44 个百分点。

（三）员工专业结构分析

本报告仅对创业板上市公司 2016 年度报告所披露的销售人员、技术（研发）人员、生产人员数量进行统计分析，凡未按上述口径进行员工专业信息披露的企业均被排除在样本之外。所有企业均披露了员工专业信息，有 596 家企业按上述口径披露了员工专业信息。其专业结构统计结果如表 5-16 所示。

表 5-16　2016 年年末样本公司的人员专业结构情况

	销售人员	技术（研发）人员	生产人员
员工总人数	108622	269913	480467
占比（%）	12.65%	31.42%	55.93%

2016 年，创业板上市公司的销售人员、技术（研发）人员和生产人员的比例略有变动。相比 2015 年，销售人员的比例上升了大约 0.16 个百分点，技术（研发）人员的比例上升了大约 0.83 个百分点，生产人员的比例下降了 0.99 个百分点。总体来看，生产人员所占比例仍然最大，技术（研发）人员和销售人员的比例有所上升，表明了创业板的技术性特征进一步凸显，并在发展中更加注重开拓市场。

2016 年，创业板上市公司员工专业结构的行业差异如表 5-17 所示。结果显示，软件、信息技术服务行业和互联网及相关服务行业的技术人员占比均超过 50%，体现出较为明显的技术优势。其余四个行业的生产人员占比均接近或超过 50%，显示出劳动密集型的特征。这表明创业板上市公司存在技术密集型特征和劳动密集型特征的两极分化。此外，计算机、通信及电子行业的销售人员占比明显低于其他行业，说明计算机、通信及电子行业的客户关系及销售渠道较为稳定。

表5-17 2016年年末各行业样本公司的人员专业结构情况

	计算机、通信及电子	软件、信息技术服务	化学、橡胶、塑料	互联网及相关服务	机械、设备、仪表	医药制造
样本数量（家）	86	98	58	13	179	43
销售人员占比	4.13%	14.51%	9.87%	37.06%	13.67%	31.41%
技术人员占比	19.86%	73.72%	20.38%	59.75%	25.60%	21.03%
生产人员占比	76.01%	11.77%	69.75%	3.19%	60.73%	47.56%

七、结论

（一）高管

1. 女性高管占比有所上升

2016年，创业板上市公司的女性总经理占比较2015年上升1.72个百分点，女性财务总监占比较2015年上升1.87个百分点，女性董秘占比较2015年上升0.61个百分点。整体而言，创业板公司女性高管的比例在2016年保持继续上升的趋势，说明女性高管在创业板上市公司的作用变大。

2. 内部兼职改善情况呈现职位差异

2016年，创业板上市公司高管内部兼职比例依然较高，总经理兼任董事长或副董事长的占比为47.74%，财务总监的兼职比例为42.57%，董秘的兼职比例则达到81.34%，且存在高管兼任两份职务的情况。具体来看，公司高管内部兼职的改善情况呈现职位差异：总经理兼任董事长或副董事长的比例比2015年下降0.54个百分点，没有兼职的财务总监比例比上年度减少4.03个百分点，没有兼职的董秘比例比上年度提高0.55个百分点。

3. 高管更替比例大幅上升

2016年，总经理、财务总监和董秘的更替比例都有所上升，且上升幅度较大。总经理发生变动的公司比例比上年度上升了9.08个百分点，财务总监发生变动的公司比例比上年度上升了6.27个百分点，董秘发生变动的公司比例则比上年度上升了6.83个百分点。

（二）独立董事

1. 信息披露质量有所改善

2016年，创业板上市公司独立董事的信息披露质量有所改善，学历、职称和专业背景的披露比例与2015年相比都有所上升。对于独立董事的姓名、性别、年龄、薪酬、近五年主要工作经历等方面的信息基本能够按照相关准则进行披露，且较为详细，相比而言，学历、职称和专业背景等信息的披露质量仍然有待提高。

2. 独董结构优化

2016年创业板上市公司独立董事中女性占比有所上升；本科以上学历的独立董事占比上升；拥有高级职称的独立董事占比上升；受专业背景披露质量大幅改善的影响，各专业背景的独立董事占比都有所上升。

（三）创业股东

1. 股权结构总体稳定

2016年，创业板上市公司的股东结构、股权结构和控股情况总体稳定。2016年自然人股东占比为63.00%，比上年度略有上升，为历年最大值，比法人股东高出大约26个百分点，差值为历年最大值。另外，与招股说明书相比，有9家创业板公司因股权变动或一致行动协议到期失去实际控制人或控股股东。

2. 知识技术类型创业股东占比居多

本报告将创业股东的人力资本类型分为知识技术和关系背景两类，通过统计分析发现，在有自然人创业股东的公司中，知识技术类创业股东占比大于关系背景类创业股东，其中单一知识技术类的创业股东占比最大，为47.53%，其次是关系背景类的创业股东，知识技术和关系背景相结合的创业股东最少，为21.81%，但与上年度相比有所上升。创业股东的人力资本类型符合创业板上市公司多为中小高新技术企业的现状。

（四）员工

1. 数量和结构都有所变化

从规模特征来看，2016年，创业板上市公司员工平均数量保持增长趋势，除了医药制造业外，其他五大行业在2016年平均员工数量都有所增加，其中软件、信息技术服务行业增员最多。从结构特征来看，本科以上高学历员工占比上升，生产人员仍占大多数但比例有所下降，更加符合创业板公司高新技术的特点。

2. 信息披露口径存在差异

整体而言，创业板上市公司的员工信息披露质量较高，专业结构和学历信息披露情况也较好。但2016年创业板上市公司普遍忽略了员工年龄信息披露。另外，各公司对员工专业结构、学历的统计口径也存在较为明显的差异，给有关数据的统计分析造成了一定的困难，也容易导致相关研究结论的失真，建议监管部门针对这类问题发布标准更为统一的信息披露指引。

参考文献

[1] 陈非，刘林丹．独立董事辞职的市场反应——以中国独立董事辞职潮为背景的研究 [J]．金融论坛，2016（10）．

[2] 杜勇，张欢．高管薪酬倒挂与监管体系：2003-2015年A股上市公司样本 [J]．改革，2017（2）．

[3] 方明，付子俊．高管团队异质性与创业板上市公司非效率投资——大股东参与公司治理的调节作用 [J]．财会通信，2017（11）．

[4] 韩庆潇，杨晨，顾智鹏．高管团队异质性对企业创新效率的门槛效应——基于战略性新兴产业上市公司的实证研究 [J]．中国经济问题，2017（3）．

[5] 何威风，刘巍．公司为什么选择法律背景的独立董事？[J]．会计研究，2017（4）．

[6] 贺小刚，连燕玲，吕斐斐，等．消极反馈与企业家创新：基于民营上市公司的实证研究 [J]．南开管理评论，2016（3）．

[7] 胡奕明，王悦婷．高管的薪酬结构与创业板企业的成长 [J]．经济研究参考，2016（57）．

[8] 蒋先玲，赵一林．独立董事离职公告的财富效应——来自A股上市公司的经验证据 [J]．现代管理科学，2016（9）．

[9] 蒋运冰，苏亮瑜．员工持股计划的股东财富效应研究——基于我国上市公司员工持股计划的合约要素视角 [J]．证券市场导报，2016（11）．

[10] 刘林．基于信号理论视角下的企业家政治联系与企业市场绩效的关系研究 [J]．管理评论，2016（3）．

[11] 马如静，唐雪松．学者背景独立董事、公司业绩与CEO变更 [J]．财经科学，2016（9）．

[12] 全怡，陈冬华．法律背景独立董事：治理、信号还是司法庇护？——基于上市公司高管犯罪的经验证据 [J]．财经研究，2017（2）．

[13] 尚兆燕，扈唤．独立董事主动辞职、内部控制重大缺陷及非标准审计意见 [J]．审计研究，2016（1）．

[14] 沈艺峰，王夫乐，陈维．"学院派"的力量：来自具有学术背景独立董事的经验证据 [J]．经济管理，2016（5）．

[15] 王砾，代昀昊，孔东民．激励相容：上市公司员工持股计划的公告效应 [J]．经济学动态，2017（2）．

[16] 杨华领，宋常．员工股权激励范围与公司经营绩效 [J]．当代财经，2016（12）．

[17] 余汉，蒲勇健，宋增基．企业家隐性政治资本、制度环境与企业绩效——来自中国民营上市公司的经验证据 [J]．经济经纬，2017（2）．

［18］张蕊，管考磊. 高管薪酬差距会诱发侵占型职务犯罪吗？——来自中国上市公司的经验证据［J］. 会计研究，2016（9）.

［19］赵宇恒，邢丽慧，孙悦. 政治关联、高管激励与资本结构［J］. 管理评论，2016（11）.

［20］AIS Almeida, AAC Teixeira. On the Work Values of Entrepreneurs and Non-entrepreneurs: A European Longitudinal Study［J］. Journal of Developmental Entrepreneurship, 2017（2）: 1750010.

［21］Bova Francesco, Kolev Kalin, Thomas Jacob K., Zhang X. Frank. Non-executive Employee Ownership and Corporate risk［J］. Accounting Review, 2015.

［22］Gschmack Sigrid, Reimer Marko, Schaeffer Utz., TMT heterogeneity and strategic decision quality［J］. Academy of Management Annual Meeting Proceedings, 2015（1）: 16695-16695.

［23］Steinbach Adam L., Holcomb Tim R., Holmes R. Michael, Devers Cynthia E., Cannella Albert A.. Top management team incentive heterogeneity, strategic investment behavior, and performance: A contingency theory of incentive alignment［J］. Strategic Management Journal, 2017, 38（8）.

［24］Wei Jiang, Hualin Wan, Shan Zhao. Reputation Concerns of Independent Directors: Evidence from Individual Director Voting［J］. Review of Financial Studies, 2016, 29（3）: hhv125.

［25］Zhu Jigao, Ye Kangtao, Tucker Jennifer Wu, Chan Kam C.. Board Hierarchy, Independent Directors, and Firm Value: Evidence from China［J］. Journal of Corporate Finance, 2016.

创业板上市公司无形资产投入研究

期间费用是企业本期发生的、不能直接或间接归入营业成本，而是直接计入当期损益的各项费用，包括销售费用、管理费用和财务费用等。其会直接影响企业的利润。一方面，企业无形资产的形成往往依赖于企业内外部资金的投入与支持，如计入管理费用的研发支出；另一方面，无形资产的使用也直接影响期间费用，如企业自用无形资产的摊销计入管理费用。此外，政府为企业提供的各类税收优惠和财政补贴为上市公司提供了一定的资金支持。因此关于企业的期间费用、研发支出以及政府补助的研究对探讨创业板上市公司无形资产的形成路径具有重要意义。本报告在《创业板上市公司无形资产蓝皮书（2015-2016）》（下简称《蓝皮书（2015-2016）》）的基础上，对 2017 年 5 月 18 日前上市的 638 家创业板公司 2012 年至 2016 年的销售费用、管理费用、财务费用、研发支出和政府补助等五类财务数据进行统计分析，以期较为全面地反映创业板上市公司无形资产的投入情况。

一、文献综述

期间费用是影响企业利润的重要因素，因此改善期间费用管理也是提高企业效益的重要方式之一。万寿义、田园（2017）认为改善成本费用管理的关键问题之一在于明确费用粘性的成因，并通过研究发现第一大股东控制权对期间费用的费用粘性有显著性影响。第一大股东控制权越高，管理费用粘性越高，销售费用粘性则越不显著。

近几年，随着"八项规定""六项禁令"等政策的执行，创业板上市公司的管理费用在一定程度上有所降低，但是田林（2016）通过调查研究发现在反腐成高压态势，中央提出厉行节约、反对浪费的大前提下，一些企业在发生非正常性支出时，通常采用一些方式予以隐瞒，并使之合理化。这些非正常支出会通过办公费用、业务招待费以及会议费用列支，如果不评估这些业务的合理性以及效益性，将无法发现这些非正常性支出。叶康涛、臧文佼（2016）更是通过研究发现虽然国有企业的消费性现金支出计入当期管理和销售费用的比例显著下降，但计入本期存货科目的比例显著上升。同时，这种费用率下降并没有导致下一年度的公司业绩上升。这也表明"八项规定"实施后，国有企业有可能通过改变消费性现金支出的会计科目归类，来部分规避"八项规定"的监管。

国外学者们也在关注管理费用的合理降低。Kuzeljevich、Julia（2016）研究了关于降低供应链企业的管理费用问题，他们发现建立完善的网络结构，采用标准化流程，采取适当的业务规则能够有效降低企业的管理成本。

在研发支出方面，学者们将研究重点放在了税收对研发支出影响上。罗福凯、王京（2016）认为企业所得税对研发支出具有显著负向影响，但是由于债务税盾❶的存在，资本结构能够缓解企业税负对研发支出的约束。王亮亮（2016）也认为相较于低税率公司，高税率公司由于费用化研发支出的税收收益更高，因而资本化率更低，所以，高税率公司通过费用化研发支出获取避税收益的动机更强。除税收的影响外，Baum、Christopher F 等（2016）通过研究英国企业发现企业在不同地区销售多元化会促使企业研发支出的增加，因为企业必须通过持续创新和开发新产品以保持竞争优势。同时，研究发现，研发支出的增加会导致企业销售收入的上升，但是并不会导致出口销售多样化。虽然一般情况下研发支出可以促进企业绩效的增长，但是 Trinity（2016）通过研究 1996-2013 年全球 9 家最大制药公司发现短期内投资者对大型制药公司研发支出的增长持负面态度。

在政府补助方面，一些学者认为政府补助对研发支出有不同程度的促进作用。汤颖梅、王明玉（2016）认为政府研发补贴对于成长型和衰退型企业的研发支出均有促进作用，并且对衰退型企业的促进作用更大。而对于成熟型企业的研发支出来说，政府研发补贴的作用并不明显。熊和平、杨伊君、周靓（2016）同样通过实证研究证明我国政府补助对生命周期不同阶段的企业研发投入的影响不同。他们认为，我国对初创期的企业政府补助力度不足，对成熟期和衰退期企业补助过多。政府补助与初创期企业研发投入强度呈线性正相关关系，与成长期企业 R&D 投入强度存在倒 U 形曲线关系，对于成熟期的企业来说，没有证据表明政府补助强度的升高会对成熟期企业研发投入有促进或者抑制作用。政府补助对衰退期企业的研发活动有一定的激励效果。因此政府应该考虑企业所处的生命周期阶段，有针对性地调整补贴范围和金额。

外国学者们在政府补助对研发投入研究方面也有重要成果。Angel、Alonso-Borrego 等（2014）利用过去五十年政府补助与私人研发投入的相关数据研究政府补助与企业研发投入的关系，结果发现政府补助对研发的影响具有很强的异质性。究其原因，主

---

❶ 债务税盾是指企业在生产经营活动中发生的利息支出，并可以在税前扣除的部分。

要是受研发的组成、公司所面临的包括财务等方面的约束以及政府补助的金额和来源等多方面的影响。Becker、Bettina（2015）对政府研发政策对增加私人研发的研究文献做了系统性的梳理与讨论，结果发现政府的公共政策主要包括直接补贴、税收减免以及人才支持三类，无论哪种政策，都能够有效推动企业研发的增长。

二、销售费用

销售费用是指企业在销售产品、半成品和工业性劳务过程中发生的各项费用，其特征、功能以及其与无形资产的惯性等问题，在先前《蓝皮书》中已有详尽介绍，此处不再赘述。下文主要基于创业板上市公司近五年的销售费用变化趋势及行业特征进行分析。

（一）销售费用的变化趋势

基于数据的可得性，本文共选取 625[1] 家创业板上市公司（300001～300653）作为样本公司，计算其 2012—2016 年销售费用率[2]的平均值，结果如表 6-1 所示。

表 6-1　2012-2016 年样本公司销售费用率平均值

年份	2012 年	2013 年	2014 年	2015 年	2016 年
销售费用率	9.73%	9.94%	9.43%	9.06%	9.15%

由表 6-1 不难发现，销售费用率一直在不断波动，2013 年后的销售费用率逐年下降，直到 2016 年后又稍有上涨，但上升幅度仍远小于下降幅度。所以总体来看，创业板上市公司近五年的销售费用率基本稳定在 9%～10%，总体呈下降趋势。销售费用主要是指在生产经营过程中耗费的资金，企业一般在初步发展时侧重于生产和销售，销售费用率的降低说明市场已经相对稳定，多数公司在前期已基本通过高额营销费用的持续投入获取了相对稳定的销售渠道和市场规模，并开始逐步摆脱对营销投入持续增长的惯性依赖。

（二）销售费用的分布结构

本报告将样本公司近五年的销售费用率的算术平均值分为四个等级，每个等级的分类标准及所包括的样本公司数量如表 6-2 所示。

---

[1] 样本公司不包括未披露销售费用数据的 300191、300394、300420、300421、300422、300423、300425、300426、300427、300495 和未披露 2016 年销售费用的 300268、3005362 以及未披露 2012 年销售费用的 300332 共 13 家创业板上市公司。

[2] 销售费用与营业收入的比值。

表 6-2　2012-2016 年样本公司销售费用率分布结构

销售费用率	20%以上	10%~20%	5%~10%	5%以下
样本数量	60	141	193	231
占比	9.60%	22.56%	30.88%	36.96%

从表 6-2 中可以看出在 625 家样本企业中，平均销售费用率在 5% 以下的样本公司数量最多，占总数的 36.96%，平均销售费用率在 10% 以下的公司占比为 67.84%（与上年度相比下降了 0.87%），只有 9.60% 的公司的销售费用率超过 20%，这说明只有相对较少的公司目前还依赖高销售费用获得市场，绝大多数样本公司的销售费用率处于相对较低的水平。

本报告进一步计算了所有样本公司在 2012-2016 年销售费用率的算术平均值，并由高到低排名，表 6-3 和表 6-4 分别列示了销售费用率最高和最低的十家样本公司的有关信息。

表 6-3　近五年（2012-2016 年）销售费用率平均值排名前十位的样本公司

证券代码	公司名称	所属二级行业	近五年销售费用率均值
300204	舒泰神	医药制造业	65.92%
300622	博士眼镜	其他	53.88%
300026	红日药业	医药制造业	49.95%
300039	上海凯宝	医药制造业	49.73%
300181	佐力药业	医药制造业	48.56%
300378	鼎捷软件	软件、信息技术服务业	47.59%
300295	三六五网	互联网及相关服务业	45.91%
300653	正海生物	机械、设备、仪表行业	42.49%
300639	凯普生物	医药制造业	40.17%
300601	泰康生物	医药制造业	39.81%

表 6-4　近五年（2012-2016 年）销售费用率平均值排名后十位的样本公司

证券代码	公司名称	所属二级行业	近五年销售费用率均值
300384	三联虹普	其他	0.21%
300197	铁汉生态	其他	0.34%
300581	晨曦航空	计算机、通信及电子行业	0.50%
300034	钢研高纳	其他	0.56%
300038	梅泰诺	计算机、通信及电子行业	0.67%
300517	海波重科	其他	0.80%

证券代码	公司名称	所属二级行业	近五年销售费用率均值
300215	电科院	其他	0.88%
300156	神雾环保	机械、设备、仪表行业	0.92%
300498	温氏股份	其他	0.98%
300374	恒通科技	其他	0.99%

其中，销售费用率排名前十名的样本公司的入门门槛从 2015 年的昆仑万维（300418）的 36.53% 上升到 2016 年的泰康生物（300418）的 39.81%；销售费用率最高的样本公司依旧是舒泰神（300204），但其销售费用率从 57.35% 提高至 65.92%。因此，可以看出创业板上市公司的销售费用率差距正在不断拉大，虽然整体费用率呈下降趋势，但是销售费用率的极差相对以前更大了。博士眼镜（300622）、正海生物（300653）、凯普生物（300639）以及泰康生物（300601）是 2016 年新进入前十名的样本公司。不难发现，2016 年新进入前十名的公司均属于 2016 年新上市的公司，且多数属于医药制造业。排名前十名的公司中医药制造业占 6 家，软件、信息技术服务业、互联网及相关服务业以及机械、设备、仪表行业各 1 家。相对往年来说，医药制造业的销售费用率大幅上涨，机械、设备、仪表行业有所上涨，互联网及相关服务业和软件、信息技术服务业的销售费用率基本持平。在销售费用率排名后十名的样本公司中，入门门槛由 2015 年的四方精创（300468）的 1.10% 降到了 2016 年的恒通科技（300374）的 0.99%，有小幅下降；销售费用率最低的样本公司由 2015 年的天壕环境（300332）的 0.21% 变为 2016 年三联虹普（300384）的 0.21%，基本持平；铁汉生态（300197）、晨曦航空（300581）、海波重科（300517）以及恒通科技（300374）是 2016 年新增的四家公司。销售费用率最低的十家样本公司并不像费用率高的公司一样行业分布集中，而是遍布在多个行业，在我们特别关注的七大行业中，计算机、通信及电子行业占 2 家。

（三）销售费用的行业特征

考虑到行业的代表性以及行业样本公司的数量，本报告分别计算机械、设备、仪表行业，软件、信息技术服务业，计算机、通信及电子行业，互联网及相关服务业，医药制造业，化学、橡胶、塑料行业以及文化传播行业等七类典型行业近五年来的平均销售费用率，用以衡量创业板上市公司销售费用率的行业特征，统计结果如表 6-5 和图 6-1 所示。

表 6-5 2012 年至 2016 年七大行业销售费用率均值统计结果

	机械、设备、仪表行业	软件、信息技术服务业	计算机、通信及电子行业	互联网及相关服务业	医药制造业	化学、橡胶、塑料行业	文化传播行业
样本数量	183	100	93	13	47	60	6
2012 年	9.69%	12.35%	6.86%	16.23%	23.99%	4.96%	6.32%
2013 年	9.33%	12.65%	7.31%	16.96%	24.10%	5.00%	6.37%
2014 年	8.92%	11.99%	6.45%	14.45%	24.23%	5.08%	5.78%
2015 年	8.61%	10.82%	6.42%	15.69%	21.87%	5.44%	6.51%
2016 年	9.26%	10.80%	6.46%	15.55%	22.25%	5.60%	9.96%

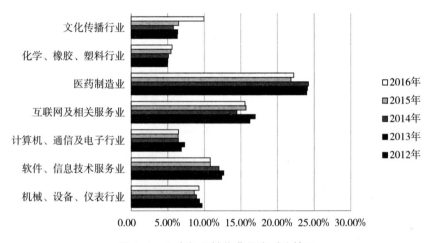

图 6-1 七大行业销售费用率对比情况

统计结果表明，创业板上市公司七大行业的平均销售费用率可粗略分为三个层级，第一层级为医药制造业，行业均值为 20% 以上，远高于其他行业，这主要与医药制造业盛行的"带金销售"相关。第二层级为互联网及相关服务业以及软件、信息技术服务业，其行业均值在 10%~20%，这些行业的销售费用率较高多是由于产品本身的同质性较高，迫使公司需要通过大量的营销吸引客户。第三层级为计算机、通信及电子行业，化学、橡胶、塑料行业、机械、设备、仪表行业以及文化传播行业，其行业均值在 10% 以下。2016 年，文化传播行业的相对变化幅度最大，相较于 2015 年上涨了 3.05个百分点，这主要是因为文化传播行业本身样本较少，2016 年新上市的公司幸福蓝海（300528）的销售费用率过高。机械、设备、仪表行业的销售费用率变化也相对较大，这可能与行业本身具有较大的去库存压力有关。软件、信息技术服务业的变化幅度最小，只下降了 0.02 个百分点。不难发现，除了文化传播行业以及机械、设备、仪表行业以外，多数行业的销售费用率变化较小，这说明绝大多数创业板上市公司的销售费用率已趋于稳定。

三、管理费用

管理费用是指企业行政管理部门为组织和管理生产经营活动而发生的各种费用，具体包括行政管理费用（含高管薪酬等）、维持经营能力的费用（含固定资产折旧等）、促进企业发展的费用（含研发支出和无形资产摊销等）和承担社会责任的费用（含劳动保险费等）四大部分。本报告基于《蓝皮书（2015-2016）》的研究框架，对创业板上市公司 2012-2016 年的管理费用变动情况及行业特征进行分析。

（一）管理费用的变化趋势

根据数据可得性，本报告选取 630[1] 家创业板上市公司（300001~300653）进行研究，统计分析 2012-2016 年样本公司的管理费用率[2]平均值，结果如表 6-6 所示。

表 6-6　2012-2016 年样本公司管理费用率平均值

年份	2012 年	2013 年	2014 年	2015 年	2016 年
管理费用率	14.29%	15.23%	15.06%	16.06%	15.16%

由表 6-6 可以看出，样本公司近五年来的平均管理费用率持续波动，2016 年相对 2015 年来说下降幅度较大，下降 0.90 个百分点，2016 年的平均管理费用率与 2014 年基本持平。首先，由于创业板的上市公司多集中在高科技行业，无形资产占总资产的比例相对更高，费用化的研发投入以及摊销额也相对较高，这是创业板上市公司管理费用率相对较高的原因之一。其次，2016 年管理费用率的降低可能有两方面的因素，一方面，随着国家近两年"八项规定""六项禁令"等政策的推动与落实，一些企业的管理费用随之下降；另一方面，随着信息技术的发展以及企业对管理效率的重视程度的加强，许多公司都将现代信息技术运用到管理服务中，实现管理的信息化与精细化，管理费用也因此而有所降低。

（二）管理费用的分布结构

本报告将样本公司五年来管理费用率的算术平均值分为四个等级，每个等级的分类标准及所包括的样本公司数量如表 6-7 所示。

---

[1]　样本公司不包括 300394、300420、300421、300422、300423、300425、300426、300427 共 8 家无管理费用数据的创业板上市公司。

[2]　管理费用率是管理费用与营业收入的比例。

表6-7　2012-2016年样本公司管理费用率分布结构

管理费用率	20%以上	15%~20%	10%~15%	10%以下
样本数量	116	117	212	185
占比	18.41%	18.57%	33.65%	29.37%

从表6-7可以看出，63.02%的样本公司管理费用率的平均值在15%以下，占全体样本公司的一半以上，但相较于2015年而言下降了3.51个百分点；有18.41%的样本公司管理费用率的平均值高达20%以上，远超所有样本公司的均值，较2015年上升2.07个百分点。

本报告进一步计算了各样本公司在2012-2016年管理费用率的算术平均值，并由高到低排名，表6-8和表6-9分别列示了管理费用率最高和最低的十家样本公司的有关信息。

表6-8　近五年（2012-2016年）管理费用率平均值排名前十位的样本公司

证券代码	公司名称	所属二级行业	近五年管理费用率均值
300268	佳沃股份	其他	120.46%
300223	北京君正	计算机、通信及电子行业	83.47%
300191	潜能恒信	其他	65.48%
300029	天龙光电	机械、设备、仪表行业	63.03%
300397	天和防务	计算机、通信及电子行业	52.08%
300377	赢时胜	软件、信息技术服务业	50.87%
300033	同花顺	软件、信息技术服务业	48.33%
300288	朗玛信息	其他	41.22%
300209	天泽信息	软件、信息技术服务业	40.38%
300036	超图软件	软件、信息技术服务业	38.50%

表6-9　近五年（2012-2016年）管理费用率平均值排名后十位的样本公司

证券代码	公司名称	所属二级行业	近五年管理费用率均值
300226	上海钢联	互联网及相关服务业	2.01%
300428	四通新材	其他	2.69%
300621	维业股份	其他	2.94%
300538	同益股份	其他	3.08%
300082	奥克股份	化学、橡胶、塑料行业	3.21%
300175	朗源股份	其他	3.22%
300104	乐视网	互联网及相关服务业	3.28%

证券代码	公司名称	所属二级行业	近五年管理费用率均值
300022	吉峰农机	其他	3.41%
300493	润欣科技	软件、信息技术服务业	3.49%
300325	德威新材	化学、橡胶、塑料行业	3.55%

由表6-8可看出，2016年管理费用率均值前十名的入门门槛由上年度的国民技术（300077）的40.72%变为2016年的超图软件（300036）的38.50%，入门门槛明显下降；最高的管理费用率由北京君正（300223）的76.20%变为佳沃股份（300268）的120.46%，管理费用率大幅上涨。天和防务（300397）以及超图软件（300036）两家样本公司是2016年新入围的样本公司。前十名样本公司中，软件、信息技术服务业有4家，计算机、通信及电子行业有2家，机械、设备、仪表行业有1家，所以管理费用率较高的公司行业分布也相对集中。后十名的样本公司的入门门槛由上年度腾信股份（300392）的2.39%下降到2016年的上海钢联（300226）的2.01%，水平基本与上年度持平。2016年后十名新增上海钢联（300226）、维业股份（300621）、同益股份（300538）、润欣科技（300493）4家样本公司，变化较大。排名后10名的公司中，有2家属于化学、橡胶、塑料行业，2家属于互联网及相关服务业，1家属于软件、信息技术服务业。所以，无论是管理费用率前十名还是后十名的样本公司行业分布都相对集中。

（三）管理费用的行业特征

考虑到行业的代表性以及行业样本公司的数量，本报告分别计算机械、设备、仪表行业，软件、信息技术服务业，计算机、通信及电子行业，互联网及相关服务业，医药制造业，化学、橡胶、塑料行业以及文化传播行业等七类典型行业近五年来的平均管理费用率，用以衡量创业板上市公司管理费用率的行业特征，统计结果如表6-10和图6-2所示。

表6-10　2012-2016年七大行业管理费用率均值统计结果

	机械、设备、仪表行业	软件、信息技术服务业	计算机、通信及电子行业	互联网及相关服务业	医药制造业	化学、橡胶、塑料行业	文化传播行业
样本数量	183	100	93	13	47	60	6
2012年	13.82%	20.31%	16.94%	14.77%	14.12%	10.12%	5.72%
2013年	14.46%	22.12%	17.93%	15.70%	15.30%	9.91%	5.50%
2014年	14.46%	21.69%	16.40%	12.39%	15.21%	9.32%	5.78%
2015年	15.05%	20.75%	17.91%	12.73%	14.16%	10.10%	5.83%
2016年	14.65%	20.23%	16.06%	14.68%	14.74%	10.17%	6.30%

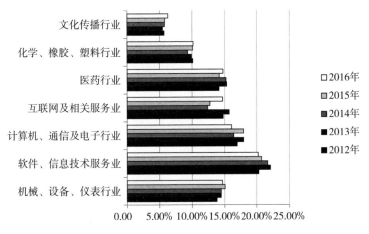

图 6-2　七大行业管理费用率对比情况

统计结果表明，创业板上市公司七大行业的平均管理费用率可粗略分为三个层级，第一层级为软件、信息技术服务业以及计算机、通信及电子行业，行业均值为 15% 以上；第二层级为机械、设备、仪表行业，互联网及相关服务业和医药行业，其行业均值为 10% ~ 15%；第三层级为文化传播行业和化学、橡胶、塑料行业，其行业均值多为 5% ~ 10%。

本报告认为，不同行业技术经济特征所导致的管理成本的结构性差异是产生上述差距的主要原因。具体来看，软件、信息技术服务业以及计算机、通信及电子行业均具有"轻资产"的特征，通常表现为人力资源成本和无形资产摊销额高于其他行业，这些因素对管理费用率增长的拉动作用明显；同时，这两个行业的技术迭代速度远高于其他行业，因此研发投入增速明显，管理费用率也相对较高。第二层级的机械、设备、仪表行业的固定资产折旧金额往往较高，直接导致了管理费用率的上涨，互联网及相关服务业同样也具有上述"轻资产"的特征，而医药行业的固定资产与无形资产都有着举足轻重的作用，这些资产的摊销额也是其管理费用率相对较高的重要原因之一。第三层级的文化传播行业管理费用率相对较低的原因可能是因为管理和技术人员相对较少，因此行政费用不高，化学、橡胶、塑料行业的管理费用率较低可能是因为该行业客户较为稳定，无须太高的业务招待费用，这也降低了企业的管理成本。同时，这两个行业的管理费用相对较低也与其研发费用投入较少相关。文化传播行业不需要研发投入，而化学、橡胶、塑料行业的研发投入强度是所有行业中最低的❶，产品技术含量较低。

---

❶　具体数值见表 6-18。

四、财务费用

按照《企业会计准则应用指南》的规定，财务费用是指企业为筹集生产经营所需资金等而发生的费用，包括应作为期间费用的利息支出（减利息收入）、汇兑损失以及相关的手续费等。可见，财务费用与企业的筹资规模和结构相关，但并不成正比，而筹资规模与企业的业务量只存在某种非线性的相关关系。因此，财务费用与企业业务量的关系并不密切，而是更多地与筹资决策关联。值得注意的是，与其他期间费用不同，由于利息和汇兑不仅会产生支出和损失，也可能产生收入或收益，因此财务费用可能出现负值。对于非外贸企业而言，汇兑收益往往占比极小，若财务费用出现负值，则往往是由于企业闲置资金过多导致利息收入超过贷款利息支出而产生的，这一规律对于分析创业板上市公司财务费用的数额和结构具有重要意义。

（一）财务费用的变化趋势

根据数据可得性，本报告选取 630 家创业板上市公司（300001～300653）进行研究，统计分析 2012-2016 年样本公司财务费用率[1]的平均值，结果如表 6-11 所示。

表 6-11　2012-2016 年样本公司财务费用率平均值

年份	2012 年	2013 年	2014 年	2015 年	2016 年
财务费用率	-1.90%	-1.04%	-0.31%	-0.49%	0.21%

由表 6-11 可知，2015 年以前的创业板上市公司的平均财务费用率一直为负值，2016 年首次由负转正，总体来看，近五年的财务费用率处于上升趋势。创业板上市公司财务费用之前一直为负的原因主要包括以下几个方面：其一是创业板上市公司超募现象十分严重，巨额的超募资金给企业带来了高额的利息收入，大于其筹资活动产生的利息支出，因此财务费用率变为负值；二是创业板公司的经营模式和经营业务不成熟，不容易找到标准的定价参考物，一定程度上影响了创业板市场上资产的合理定价。财务费用率为负往往意味着创业板上市公司的闲置资金过多，考虑到存入银行的资金给其企业带来的利息收益率要低于将资金进行再次投资的投资收益率，因此利息收入的增加应该引起证券监管部门和企业决策层的关注。2016 年，创业板的财务费用率首次为正意味着创业板上市公司一直以来的超募现象有所缓解，随着创业板市场的逐渐完善，创业板上市公司的市场价值也逐渐趋于合理化，同时也意味着创业板上市公司的闲置资金减少，企业的融资成本大幅提高，而企业融资成本的提高将会进一步影响企业的利润。

---

[1] 财务费用与营业收入的比例。

（二）财务费用的分布结构

本报告将样本公司五年来的财务费用率的算术平均值分为四个等级，每个等级的分类标准及所包括的样本公司数量如表 6-12 所示。

表 6-12　2012-2016 年样本公司财务费用率分布结构

财务费用率	2% 以上	0%~2%	-1%~0%	-1% 以下
样本数量	74	199	172	185
占比	11.75%	31.59%	27.30%	29.37%

由表 6-12 可知，有 56.67% 的样本公司近五年财务费用率的平均值为负值，比上年度上升了 1.94 个百分点，可以看出半数的创业板上市公司的资金都相对充裕。有 11.75% 的样本公司财务费用率的平均值在 2% 以上，相比上年度有所下降。总体来看，相对于销售费用和管理费用，创业板样本公司的财务费用呈现以下特征：一是绝对金额相对较小，占营业收入的比重较低，费率的绝对值多数不超过 2%；二是样本公司的分布结构较为集中，接近九成的公司的财务费率在 2% 以下，样本之间的差异不大；三是半数以上的样本公司的财务费用为负值，说明企业的闲置资金数额较大，资金使用效率有待提高。

本报告进一步计算了各样本公司在 2012-2016 年财务费用率的算术平均值，并由高到低排名，表 6-13 和表 6-14 分别列示了财务费用率最高和最低的十家样本公司的有关信息。

表 6-13　近五年（2012-2016 年）财务费用率平均值排名前十位的样本公司

证券代码	公司名称	所属二级行业	近五年财务费用率均值
300142	沃森生物	医药制造业	11.72%
300362	天翔环境	机械、设备、仪表行业	11.36%
300090	盛运环保	机械、设备、仪表行业	9.53%
300388	国祯环保	其他	8.27%
300268	佳沃股份	其他	7.94%
300215	电科院	其他	7.69%
300323	华灿光电	计算机、通信及电子行业	7.57%
300029	天龙光电	机械、设备、仪表行业	7.28%
300156	神雾环保	机械、设备、仪表行业	6.37%
300391	康跃科技	机械、设备、仪表行业	6.37%

表6-14　近五年（2012-2016年）财务费用率平均值排名后十位的样本公司

证券代码	公司名称	所属二级行业	近五年财务费用率均值
300191	潜能恒信	其他	-27.16%
300223	北京君正	计算机、通信及电子行业	-23.18%
300139	晓程科技	计算机、通信及电子行业	-16.15%
300346	南大光电	计算机、通信及电子行业	-14.76%
300397	天和防务	计算机、通信及电子行业	-12.42%
300059	东方财富	互联网及相关服务业	-11.01%
300306	远方光电	机械、设备、仪表行业	-10.59%
300165	天瑞仪器	机械、设备、仪表行业	-10.49%
300077	国民技术	计算机、通信及电子行业	-10.27%
300033	同花顺	软件、信息技术服务业	-10.19%

　　总的来看，排名前十名公司的入门门槛由上年度雪榕生物（300511）的5.84%变为今年康跃科技（300391）的6.37%，财务费用率的门槛有所提高，新增天龙光电（300029）、神雾环保（300156）、康跃科技（300391）3家公司，总体变化较大。前十家公司中机械、设备、仪表行业占5家，比重最大；计算机、通信及电子行业和医药制造业各有1家，行业分布比较集中。排名后十名公司的入门门槛由上年度世纪瑞尔（300150）的-10.76%变更为今年同花顺（300033）的-10.19%，新增天和防务（300397）、远方光电（300306）2家公司。后十名公司中属于计算机、通信及电子行业的有5家，属于机械、设备、仪表行业有2家，属于软件、信息技术服务业的有1家，属于互联网及相关服务业有1家，行业分布相对比较集中。

（三）财务费用的行业特征

　　考虑到行业的代表性以及行业样本公司的数量，本报告分别计算机械、设备、仪表行业，软件、信息技术服务业，计算机、通信及电子行业，互联网及相关服务业，医药制造业，化学、橡胶、塑料行业以及文化传播行业等七类典型行业近五年来的平均财务费用率，用以衡量创业板上市公司财务费用率的行业特征，统计结果如表6-15和图6-3所示。

表6-15　2012-2016年七大行业财务费用率均值统计结果

	机械、设备、仪表行业	软件、信息技术服务业	计算机、通信及电子行业	互联网及相关服务业	医药制造业	化学、橡胶、塑料行业	文化传播行业
样本数量	183	100	93	13	47	60	6
2012年	-1.79%	-3.74%	-2.79%	-4.11%	-2.00%	-0.16%	-0.16%

续表

	机械、设备、仪表行业	软件、信息技术服务业	计算机、通信及电子行业	互联网及相关服务业	医药制造业	化学、橡胶、塑料行业	文化传播行业
2013 年	-0.96%	-2.55%	-2.22%	-2.69%	-0.12%	0.55%	-0.63%
2014 年	-0.31%	-1.70%	-1.78%	-1.12%	1.59%	0.79%	2.32%
2015 年	-0.11%	-0.59%	-1.29%	-1.00%	0.88%	0.59%	1.91%
2016 年	-0.32%	-1.18%	-1.39%	-0.94%	0.14%	0.34%	0.79%

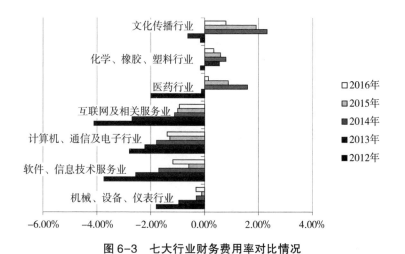

图 6-3 七大行业财务费用率对比情况

统计结果表明，七大行业的平均财务费用率可粗略分为三个层级，第一层为软件、信息技术服务业，计算机、通信及电子行业和互联网及相关服务业，其行业均值多在-1%以下，可见这些行业的多数公司资金都比较充裕。第二层级为机械、设备、仪表行业，其行业均值在-1%~0%。第三层级为化学、橡胶、塑料行业，医药制造业和文化传播行业，其近三年的行业均值都在0%以上。不难看出，文化传播行业的平均费用率变化较大，可能与其样本数量较少有关。

五、研发支出

研发支出是指在研究与开发过程中所使用资产的折旧、消耗的原材料、直接参与开发人员的工资与福利费、开发过程中发生的租金以及借款费用等。本报告基于《蓝皮书（2015-2016）》的研究框架对创业板上市公司2012-2016年的研发支出的变化趋势、资本化比例及行业特征进行分析。

（一）研发支出的变化趋势

本报告在剔除未披露研发支出或研发支出为零的部分样本之后，计算2012-2016年创业板上市公司研发支出金额及研发投入强度❶的平均值，结果如表6-16所示。

表6-16　2012-2016年样本公司的研发支出平均值

年份	2012	2013	2014	2015	2016
样本数量（家）	349	377	412	499	588
研发支出（万元）❷	3100	3768	4432	5682	6461
增长率	30%	22%	18%	28%	13.71%
研发投入强度	7.34%	7.80%	7.2%	7.1%	7.06%

由表6-16可知，近五年创业板公司的研发投入强度基本维持在7%~8%，且2013年后就逐年下降，下降到2016年的7.06%。虽然研发投入强度不断下降令市场质疑和担忧，但是创业板上市公司的平均研发支出金额是在不断上升的，平均研发支出金额从3100万元增长至6461万元，年均复合增长率为15.82%，增速较快。

（二）研发支出的资本化率

根据《企业会计准则第6号——无形资产》的规定，企业内部研究开发项目的支出，应当区分研究阶段支出和开发阶段支出。研究阶段的支出，应当于发生时计入当期损益（管理费用）；开发阶段的支出，如果能够证明符合规定的条件，应当确认为无形资产，即进行资本化处理从而记入"开发支出"科目。基于上述规定，本报告对披露了"开发支出"科目的创业板样本公司2012-2016年的相关数据进行统计，并由此计算这些公司的资本化率，统计结果如表6-17所示。

表6-17　2012-2016年样本公司的开发支出平均值

年份	2012	2013	2014	2015	2016
样本数量	92	130	135	147	158
平均开发支出（万元）	1857	2339	2886	3310	4036
增长率	24%	25%	23%	15%	21.93%
平均资本化率❸	45%	46%	46%	43%	41%

由表6-17可知，创业板公司的研发支出的资本化情况在2012-2016年呈现以下特征：一是将研发投入进行资本化处理的企业数量仍然较少，尽管从2012年的92家增加

---

❶ 研发支出与营业收入的比例。
❷ 为四舍五入后的近似值。
❸ 资本化率=开发支出/研发支出。

至 2016 年的 158 家，但是 2016 年资本化的样本公司占总数的 26.87%，相较于 2012 年只增长了 0.51%，数量依旧较少；二是进行资本化处理的样本公司开发支出增加较为迅速，从 2012 年的平均每家 1857 万元大幅增长至 2016 年的每家 4036 万元；三是开发支出的增长速度平稳，除 2015 年相对较低以外，一直保持在 20% 以上；四是样本公司的平均资本化率出现下降，从 2012 年的 45% 下降至 2016 年的 41%；五是存在部分企业"开发支出"大于"研发支出"的情况。原因在于"研发支出"具有流量属性，反映的是企业在一个报告期内关于研发活动的所有成本之和，而"开发支出"则具有存量属性，反映的是企业在该报告期末所形成资本化支出的累计值，不仅包含当期的资本化支出，也包含前期转入"无形资产"的资本化支出，其含义相当于企业自创无形资产的"半成品"，如"莱美药业""沃森生物""吉艾科技"等企业近两年的资本化率就超过 100%。在资本化率超过 100% 的 12 家企业中，9 家属于医药制造业，3 家属于机械、设备、仪表行业，行业分布比较集中。

（三）研发支出的行业特征

考虑到行业的代表性以及行业样本公司的数量，本报告分别计算机械、设备、仪表行业，软件、信息技术服务业，计算机、通信及电子行业，互联网及相关服务业，医药制造业以及化学、橡胶、塑料行业等六类典型行业近五年来的研发投入强度均值，用以衡量创业板上市公司研发投入强度的行业特征，统计结果如表 6-18 和图 6-4 所示。

表 6-18　2012-2016 年六大行业研发投入强度均值统计结果❶

	机械、设备、仪表行业	软件、信息技术服务业	计算机、通信及电子行业	互联网及相关服务业	医药制造业	化学、橡胶、塑料行业
样本数量	179	95	86	13	43	58
2012 年	6.52%	13.53%	9.27%	9.37%	5.49%	4.77%
2013 年	6.37%	14.05%	9.93%	8.87%	6.05%	4.66%
2014 年	6.36%	12.76%	8.72%	6.30%	6.52%	4.20%
2015 年	6.38%	12.05%	9.36%	6.90%	6.31%	4.38%
2016 年	6.45%	11.86%	8.38%	6.32%	7.68%	4.61%

---

❶ 没有文化传播行业的样本公司相关方面的数据，故只比较六大行业。

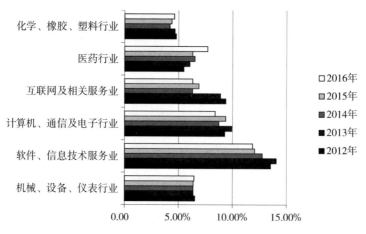

图6-4　六大行业研发投入强度对比情况

由图6-4可知，六大行业的平均投入强度可粗略分为三个层级，第一层级为软件、信息技术服务业，该行业的均值一直在10%以上，远超其他行业，但是该行业的研发投入强度近两年也开始下降，其研发支出较高的原因主要是由于该行业属于高科技行业，无形资产占比较高，且无形资产的迭代速度较快，所以研发支出也相对较高。第二层级为机械、设备、仪表行业，互联网及相关服务业、医药行业和计算机、通信及电子行业，该行业均值在5%～10%，其中机械、设备、仪表行业的研发投入强度一直比较稳定，增幅较小，互联网及相关服务业的研发投入强度明显不如前几年，呈逐渐下降趋势，医药行业近几年的研发投入水平在不断增长。第三层级为化学、橡胶、塑料行业，这个行业的研发投入强度大约维持在5%以下，且总体趋势比较平稳，常年保持在同一水平上。

六、政府补助

政府补助是指企业从政府无偿取得的货币性资产或非货币性资产，主要包括财政拨款、财政贴息、税收优惠和无偿划拨的非货币资产等，但不包含政府作为企业的所有者投入的资本。本报告基于《蓝皮书（2015-2016）》的研究框架对创业板上市公司2012-2016年所获政府补助的变化趋势及行业特征进行分析。

（一）政府补助的变化趋势

本报告将2012-2016年获得过政府补助的创业板上市公司纳入统计范围，对各年份样本公司所获政府补助的覆盖率及补助金额进行统计性描述，结果如表6-19所示。

表 6-19　2012-2016 年样本公司政府补助变化情况

年份	2012 年	2013 年	2014 年	2015 年	2016 年
获得补助企业数量（家）	353	376	415	501	596
样本企业数量（家）	355	379	417	504	601
补助覆盖率	99.4%	99.2%	99.5%	99.4%	99.2%
所获补助合计（万元）	352185	310076	378695	582450	811282
所获补助的平均值（万元）	997	825	913	1156	1361
所获补助的最大值（万元）	10022	13455	10131	38327	44521
所获补助的最小值（万元）	0.4	6.5	3	0.05	1
标准差	1353	1526	1230	2280	2720

由表 6-19 可知，2012-2016 年，创业板上市公司所获取政府补助呈现出以下特征：一是补助覆盖率比较平稳，一直保持在 99% 以上的高水平。二是补助水平大幅增长，创业板公司所获取政府补助的总额从 2012 年的 35 亿元快速增长至 2016 年的 81 亿元。三是各家公司所获取的相对差距日趋增大，样本标准差从 2012 年的 1353 增长至 2016 年的 2720，这说明政府补助在成为"普惠政策"的同时也人为拉大了不同企业之间的"贫富差距"。

（二）政府补助的行业特征

考虑到行业的代表性以及行业样本公司的数量，本报告分别计算机械、设备、仪表行业，软件、信息技术服务业，计算机、通信及电子行业，互联网及相关服务业，医药制造业，化学、橡胶、塑料行业以及文化传播行业等七类典型行业近五年来的研发投入强度均值，用以衡量创业板上市公司研发投入强度的行业特征，统计结果如表 6-20 和图 6-5 所示。

表 6-20　2012-2016 年七大行业政府补助均值情况　　（单位：万元）

	机械、设备、仪表行业	软件、信息技术服务业	计算机、通信及电子行业	互联网及相关服务业	医药制造业	化学、橡胶、塑料行业	文化传播行业
样本数量（家）	178	96	86	13	43	58	7
2012 年	1172.57	1011.44	1199.48	857.37	920.29	554.95	2769.08
2013 年	928.47	578.38	991.91	924.62	930.35	586.94	3057.85
2014 年	920.50	676.07	1086.48	760.85	760.54	683.70	5178.93
2015 年	997.83	978.07	1179.57	1284.31	989.81	742.99	3149.24
2016 年	1170.11	996.88	2190.64	2152.61	1496.21	968.01	4748.01

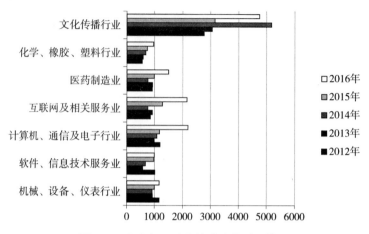

图6-5　七大行业政府补助均值对比情况

由表6-20和图6-5可知，创业板上市公司所获取政府补助存在行业差异，2016年，每个行业的政府补助金额都有不同幅度的上涨。文化传播行业因为样本量较少导致行业平均政府补助情况变化较大。相比较而言，文化传播行业的政府补助数一直远高于其他行业，化学、橡胶、塑料行业的政府补助费用相对最低。医药制造业、计算机、通信及电子行业和互联网及相关服务业的政府补助金额相对上年度的增长幅度较大。不同行业之间的政府补助水平不同，可以看出政府对于不同行业的政策与扶持倾向。

七、无形资产投入水平的行业差距

基于《蓝皮书（2012-2013）》中阐述的上述五类费用的投入程度与企业无形资产❶之间的内在机理，本报告将创业板七大行业的样本公司在以上五项指标中的均值和排序进行综合整理，以反映无形资产投入水平的行业差异，各指标的具体统计方法为：

第一，"行业均值"是指该行业五年间对该项费用投入水平的算术平均值；

第二，销售费用、管理费用、财务费用和研发支出投入水平的单位为%，政府补助投入水平的单位为万元；

第三，财务费用的排序规则是数值越低排序越靠前（说明利息收入也高），其他指标则是数值越高排序越靠前；

第四，"综合排名"是指该行业五项指标排序之和的相对名次，排序之和越小意味着该行业无形资产的相对水平越高，综合排名也越靠前。

根据以上统计方法，创业板上市公司各行业无形资产投入水平的统计结果如表6-21所示。

---

❶ 尤其是自创无形资产。

表6-21 2012-2016年七大行业无形资产的投入水平

类别		机械、设备、仪表行业	软件、信息技术服务业	计算机、通信及电子行业	互联网及相关服务业	医药制造业	化学、橡胶、塑料行业	文化传播行业
销售费用	行业均值	9.16%	11.72%	6.70%	15.78%	23.29%	5.07%	5.22%
	排序	4	3	5	2	1	7	6
管理费用	行业均值	14.49%	21.02%	17.05%	14.05%	14.71%	9.92%	5.83%
	排序	4	1	2	5	3	6	7
财务费用	行业均值	-0.70%	-1.95%	-1.89%	-1.97%	0.10%	0.42%	0.85%
	排序	4	2	3	1	5	6	7
研发支出	行业均值	6.42%	12.85%	9.13%	7.55%	6.41%	4.52%	-
	排序	5	1	2	3	6	4	-
政府补助	行业均值	1037.90	848.17	1329.62	1195.95	1019.44	707.32	3780.62
	排序	4	6	2	3	5	7	1
综合排名		5	1	2	2	4	7	6

基于以上统计结果，本报告认为创业板上市公司各行业无形资产相关的费用投入主要体现以下特征：

一是软件、信息技术服务业在管理费用、研发支出两方面遥遥领先，财务费用与销售费用也排名较前。因此，无形资产的总体投入水平高居所有行业第一位。

二是计算机、通信及电子行业在管理费用、研发支出以及政府补助方面均处于较高水平，同时销售费用以及财务费用又处于中等水平，并无明显短板。所以，总体来看，无形资产的总体投入水平高居所有行业第二位。

三是互联网及相关服务业的财务费用水平较高，其他每项基本都处于总体的平均水平，无明显短板，因此综合来看，该行业的无形资产投入水平与计算机、通信及电子行业并列第二位。

四是医药制造业在销售费用方面明显高于其他行业，具有明显的营销偏向，在其他方面多处于所有行业的平均水平，只有研发支出略低。综合来看，该行业的无形资产发展潜力巨大。

五是机械、设备、仪表行业的每项基本都处于总体的平均水平，没有明显的短板，但同样没有任何突出之处，所以其无形资产投入属于一般水平，应加大投资力度。

六是文化传播行业虽然政府补助遥遥领先，但销售费用、财务费用和管理费用都明显落后，所以总体来看，其无形资产的投资水平总体较低。

七是化学、橡胶、塑料行业除研发支出处于中等水平外，其他每项指标的排序都处于末端，在各项相关费用的投入水平上都远远低于样本均值，已成为"最差钱"的二级行业，行业未来无形资产的竞争能力不容乐观。

参考文献

[1] 罗福凯，王京. 企业所得税、资本结构与研发支出 [J]. 科研管理. 2016 (4)：44-52.

[2] 汤颖梅，王明玉. 政府研发补贴对高新技术企业研发支出的影响 [J]. 企业经济. 2016 (11)：73-78.

[3] 田林. 从审计角度看管理费用中隐藏的非正常性支出 [J]. 财会月刊. 2016 (13)：70-72.

[4] 万寿义，田园. 第一大股东控制权、大股东制衡与费用粘性差异 [J]. 财贸研究. 2017 (2)：100-110.

[5] 王亮亮. 研发支出资本化或费用化：税收视角的解释 [J]. 会计研究. 2016.9：17-24.

[6] 熊和平，杨伊君，周靓. 政府补助对不同生命周期企业 R&D 的影响 [J]. 科学学与科学技术管理. 2016 (9)：3-15.

[7] 叶康涛，臧文佼. 外部监督与企业费用归类操纵 [J]. 管理世界. 2016 (1)：121-138.

[8] Baum, Christopher F, Calayan, Mustafa, Talavera, Oleksandr. R&D Expenditures and Geographical Sales Diversification [J]. Manchester School, 2016, 84 (2)：197-221.

[9] Becker, Bettina. Public R&D Policies and Private R&D Investment：A Survey of the Empirical Evidence [J]. Journal of Economic Surveys, 2015, 29 (5)：917-42.

[10] Kuzeljevich, Julia. Cutting Costs [J]. Canadian Shippe, 2016, 119 (4)：46-48.

[11] Trinity College Dublin. Patents and R&D Expenditure Effects on Equity Returns in Pharmaceutical Industry [J]. Applied Economics Letters, 2016, 23 (4-6)：278-283.

[12] Zúñiga-Vicente, José Ángel, Alonso-Borrego, César, Forcadell, Francisco J., Galán, José I. Assessing the Effect of Public Subsidies on Firm R&D Investment：A Survey [J]. Journal of Economic Surveys, 2014, 28 (1)：36-67.

创业板上市公司资质研究

资质是企业无形资产的重要组成部分。本报告延续《中国创业板上市公司无形资产蓝皮书（2015-2016）》（下称《蓝皮书（2015-2016）》）的研究框架，对 2017 年 5 月 18 日前上市的 638 家（300001~300653）公司的招股说明书和 2016 年年报中的资质信息进行统计分析❶，进一步剖析了资质信息披露的行业特征，对 2009-2016 年年报的披露质量进行了纵向对比，归纳了资质信息披露中尚存的问题。

一、资质典型事件与文献综述

相关典型事件梳理和文献综述是本次报告的新增内容，力图让读者了解过去一年在资质无形资产方面发生的典型事件和有关资质无形资产的最新研究。

（一）资质大事件

2016 年以来，政府相关部门针对部分企业资质造假和骗取资质的现象采取了相应的措施进行整治，也有一些创业板企业因为涉嫌资质造假和骗取资质而被媒体曝光。表 7-1 列举了 2016 年以来发生的与资质相关的事件。

表 7-1　2016 年以来与资质相关的典型事件

序号	时间	事件
1	2016 年 3 月 7 日	注册制改革施压 A 股，壳资源或贬打击创业板。一旦注册制改革开始实施，创业板估值溢价效应将大幅减少，企业借助资本平台做大市值的难度将增大，并购神话再难现。
2	2016 年 3 月 25 日	安车检测涉嫌欺诈上市遭实名举报，主营产品未获资质。安车检测作为向社会车辆出具检测仲裁数据报告的检测设备制造企业，没有披露取得与其主营产品名称相一致的《制造计量器具许可证》资质等相关内容，涉嫌非法制造计量器具产品，主营产品涉嫌违法违章经营。

---

❶ 在 2017 年 5 月 18 日之前，创业板上市企业总数为 638 家，新增上市企业 130 家，公布 2016 年年报的企业有 601 家。

续表

序号	时间	事　件
3	2016 年 6 月 17 日	证监会发布关于就修改《上市公司重大资产重组管理办法》公开征求意见的通知，旨在给"炒壳"降温，促进市场估值体系的理性修复，引导更多资金投向实体经济。
4	2016 年 10 月 27 日	住建部建筑市场监管司发布关于开展建筑业企业资质申报业绩核查的通知，旨在处理部分建筑业企业弄虚作假，提供虚假业绩材料，骗取资质的问题。
5	2016 年 12 月 16 日	经纬电材收购标的涉嫌骗取高新资质。2016 年 12 月 6 日，经纬电材发布《发行股份及支付现金购买资产并募集配套资金暨关联交易报告书（草案）》，计划收购新辉开 100% 股权。根据《高新技术企业资质管理办法》的规定，申请高新技术资质必须满足"大专以上学历人员占员工总数比例不低于 30%"的标准，而收购报告书披露新辉开共有员工 2301 名，其中大专和本科以上学历人员占员工总数的比例分别 5.82% 和 4.35%，合计比例明显低于 30%。新辉开在不符合《高新技术企业资质管理办法》的规定的条件下，涉嫌骗取高新技术企业资质。
6	2017 年 4 月 13 日	中华人民共和国住房和城乡建设部办公厅发布住房城乡建设部办公厅关于做好取消城市园林绿化企业资质核准行政许可事项相关工作的通知，意味着园林绿化企业资质正式被取消。
7	2017 年 6 月 21 日	创业板发审委发布了 2017 年第 50 次会议审核结果公告。三家上会的公司中有两家被否，这两家公司分别是仲景大厨房股份有限公司、上海步科自动化股份有限公司。信披、资质及疑似关联交易成关注点。

（二）文献综述

从收集整理的有关资质的近期文献来看，目前有关资质的研究主要集中于资质与创新和企业经营绩效之间的关系。在资质与创新之间的关系方面，孙刚等（2016）从创新的利益相关者视角揭示了由政府主导的"科技认定"政策对企业创新活动的影响机理，并发现政府主导的高科技资质认定在扶持和鼓励企业创新方面发挥促进作用。

在质量认证与创新合作的关系方面，张振刚等（2017）认为质量认证水平不同，高层管理者商业关联❶对创新合作的影响程度有所不同。他们在对 777 家科技型小微企业进行调查研究中，发现产品质量认证有助于科技型小微企业获取创新合作机会，并且产品质量认证水平越高，科技型小微企业在获取创新合作机会时对高层商业关联的依赖就越弱。在质量认证与企业绩效的关系方面，MM Islam 等（2016）通过对马来西亚一些企业的 CEO 和经理的问卷调查和数据分析，发现质量认证对企业绩效有着实际影响，相对于未通过认证的企业，通过质量认证的企业收益更高、财务表现更好，企业内部的质量管理和公司流程也显著改善。

---

❶ 管理关联是指企业高层管理者与外部实体之间的个人关联，具体分为政治关联与商业关联两个维度：政治关联是指公司高层管理者与政府机构的联系；商业关联是指公司高层与其他企业高层的联系。

在环境认证与公司业绩的关系方面，Gregorio Martín-de Castro 等（2017）通过对西班牙金属生产和加工行业的 157 家样本企业进行实证分析，发现环境认证与公司业绩之间的关系虽然存在，但影响并不显著。Sang M. Lee 等（2017）认为 ISO 14001 认证使企业获得盈利能力和市场效益方面的优势，但从长期来看，企业的市场价值并没有较大变化。

二、资质信息披露数量分析

（一）对研究对象的界定

1. 创业板企业资质的基本类型

基于信息披露的完整性，评价上市公司资质信息披露质量如表 7-2 所示。与《蓝皮书（2015-2016）》保持一致，本报告仍将企业的资质划分为准入类资质、能力类资质和荣誉类资质。

表 7-2　资质信息披露框架

资　　质	准入类资质	政府注册登记证
		政府许可证
	能力类资质	政府专业能力认证
		特殊能力扶持认证
		行业协会等级认证
		质量认证证书
		环境认证证书
	荣誉类资质	公司获奖证书
		产品获奖证书

2. 资质披露信息的处理方法和统计口径调整

从表 7-3 中可以看到，本年报告的统计口径与《蓝皮书（2015-2016）》基本保持一致。需要注意的是，和《蓝皮书（2015-2016）》一样，此次新增上市企业招股说明书中资质的统计仍继续侧重于存量信息的收集，2016 年年报则继续侧重于企业资质增量信息的收集。

表 7-3   资质披露信息的处理方法和统计口径介绍

第一大类	第二大类	第三大类	统计口径
资　质	准入类资质	政府注册登记证	名称、编号、有效期、级别、品种范围、审批机关
		政府许可证	名称、编号、有效期、级别、品种范围、审批机关
	能力类资质	政府专业能力认证	名称、编号、级别、品种范围、地域范围、有效期、审批机关
		特殊能力扶持认证	名称、编号、有效期、授权单位
		行业协会等级认证	名称、级别、品种范围、编号、有效期、授权单位
		质量认证	证书名称、证书编号、有效期、认证机构
		环境认证	证书名称、证书编号、有效期、认证机构
	荣誉类资质	公司获奖证书	公司荣誉、编号、认证时间、认证机构
		产品获奖证书	产品荣誉、产品名称、证书编号、认证时间、认证机构

（二）2016 年新增企业招股说明披露状况

2016 年新增 130 家企业共披露资质 5037 项，其中准入类资质 2152 项，能力类资质 971 项，荣誉类资质 1914 项，如图 7-1 所示。资质信息披露超过 100 项的企业共有 6 家，其中幸福蓝海（300528）披露最多，达 249 项。

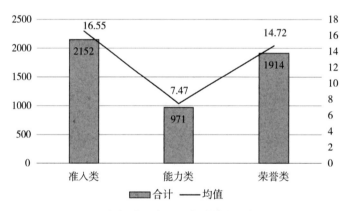

图 7-1   2016 年新增上市公司资质披露总数（单位：项）

从准入类资质来看，政府注册登记证披露最多，达 1548 项，约为政府许可证披露数量的 2.56 倍，如表 7-4 所示。透景生命（300642）披露政府注册登记证信息最多，达 116 项，开立医疗（300633）披露 112 项排名第二，利安隆（300596）披露 96 项排名第三。披露的政府登记证大多为药品注册批件、医疗器械注册证和软件产品认证证书。

表 7-4   准入类资质总数分布

（单位：项）

资质类别	最小值	最大值	合计	均值	标准差
政府注册登记证	0	116	1548	11.91	23.65

资质类别	最小值	最大值	合计	均值	标准差
政府许可证	0	187	604	4.65	17.05

　　从能力类资质来看，政府特殊能力扶持认证披露最多，达356项，如表7-5所示。其中仅有7家企业未披露相关信息，披露率高达94.62%。政府专业能力认证信息共披露258项，证书类型种类较多，有56家企业披露了相关信息。质量认证证书披露215项，主要是通过ISO系列的认证证书，有82家企业披露了相关信息，其中科信技术（300565）披露较为具体，相关产品所遵循的质量标准也有所披露。环境认证证书和行业协会等级认证披露较少，分别为74项和68项，其中有47家企业披露了环境认证证书，有29家企业披露了行业协会等级认证信息。

表7-5　能力类资质总数分布

（单位：项）

资质类别	最小值	最大值	合计	均值	标准差
政府专业能力认证	0	20	258	1.98	3.64
特殊能力扶持认证	0	11	356	2.74	1.72
行业协会等级认证	0	9	68	0.52	1.40
质量认证证书	0	42	215	1.65	3.90
环境认证证书	0	6	74	0.57	1.05

　　从荣誉类资质来看，公司获奖证书和产品获奖证书披露数量大致相当，如表7-6所示。企业获奖证书达979项，有111家企业披露了相关信息，其中达安股份（300635）披露的公司获奖证书最多，达57项。产品获奖证书共披露935项，有94家企业披露了相关信息，其中维业股份（300621）披露的产品证书最多，达47项。从公司获奖证书和产品获奖证书的数量分布来看，公司获奖证书的极差为57，产品获奖证书的极差为47；公司获奖证书的标准差为7.84，产品获奖证书的标准差为9.8。这反映了不管是公司获奖证书还是产品获奖证书，不同企业对披露荣誉类资质的重视程度有较大差异。

表7-6　荣誉类资质总数分布

（单位：项）

资质类别	最小值	最大值	合计	均值	标准差
公司获奖证书	0	57	979	7.53	7.84
产品获奖证书	0	47	935	7.19	9.80

（三）2016年年报披露状况

　　2016年有601家企业披露年报，资质披露总数为5681项，其中准入类资质1324

项，能力类资质 2125 项，荣誉类资质 2232 项，如图 7-2 所示。迈克生物（300463）披露新增资质数量最多，达 180 项，华谊兄弟（30027）披露新增资质 122 项排名第二，开立医疗（300633）披露新增资质 95 项排名第三。

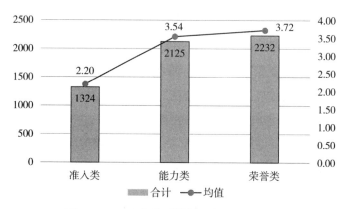

图 7-2　2016 年资质披露总数（单位：项）

1. 准入类资质披露情况

2016 年新增准入类资质中，新增政府注册登记证最多，达 926 项，约为新增政府许可证的 2.32 倍，如表 7-7 所示。新增政府注册登记证多为医疗器械注册证书、软件产品登记证书和药品注册证书，其中迈克生物（300463）披露最多，达 171 项，主要是因为其拓展市场，取得多个国家的医疗器械注册证。新增政府许可证种类相对较多，其中华谊兄弟（300027）披露最多，达 43 项，主要是因为新开影院需要获得相应的许可证。

表 7-7　2016 年新增准入类资质分布　　　　　　　　　　　　　　　　（单位：项）

资质类别	最小值	最大值	合计	均值	标准差
政府注册登记证	0	171	926	1.54	9.75
政府许可证	0	43	398	0.66	2.86

按行业来看，制造业新增注册登记证最多，达 862 项，如表 7-8、图 7-3 所示。其中医药制造业新增 416 项，专用设备制造业新增 297 项，如表 7-9 所示。医药制造业中，耐克生物（300463）新增注册登记证最多，达 171 项，其次是瑞普生物（300119）披露 83 项和兴齐眼药（300573）披露 51 项，这三家企业新增注册登记证约占制造业企业新增注册登记证总和的 35.38%。专用设备制造业中，开立医疗（300633）新增注册登记证最多，达 84 项，其次是迪瑞医疗（300396）披露 50 项和乐普医疗（300003）披露 39 项。信息传输、软件和信息技术服务业次之，新增注册登记证 52 项，新增注册登记证主要为软件产品证书，其中银江股份（300020）披露 19 项软件登记证书，如

表 7-10 所示。农、林、牧、渔业仅有两家企业对新增注册登记证进行披露，其中雪榕生物（300511）披露 5 项，温氏股份（300498）披露 2 项。水利、环境和公共设施管理业和科学研究和技术服务业分别只有一家对新增注册登记证进行披露，其余行业都没有企业对新增注册登记证进行披露。

表 7-8 各行业新增注册登记证持有状况 （单位：项）

一级行业	企业数量	极小值	极大值	总量	均值	标准差
建筑业	9	0	0	0	0.00	0.00
采矿业	4	0	0	0	0.00	0.00
电力、热力、燃气及水生产和供应业	2	0	0	0	0.00	0.00
交通运输、仓储和邮政业	3	0	0	0	0.00	0.00
科学研究和技术服务业	9	0	1	1	0.11	0.33
农、林、牧、渔业	8	0	5	7	0.88	1.81
批发和零售业	6	0	0	0	0.00	0.00
水利、环境和公共设施管理业	8	0	4	4	0.50	1.41
卫生和社会工作	3	0	0	0	0.00	0.00
文化、体育和娱乐业	11	0	0	0	0.00	0.00
信息传输、软件和信息技术服务业	113	0	19	52	0.46	2.56
制造业	418	0	171	862	2.06	11.58
租赁和商务服务业	7	0	0	0	0.00	0.00

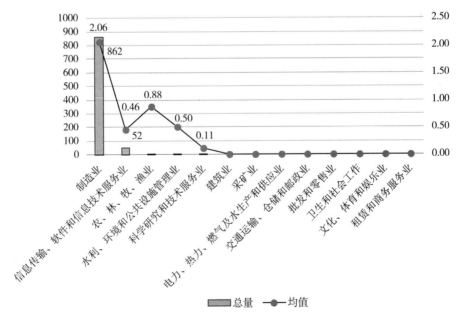

图 7-3 各行业新增注册登记证持有情况（单位：项）

表 7-9 制造业新增注册登记证持有状况

（单位：项）

二级行业	企业总数	极小值	极大值	证书总数	均值	标准差
电气机械和器材制造业	50	0	3	8	0.16	0.51
纺织服装、服饰业	1	0	0	0	0	0
非金属矿物制品业	15	0	0	0	0	0
化学原料和化学制品制造业	40	0	35	44	1.1	5.6
计算机、通信和其他电子设备制造业	86	0	1	5	0.06	0.24
金属制品业	4	0	0	0	0	0
农副食品加工业	3	0	0	0	0	0
其他制造业	3	0	0	0	0	0
汽车制造业	8	0	0	0	0	0
食品制造业	4	0	9	12	3	4.08
铁路、船舶、航空航天和其他运输设备制造业	5	0	1	1	0.2	0.45
通用设备制造业	31	0	0	0	0	0
文教、工美、体育和娱乐用品制造业	2	0	0	0	0	0
橡胶和塑料制品业	18	0	0	0	0	0
医药制造业	43	0	171	416	9.67	29.21
仪器仪表制造业	28	0	43	79	2.82	9.28
有色金属冶炼和压延加工业	5	0	0	0	0	0
专用设备制造业	70	0	84	297	4.24	13.54
纺织业	1	0	0	0	0	0
皮革、毛皮、羽毛及其制品和制鞋业	1	0	0	0	0	0

表 7-10 信息传输、软件和信息技术服务业新增注册登记证状况

（单位：项）

二级行业	企业总数	极小值	极大值	证书总数	均值	标准差
电信、广播电视和卫星传输服务业	2	0	0	0	0.00	0.00
软件和信息技术服务业	96	0	19	52	0.54	2.77
互联网和相关服务业	16	0	0	0	0.00	0.00

2016 年创业板企业年报中披露新增政府许可证共 398 项，仅有 125 家企业披露了相关信息，约占创业板企业总数的 21%，如图 7-4 所示。制造业新增政府许可证数量最多，达 161 项，但均值仅为 0.39，如表 7-11 所示。其次为文化、体育和娱乐业，新增政府许可证 121 项，均值为 11，但标准差达到 13.24，其中华谊兄弟（300027）披露 43 项，占整个文化、体育和娱乐业的 35.54%。

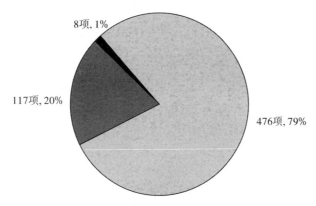

8项,1%

117项,20%

476项,79%

图7-4 政府许可证持有数目分布

表7-11 各行业政府许可证持有数目情况 （单位：项）

一级行业	企业数量	极小值	极大值	总量	均值	标准差
建筑业	9	0	1	3	0.33	0.50
采矿业	4	0	1	2	0.50	0.58
电力、热力、燃气及水生产和供应业	2	0	2	2	1.00	1.41
交通运输、仓储和邮政业	3	0	0	0	0.00	0.00
科学研究和技术服务业	9	0	1	1	0.11	0.33
农、林、牧、渔业	8	0	28	47	5.88	10.51
批发和零售业	6	0	1	1	0.17	0.41
水利、环境和公共设施管理业	8	0	4	6	0.75	1.49
卫生和社会工作	3	0	0	0	0.00	0.00
文化、体育和娱乐业	11	0	43	121	11.00	13.24
信息传输、软件和信息技术服务业	113	0	15	51	0.45	1.55
制造业	418	0	15	161	0.39	1.24
租赁和商务服务业	7	0	2	3	0.43	0.79

2. 能力类资质披露情况

能力类资质新增数量较多但不同类型之间差异较大，如表7-12、图7-5所示。从数量分布来看，新披露的行业协会等级认证、质量认证证书和环境认证证书相对较少。有153家企业披露了新增质量认证证书，约占创业板企业总数的25.46%；有73家企业披露了新增环境认证证书，约占创业板企业总数的12.51%；有47家企业披露了新增行业协会等级认证信息，约占创业板企业总数的7.82%。披露政府专业能力认证的企业占比24.63%，共披露484项，其中新增数量最多的是兴源环境（300266），新增19项。2016年披露特殊能力扶持认证的企业最多，有470家企业披露了相关信息，披露总数达 1174 项，占创业板上市公司总数的 78.2%。其中主要是高新技术企业认证和软件企业认证，也有少数企业被认定为社会福利企业和小型微利企业，也可以享受相应的税收优惠。这也验证了创业板作为科技型、成长型企业的孵化器的功能，其上市公司大多属于高技术领域，高新技术和软件产品是这些企业赖以生存和发展的基础，所以企业有披露该类资质信息的积极动因。按行业来看，能力类资质主要分布在制造业和信息技术服务业，其余行业新增能力类资质较少，如表 7-13 所示。

表 7-12　能力类资质总数分布　　　　　　　　　　　　　　　　（单位：项）

资质类别	最小值	最大值	合计	均值	标准差
政府专业能力认证	0	19	484	0.81	2.32
特殊能力扶持认证	0	12	1174	1.95	1.91
行业协会等级认证	0	10	100	0.17	0.78
质量认证证书	0	7	272	0.45	0.99
环境认证证书	0	6	95	0.16	0.50

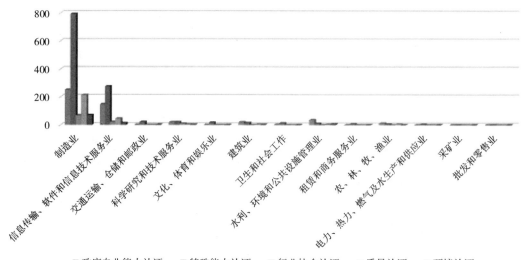

图 7-5　各行业能力类资质持有总量分布（单位：项）

表 7-13　各行业能力类资质持有情况　　　　　　　　　　　　（单位：项）

一级行业	政府专业能力认证		特殊能力认证		行业协会认证		质量认证		环境认证	
	总和	均值	总和	均值	总和	均值	总和	均值	总和	均值
建筑业	20	2.22	14	1.56	0	0.00	3	0.33	2	0.22
采矿业	0	0.00	1	0.25	0	0.00	0	0.00	0	0.00

一级行业	政府专业能力认证		特殊能力认证		行业协会认证		质量认证		环境认证	
	总和	均值	总和	均值	总和	均值	总和	均值	总和	均值
电力、热力、燃气及水生产和供应业	1	0.50	4	2.00	0	0.00	0	0.00	0	0.00
交通运输、仓储和邮政业	0	0.00	21	7.00	0	0.00	1	0.33	2	0.66
科学研究和技术服务业	19	2.11	19	2.11	11	1.22	4	0.44	2	0.22
农、林、牧、渔业	12	1.50	5	0.63	0	0.00	5	0.63	0	0.00
批发和零售业	0	0.00	1	0.17	0	0.00	0	0.00	0	0.00
水利、环境和公共设施管理业	35	4.38	11	1.38	1	0.13	4	0.50	7	0.88
卫生和社会工作	2	0.67	12	4.00	0	0.00	1	0.33	0	0.00
文化、体育和娱乐业	0	0.00	17	1.55	1	0.09	0	0.00	0	0.00
信息传输、软件和信息技术服务业	146	1.29	273	2.42	21	0.19	42	0.37	13	0.12
制造业	249	0.60	789	1.89	66	0.16	212	0.51	69	0.17
租赁和商务服务业	0	0.00	7	1.00	0	0.00	0	0.00	0	0.00

3. 荣誉类资质披露情况

2016年年报中披露荣誉类资质最多，共披露公司荣誉1506项，产品荣誉726项，前者约为后者的2.07倍，如表7-14所示。其中，有303家企业对公司荣誉进行了披露，占总企业的50.42%；有203家企业对产品荣誉进行了披露，占总企业的33.78%。从整体上来看，荣誉类资质均值较小，不同企业披露数量差异较大。从数量分布上来看，不管是公司荣誉还是产品荣誉，未披露的企业数量较多，披露新增荣誉类资质信息的企业多集中在1~5项，披露数量超过5项的企业较少，如图7-6所示。分行业来看，新增荣誉类资质多集中在制造业和信息技术服务业，但均值较小，这表明即使是高新技术企业，不同企业和产品所获得的社会和市场认可度也有所不同，新增荣誉类资质较少的企业应加强这方面的建设，提高重视程度，如图7-7所示。文化、体育和娱乐业虽然总量上披露荣誉类资质较少，但不管是公司荣誉还是产品荣誉，其均值都较高，其中华谊兄弟（300027）披露最多，公司获奖证书达27项，产品获奖证书达51项，这表明文化企业制作的优秀文化娱乐产品更容易获得社会和市场的认可，为公司带来荣誉。由图7-7我们还可以发现，不管是哪个行业，公司获奖证书和产品获奖证书在数量上都有较大差异，造成这一现象的原因一方面是我国企业更加注重公司荣誉的获取，另一方面是我国更加倾向于将荣誉授予企业而不是指定的某个产品。

表 7-14　荣誉类资质数量分布情况　　　　　　（单位：项）

资质类别	最小值	最大值	合计	均值	标准差
公司获奖证书	0	35	1506	2.51	4.05
产品获奖证书	0	51	726	1.21	3.09

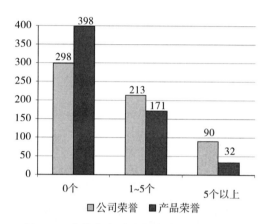

图 7-6　荣誉类资质分布统计图（单位：家）

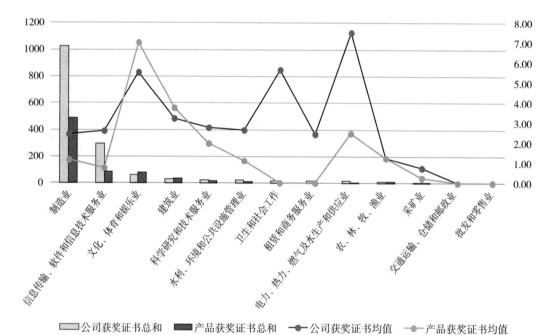

图 7-7　各行业荣誉类资质持有总量分布（单位：项）

　　从制造业的二级行业来看，计算机、通信和其他电子设备制造业披露公司获奖证书最多，其次是医药制造业和电气机械和器材制造业，这三个行业披露公司荣誉总数占制造业的 43.4%，如表 7-15 所示；专用设备制造业披露产品获奖证书最多，其次是医药制造业和计算机、通信和其他电子设备制造业，这三个行业披露企业荣誉总数占制造业的 49.8%，如表 7-16 所示。就公司获奖证书来看，皮革、毛皮、羽毛及其制品和制鞋业均值最高，其次是汽车制造业和金属制品业。就产品获奖证书来看，纺织服装、服饰业均值最高，皮革、毛皮、羽毛及其制品和制鞋业次之，然后是医药制造业。

表 7-15　制造业企业公司获奖证书持有情况　　(单位：项)

二级行业	企业总数	极小值	极大值	证书总数	均值	标准差
电气机械和器材制造业	50	0	16	123	2.46	4.04
纺织服装、服饰业	1	0	0	0	0.00	0.00
非金属矿物制品业	15	0	12	33	2.20	3.36
化学原料和化学制品制造业	40	0	13	96	2.40	3.54
计算机、通信和其他电子设备制造业	86	0	17	188	2.19	3.73
金属制品业	4	0	13	18	4.50	6.14
农副食品加工业	3	0	6	6	2.00	3.46
其他制造业	3	0	4	6	2.00	2.00
汽车制造业	8	0	19	37	4.63	6.37
食品制造业	4	0	4	6	1.50	1.91
铁路、船舶、航空航天和其他运输设备制造业	5	0	4	4	0.80	1.79
通用设备制造业	31	0	15	80	2.58	4.14
文教、工美、体育和娱乐用品制造业	2	0	6	6	3.00	4.24
橡胶和塑料制品业	18	0	35	71	3.94	8.21
医药制造业	43	0	13	133	3.09	3.37
仪器仪表制造业	28	0	18	81	2.89	3.81
有色金属冶炼和压延加工业	5	0	7	11	2.20	2.95
专用设备制造业	70	0	12	109	1.56	2.47
纺织业	1	4	4	4	4.00	0.00
皮革、毛皮、羽毛及其制品和制鞋业	1	11	11	11	11.00	0.00

表 7-16　制造业企业产品获奖证书持有状况　　(单位：项)

二级行业	企业总数	极小值	极大值	证书总数	均值	标准差
电气机械和器材制造业	50	0	13	49	0.98	2.25
纺织服装、服饰业	1	15	15	15	15.00	0.00
非金属矿物制品业	15	0	7	21	1.40	2.16
化学原料和化学制品制造业	40	0	6	23	0.58	1.43
计算机、通信和其他电子设备制造业	86	0	12	61	0.71	1.91
金属制品业	4	0	6	6	1.50	3.00
农副食品加工业	3	0	0	0	0.00	0.00

续表

二级行业	企业总数	极小值	极大值	证书总数	均值	标准差
其他制造业	3	0	0	0	0.00	0.00
汽车制造业	8	0	5	9	1.13	1.89
食品制造业	4	0	3	3	0.75	1.50
铁路、船舶、航空航天和其他运输设备制造业	5	0	8	8	1.60	3.58
通用设备制造业	31	0	8	39	1.26	2.07
文教、工美、体育和娱乐用品制造业	2	0	1	1	0.50	0.71
橡胶和塑料制品业	18	0	9	31	1.72	2.37
医药制造业	43	0	16	88	2.05	3.27
仪器仪表制造业	28	0	5	32	1.14	1.56
有色金属冶炼和压延加工业	5	0	2	3	0.60	0.89
专用设备制造业	70	0	15	94	1.34	2.61
纺织业	1	1	1	1	1.00	0.00
皮革、毛皮、羽毛及其制品和制鞋业	1	4	4	4	4.00	0.00

三、资质信息披露的比较分析

（一）年报信息与招股说明书对比

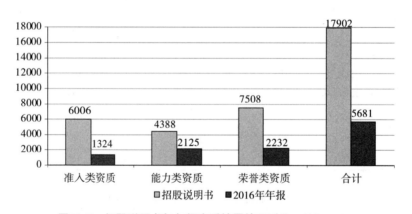

图7-8 招股说明书与年报资质披露情况对比（单位：项）

招股说明书更加注重对上市公司基本情况的披露，特别是对投资者判断有重大影响的信息，而年报更注重披露企业年度变化，特别是财务数据。因为年报和招股说明书披露信息的侧重点不同，导致二者所披露信息的数量也有很大差异。具体而言，招股说明书侧重于对企业存量信息的披露，而年报则侧重于对报告期内的增量信息的披露。由于部分新上市企业未公布2016年年报，所以我们选择公布2016年年报的601家企业作为样本企业，对其招股说明书和2016年年报中披露的资质信息进行对比，具体

如图 7-8 所示。从总量上来看，招股说明书中披露的资质信息远远多于年度报告，601
份招股说明书共披露 17902 项资质，而 2016 年年报中仅披露了新增的 5681 项资质。按
类别来看，601 份招股说明披露准入类资质 6006 项，是 2016 年年报的 4.54 倍；能力
类资质 4388 项，是 2016 年年报的 2.06 倍；荣誉类资质 7508 项，是 2016 年年报的
3.36 倍。招股说明书准入类资质披露数目与能力类资质披露数目与年报的比例有较大
的差异，这主要是由于两类资质期限的有效性所导致的。一般来说，准入类资质的有
效期长于能力类资质，所以其重新认定的频率相对较小，比值高于能力类资质。

此外，需要说明的是，本报告延续 2014 年、2015 年年报收集方法，主要对年报中
报告期内披露的资质信息进行统计整理，而不是像 2014 年之前，对年报中出现的全部
资质信息进行统计。这样可以更好地体现企业持有资质的增量变化，更加合理地反映
企业报告期内取得的荣誉以及获得的许可和能力认证，便于进行纵向对比分析。

（二）2009-2016 年年报对比

从 2009-2016 年年报披露的各类资质数量来看，能力类资质披露数量最少，但在
2016 年有所提高，由于统计方法改变，导致准入类资质和荣誉类资质披露数量变化较
大，如图 7-9 所示。在未改变统计方法时，准入类资质披露总量最多；改变统计方法
之后，荣誉类资质披露数量最多。这表明，在年报中企业会披露以前获得的准入类资
质（即存量），但荣誉类信息主要披露报告期内新获得的（即增量）。从均值来看，除
去统计方法改变带来的影响，准入类资质和能力类资质均值整体呈上升趋势；荣誉类
资质均值虽然在 2012 年、2014 年有大幅下降，但在 2016 年增长较快，均值达到 3.72。
随着上市企业数量的增加，不论是资质总量还是均值，年报中披露的信息都有所增加，
这说明企业越来越重视对已有资质信息的披露，特别是荣誉类这种既可以证明企业自
身能力，又能给企业带来较大正面影响的资质。

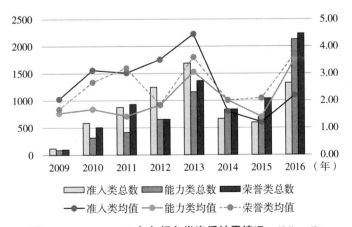

图 7-9　2009-2016 年年报各类资质披露情况（单位：项）

1. 准入类资质

从近八年年报来看，注册登记证数目一直大于政府许可证。从总量来看，注册登记证数目从2009年开始增长，在2013年之前与政府许可证总量之差越来越大，如图7-10所示。在2015年，新增注册登记证首次出现下降，到2016年又开始增加，且数量是2015年的2.52倍。2016年其涨幅较大的主要原因是2016年新增较多的医疗器械注册证书、药品注册证书和软件产品证书，如迈克生物（300463）2016年新取得171项医疗器械注册证。

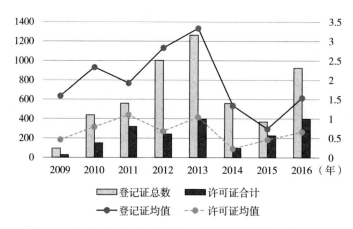

图7-10　2009-2016年年报准入类资质披露情况（单位：项）

2. 能力类资质

从近八年年报来看，特殊能力扶持认证披露数量最多（2011年除外），2016年新增1174项，为新增政府专业能力认证和行业协会等级认证的2.01倍，如图7-11所示。2016年新增政府专业能力认证484项，为历年最高。行业协会等级认证在2016年得到较多披露，601家样本公司共披露行业协会等级认证100项，超过前七年披露的数量之和。从均值来看，除行业协会等级认证均值波动较为平稳外，政府专业能力认证和特殊能力扶持认证都有较大波动。

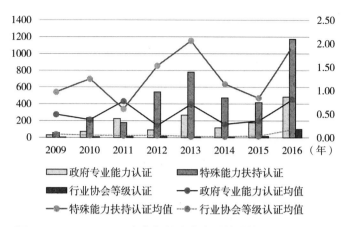

图 7-11 2009-2016 年年报能力类资质披露情况（单位：项）

3. 荣誉类资质

从近八年年报来看，公司获奖证书披露数量一直大于产品获奖证书，如图 7-12 所示。从均值来看，2012 年公司获奖证书首次下降，产品获奖证书 2011 年略微下降（降幅 2.3%），2012 年的下降较为明显（降幅 55.23%）。由于企业对荣誉类资质的重视程度提高，不论是公司荣誉还是产品荣誉，2013 年年报中披露的数量都有明显增长。为了更好地反映企业各个年度荣誉类资质数量变化情况，从 2014 年开始，年报更侧重于增量信息的收集，导致 2014 年和 2015 年数据与 2013 年相比有所改变。随着样本企业数量的不断增加，以及公司对荣誉类信息披露的重视程度不断增加，2016 年年报中新披露荣誉类资质数量有所提高。从均值来看，公司获奖证书波动比产品获奖证书更剧烈，数值也在产品获奖证书两倍左右浮动，产品获奖证书变化与公司获奖证书变化趋势有一定的相似性，如图 7-13 所示。这一方面是由于我国企业更加注重公司荣誉的获取，对产品荣誉的重视程度不足；另一方面，也由于评选机制的原因，导致公司获奖证书数量高于产品获奖证书。

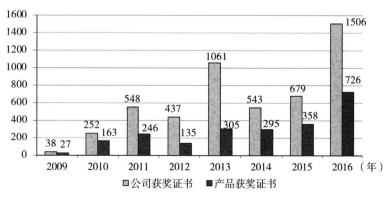

图 7-12 2009-2016 年年报荣誉类资质披露情况（单位：项）

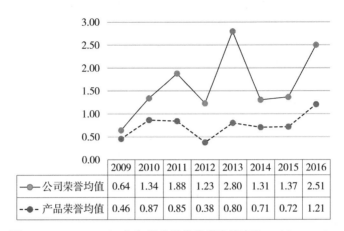

	2009	2010	2011	2012	2013	2014	2015	2016
公司荣誉均值	0.64	1.34	1.88	1.23	2.80	1.31	1.37	2.51
产品荣誉均值	0.46	0.87	0.85	0.38	0.80	0.71	0.72	1.21

图 7-13　2009-2016 年年报荣誉类资质均值变化（单位：项/家）

四、小结

从创业板上市公司 2016 年年报新增资质总体披露情况来看，与前两年一样，三大类资质中，荣誉类资质披露最多，准入类资质披露最少。在准入类资质中，政府注册登记证占比最多，多为制造业和信息技术业企业披露的医疗器械注册证、药品认证证书和软件产品证书；能力类资质中，特殊能力扶持认证受到企业的广泛关注，接近八成的企业披露了相关信息，其中主要是高新技术企业认证和软件企业认证信息，也有少数企业披露社会福利企业和小型微利企业认证信息；荣誉类资质主要集中于公司获奖证书和产品获奖证书的披露，且披露公司获奖证书的数目明显多于产品获奖证书，主要是由于我国更偏向于将荣誉授予企业，而非产品所导致的。另外，就比较分析结果来看，招股说明书和年报中数据披露的侧重点有所不同，招股说明书主要是针对历年存量信息的披露，而年报则更注重披露报告期内的增量信息，且招股说明书中信息披露较年报而言更为详尽。2009-2016 年资质信息的披露从总量上来看有所增加，但不能忽视样本数量增加产生的影响；从均值来看，不论是总量还是分类型的资质均值变化都有所波动，这表明不同企业获取资质的能力和对资质信息披露的重视程度也有差别。

最后需要指出，本报告主要对招股说明书中存量信息和年报中增量信息进行收集并加以分析；2015 年开始，我们对创业板的行业分类做出调整，将其变更为最新的行业分类标准，以使其适应创业板资质研究发展的需要，所以今年行业分类与 2015 年保持一致。希望读者们予以理解和关注。

参考文献

［1］孙刚，孙红，朱凯.高科技资质认定与上市企业创新治理［J］.财经研究，2016，42（01）.

［2］张振刚，袁斯帆，李云健，高晓波.高层商业关联、创新合作与创新绩效的关系研究——以产品质量认证为调节变量［J］.管理学报，2017，14（06）：842-849.

［3］Mohammad Mazharul Islam, Essam Habes, Azharul Karim, Syed Omar bin Syed Agil. Quality certification and company performance-the newly developed country experience［J］. Journal of Business Economics & Management, 2016, 4: 1-17.

［4］Gregorio Martín-de Castro, Javier Amores Salvadó, José Emilio Navas-López, Remy Michael Balarezo-Nuñez. Exploring the nature, antecedents and consequences of symbolic corporate environmental certification［J］. Journal of Cleaner Production, 2017, 164: 664-675.

［5］Sang M. Lee, Yonghwi Noh, Donghyun Choi, Jin Sung Rha. Environmental Policy Performances for Sustainable Development: From the Perspective of ISO 14001 Certification: The Financial Effects of ISO 14001［J］. Corporate Social Responsibility & Environmental Management, 2017, 24: 108-120.

第三篇

创业板上市公司分行业无形资产研究

创业板机械设备仪表行业无形资产研究

根据《中国创业板上市公司无形资产蓝皮书（2015-2016）》（下称《蓝皮书（2015-2016）》）的已有研究发现，创业板公司无形资产具有因行业技术经济特征造成的结构和规模差异，因此对典型行业进行专项研究十分必要。本报告选择机械设备仪表行业作为研究对象进行典型分析。截至 2017 年 5 月 18 日，基于证监会二级行业分类标准（2012），机械设备仪表行业（包括通用设备制造业、专用设备制造业、电气机械和器械制造业、仪器仪表制造业 4 个细分行业)❶ 的创业板上市公司共计 188 家。

一、机械设备仪表行业概况

（一）创业板机械设备仪表行业企业数量变化

截至 2017 年 5 月 18 日，创业板机械设备仪表行业上市公司共 188 家，占创业板公司总数 29.47%，相比上年度下降 1.63%。本年度该行业新增企业 30 家，2009-2016 年该行业企业数占创业板企业总数比例呈缓慢增长趋势，如表 8-1 所示。

表 8-1　2009-2016 年机械设备仪表行业企业数量变化

	2009 年	2010 年	2011 年	2012 年	2013 年	2014 年	2015 年	2016 年
行业企业数量	16	49	85	101	110	126	158	188
行业新增企业数量	16	33	36	16	9	16	32	30
创业板企业样本总数	58	188	292	355	379	425	508	638
行业企业比例	27.59%	26.06%	29.11%	28.45%	29.02%	29.65%	31.10%	29.47%

---

❶ 本报告行业划分与《蓝皮书（2015-2016）》保持一致，较之前年度发生较大变化，原因在于本报告相关数据均取自巨灵金融数据库，巨灵金融数据库根据《上市公司行业指引分类指标（2012 年修订版）》更新行业划分。本报告行业划分则将相近细分行业予以归类，原因在于细分行业本身在无形资产方面具有相似性，且各细分行业企业数量相对较少，如将专用设备制造业、通用设备制造业、电器机械和器械制造业和仪器仪表制造业统归于机械设备仪表行业，则数据量相对较大，便于分析总体特征。

（二）创业板机械设备仪表行业成本分析

本报告中成本分析主要关注企业营业成本、销售费用、管理费用和应付职工薪酬指标。根据2015-2016年创业板机械设备仪表行业披露2016年年报的企业共计179家的成本数据整理来看，如表8-2所示，行业成本均呈上升趋势，其中财务费用均值增幅最大，为69.35%。应付职工薪酬均值次之，增幅达27.77%；营业成本和销售费用紧随其后，分别为23.85%和23.64%；管理费用的增幅最低，达到21.89%。

表8-2　2015-2016年机械设备仪表行业成本变动　　　　　（单位：亿元）

	2015年总额	2016年总额	2015年均值	2016年均值	均值同比增长
营业成本	838.28	1161.40	5.24	6.49	23.85%
销售费用	87.97	120.92	0.55	0.68	23.64%
管理费用	148.85	202.91	0.93	1.13	21.89%
财务费用	5.57	10.61	0.035	0.059	69.35%
应付职工薪酬	21.91	32.02	0.14	0.18	27.77%

（三）创业板机械设备仪表行业利润分析

本报告中利润分析主要关注企业利润总额和净利润。根据2009-2016年创业板机械设备仪表行业企业利润数据整理来看，如表8-3所示，行业利润总额和平均利润总额在2009-2015年总体呈上升趋势，在2012年出现负增长，2013-2016年稳步上升，至2016年增长率超过19%。行业净利润变化趋势与行业利润总额变化趋势大致相同。

表8-3　2009-2016年机械设备仪表行业利润变动　　　　　（单位：亿元）

	2009年	2010年	2011年	2012年	2013年	2014年	2015年	2016年
利润总额	56.10	87.22	120.47	123.25	135.28	149.93	176.74	234.40
平均利润总额	0.53	0.77	0.92	0.79	0.85	0.94	1.10	1.31
同比增长	—	45.28%	19.48%	-14.13%	7.59%	10.59%	17.02%	19.05%
净利润	48.44	74.70	103.05	105.08	115.02	127.37	151.03	199.14
平均净利润	0.46	0.66	0.79	0.67	0.72	0.80	0.94	1.11
同比增长	—	43.48%	19.70%	-15.19%	7.46%	11.11%	17.50%	18.35%

就单个企业利润增长情况来看，如表8-4所示，155家企业纳入统计范围，该行业30.32%企业年度利润总额增长为负，近1/2企业利润增长低于20%，利润呈倍数增长企业占行业总数16.13%。净利润增长率为负的企业占行业总数29.68%，呈倍数增长企业占行业总数16.13%。说明创业板机械设备仪表行业本年度亏损范围较大。

表8-4　2016年机械设备仪表行业利润增长分布情况　　　（单位：家）

	负增长	0%~20%	20%~40%	40%~60%	60%~80%	80%~100%	100%以上
利润总额增长率	47	30	22	14	12	5	25
净利润增长率	46	29	22	13	14	6	25

就整个行业利润集中程度来看，如表8-5所示，前14.36%（前27家）企业的累计利润占整个行业利润的50%，后85.64%（161家）的企业分享剩余50%的利润，表明利润主要集中在少数企业，行业利润集中度较高。

表8-5　2016年机械设备仪表行业利润集中情况　　　（单位：家）

累计利润比例	累计企业数	累计企业数占整个行业企业比例
达30%	11	5.85%
达50%	27	14.36%
达60%	39	20.74%
达70%	54	28.72%
达80%	72	38.30%
达90%	94	50.00%

二、创业板机械设备仪表行业无形资产规模与结构

（一）基于招股说明书的无形资产规模与结构

在基于招股说明书披露的信息对创业板机械设备仪表行业上市公司无形资产结构进行评价时，本报告除了选取专利、非专利技术、著作权和商标四类常规无形资产的数量作为衡量指标外，还增加了技术标准、总经理、股东、资质四类非常规无形资产的相关指标，以求能够准确评价每年在创业板上市的机械设备仪表行业企业的无形资产状况，如表8-6所示。通过这部分内容，我们希望能够发现自创业板启动以来，每年机械设备仪表行业新增上市企业的无形资产结构特征，进而为后续研究提供支持。

表8-6　2009-2016年创业板机械设备仪表行业无形资产均值变动情况

行业均值	单位	2009年	2010年	2011年	2012年	2013年	2014年	2015年	2016年
授权专利	项	15.25	20.04	36.55	37.31	46.66	51.05	56.58	63.30
非专利技术	项	13.94	10.22	9.40	9.88	10.50	9.71	8.12	8.01
著作权	项	2.75	2.92	6.35	7.36	8.70	9.55	9.76	10.83
持有商标	项	3.06	5.20	6.96	7.17	7.69	10.41	10.63	12.08
技术标准	项	0.69	1.18	2.14	2.42	1.53	2.54	2.56	2.51
总经理薪酬	万元	26.95	28.71	34.70	39.83	39.97	41.26	42.47	55.51

续表

行业均值	单位	2009 年	2010 年	2011 年	2012 年	2013 年	2014 年	2015 年	2016 年
前十大股东持股比例	%	66.86	68.33	71.02	71.28	73.15	73.29	76.11	64.55
资质	项	41.75	74.29	83.04	85.47	91.21	86.98	89.86	80.39

1. 常规无形资产规模变动特征

2009-2016 年创业板机械设备仪表行业常规无形资产变动呈现如下特征：

（1）专利数量八年来稳步上升，由 2009 年平均每家企业 15.25 项专利上升至 2016 年平均每家 63.30 项，增长 3.1 倍，说明该行业对专利依赖程度提升。

（2）非专利技术数量呈现波动特征，近几年逐年下降，可能与各年该行业上市企业数量、非专利技术分布不均匀有关。

（3）著作权在 2011 年增长幅度明显，2016 年平均拥有量超过 10 项/家，为 2009 年的 3.77 倍，呈现稳步上升的形势。整体来看，该行业对著作权的重视程度不断提升。

（4）持有商标数量稳步上升，2016 年行业均值为 2009 年的 3.94 倍。

2. 非常规无形资产规模变动特征

2009-2016 年机械设备仪表行业非常规无形资产变动呈现如下特征：

（1）技术标准数量在前四年中呈现稳步上升趋势，但 2013 年下降较多，这是由于 2013 年新上市的企业技术标准总量偏少所致，2014 年略有回升，之后的两年保持相对稳定。

（2）总经理薪酬在八年的时间内稳步的上升，2016 年总经理薪酬水平为 2009 年 2.06 倍。

（3）前十大股东持股比例仍然较高，2016 年前十大股东持股比例相比 2015 年下降了 11.56%，但比例依然较高。

（4）资质数量呈上升趋势，2009 年为 41.75 项/家，2015 年增长至 89.86 项/家，增长 1.15 倍。2016 年资质数量出现下滑，只有 80.39 项。

（二）基于年报的无形资产规模与结构

在基于 179 份年度报告披露的信息对创业板机械设备仪表行业上市公司无形资产结构进行评价时，本报告除了选取专利、非专利技术、著作权和商标四类常规无形资产的数量作为衡量指标外，还增加了技术标准、客户、总经理、独立董事、股东、技术人员、资质等多项非常规无形资产的相关指标，以求能够准确地评价创业板机械设备仪表行业企业在上市后每年度的无形资产规模和结构变化情况，如表 8-7 所示，进而为后续研究提供支持。

表 8-7　2009-2016 年创业板机械设备仪表行业无形资产均值变动情况

行业均值	单位	2009 年	2010 年	2011 年	2012 年	2013 年	2014 年	2015 年	2016 年
授权专利	项	19.06	25.49	38.60	19.68	23.53	70.03	100.64	139.78
非专利技术	项	10.69	4.69	3.14	1.42	1.21	0.40	0.29	0.36
著作权	项	3.06	4.51	9.28	11.52	15.53	16.59	5.78	24.58
持有商标	项	3.19	8.39	11.20	4.31	5.74	13.15	12.89	14.92
技术标准	项	1.75	1.45	1.73	0.74	1.50	0.48	0.96	2.04
前五名客户销售额占比	%	32.85	35.95	34.74	36.49	37.12	29.54	36.34	36.55
总经理薪酬	万元	38.09	28.71	34.70	39.83	39.97	40.77	42.74	55.51
独立董事津贴	万元	-	4.60	5.25	5.85	5.35	5.19	6.00	5.97
前十大股东持股比例	%	75.56	72.89	70.72	66.87	67.50	63.40	61.83	63.87
技术（研发）人员占比	%	31.90	26.90	27.13	28.41	27.76	28.98	28.81	24.10
资质	项	17.06	29.16	25.11	23.43	38.49	16.78	3.16	9.49

1. 常规无形资产规模变动特征

2009-2016 年创业板机械设备仪表行业常规无形资产变动特征如下：

（1）专利数量总体呈上升趋势，其中 2012 年和 2013 年略有下降，2014 年开始专利数量大幅上升，2016 年行业均值接近 140 项/家，为 2009 年的 7.33 倍。

（2）非专利技术数量呈逐年下降趋势，且下降幅度较为明显，2016 年平均每家企业持有非专利技术为 2009 年的 3.37%，平均每家企业仅持有 0.36 项非专利技术。

（3）软件著作权呈现波动特征，2015 年以前呈逐年递增趋势，2015 年大幅下降之后，2016 年再度上升，达到 24.58 项/家，是 2009 年的 8 倍。

（4）商标数量在前三年呈现增长趋势，2012 年下降幅度较大，仅 4.31 项/家，之后开始回升，2016 年达 14.92 项/家。

2. 非常规无形资产规模变动特征

2009-2016 年创业板机械设备仪表行业非常规无形资产变动特征如下：

（1）技术标准的行业均值呈波动特征，但总体呈下降趋势。2009 年平均每家企业有 1.75 项，到 2014 年这一数据下降到 0.48 项，下降幅度明显，2014 年后该数据略有回升，2016 年达到 2.04 项/家，是历史最高值。

（2）前五名客户销售额占比表现较为稳定，一直在 35% 左右浮动，2016 年前五名客户销售额占比 36.55%，说明该行业客户集中度较稳定。

（3）总经理薪酬在前三年呈下降趋势，后五年呈上升趋势，2016 年较 2015 年上涨 29.9%，达到 55.51 万元。

（4）独立董事津贴除 2010 年在 5 万元以下外，其他年份均在 5 万元以上，并保持在 5 万~6 万元。

（5）前十大股东持股比例由 2009 年的 75.56% 下降到 2015 年的 61.83%，2016 年小幅回升至 63.87%。

（6）技术研发人员占比呈波动特征，2016 年平均每家企业技术研发人员占比为 24.10%，为历年的最低值。

（7）资质数量呈现波动特征，2013 年平均每家企业拥有 38.49 项资质，为历年最高，之后不断减少，2015 年达到最低之后，2016 年开始增多。

三、创业板机械设备仪表行业无形资产竞争分析

（一）行业无形资产竞争矩阵

本报告基于无形资产规模结构、无形资产持续能力和无形资产竞争能力三大维度对创业板机械设备仪表行业企业进行对比分析，三大维度下设二级指标，其中无形资产规模结构包括专利及非专利技术数量、商标数量、资质数量和软件著作权数量四项二级指标；无形资产持续能力包括技术标准数量、研发费用占比和员工学历三项二级指标；无形资产竞争能力包括前五名客户占比、前十大股东持股比例和高管平均年薪三项二级指标。

通过比较各项二级指标对行业各企业的相对实力予以排序，排序方法为：某二级指标中的数量最高者赋予 1 分，其他非最高者与最高者比值即为某企业该项二级指标得分；对 10 项二级指标均以此方法处理，得到每家企业（179 家）每项二级指标得分；对各企业所有指标得分加总，计算最后得分，得分最高者为创业板机械设备仪表行业中的优秀样本企业，如表 8-8 所示。根据结果可知，2016 年创业板机械设备仪表行业优秀样本企业为理邦仪器（300206）。

表 8-8　2016 年创业板机械设备仪表行业无形资产前 30 名企业一览表

证券代码	证券名称	专利与非专利技术得分	商标得分	资质得分	软件著作权得分	技术标准得分	研发费用占比得分	员工学历得分	前五名客户占比得分	十大股东持股比例	高管平均年薪得分	总计得分
300206	理邦仪器	0.3874	0.1667	0.3789	0.9155	0.0000	0.7883	0.7288	0.1179	0.6047	0.2440	4.3322
300567	精测电子	0.1463	0.0278	0.4947	0.2141	0.0000	0.5818	0.7712	0.9325	0.9450	0.1423	4.2556
300633	开立医疗	0.1477	0.0000	1.0000	0.1549	0.0000	0.6488	0.7521	0.1576	1.0000	0.0196	3.8808
300403	地尔汉宇	0.1550	1.0000	0.1263	0.6028	0.0000	0.1496	0.1792	0.6852	0.6916	0.2004	3.7900
300018	中元股份	0.0521	0.0231	0.0526	0.3859	1.0000	0.4928	0.7895	0.1601	0.4484	0.3065	3.7113
300045	华力创通	0.0348	0.1574	0.1474	0.1352	0.0000	1.0000	1.0000	0.2772	0.5450	0.1853	3.4822
300130	新国都	0.1593	0.4028	0.0000	0.4789	0.0000	0.4611	0.5891	0.5275	0.5885	0.1794	3.3865

续表

证券代码	证券名称	专利与非专利技术得分	商标得分	资质得分	软件著作权得分	技术标准得分	研发费用占比得分	员工学历得分	前五名客户占比得分	十大股东持股比例	高管平均年薪得分	总计得分
300024	机器人	0.1448	0.0417	0.2105	0.0845	0.9744	0.1699	0.9464	0.1451	0.4246	0.2059	3.3478
300259	新天科技	0.2766	0.0324	0.1263	1.0000	0.2564	0.1922	0.5079	0.1418	0.6292	0.1764	3.3392
300396	迪瑞医疗	0.1332	0.2269	0.5684	0.1352	0.0000	0.3770	0.7729	0.0883	0.7663	0.2583	3.3266
300306	远方光电	0.1340	0.1389	0.0105	0.0000	0.8462	0.3990	0.6274	0.2316	0.6813	0.2164	3.2853
300338	开元股份	0.3838	0.0417	0.1263	0.0000	0.5128	0.2993	0.5371	0.1688	0.7322	0.4321	3.2341
300318	博晖创新	0.0072	0.0093	0.3895	0.0000	0.0000	0.4039	0.5682	0.1671	0.7115	0.9413	3.1979
300480	光力科技	0.1875	0.0231	0.3158	0.0930	0.0000	0.4506	0.7345	0.4191	0.7013	0.2690	3.1941
300551	古鳌科技	0.3063	0.0000	0.1158	0.1662	0.0000	0.4234	0.3051	0.6956	0.6947	0.3505	3.0576
300358	楚天科技	0.9283	0.1065	0.0737	0.0000	0.0000	0.3394	0.4812	0.1436	0.6776	0.2834	3.0337
300499	高澜股份	0.0883	0.0370	0.1579	0.1549	0.1538	0.2578	0.5030	0.7853	0.7274	0.1341	2.9996
300407	凯发电气	0.0348	0.3611	0.0737	0.4732	0.0000	0.1814	0.6111	0.2864	0.5652	0.3037	2.8905
300293	蓝英装备	0.0290	0.0231	0.1684	0.0000	0.0000	0.5037	0.4883	0.7875	0.7118	0.1550	2.8668
300124	汇川技术	0.4562	0.0833	0.0105	0.3408	0.0000	0.3673	0.6518	0.3029	0.4606	0.1892	2.8627
300272	开能环保	0.1542	0.4398	0.3158	0.0113	0.0000	0.1845	0.3462	0.3135	0.5998	0.4793	2.8445
300471	厚普股份	0.1506	0.4074	0.0947	0.1408	0.2564	0.0889	0.4516	0.1610	0.6696	0.4213	2.8424
300105	龙源技术	0.1781	0.0185	0.0737	0.0310	0.0000	0.5507	0.7558	0.5331	0.5111	0.1728	2.8249
300593	新雷能	0.0434	0.0000	0.1368	0.0930	0.0000	0.6592	0.3840	0.3317	1.0000	0.1189	2.7670
300503	昊志机电	0.2614	0.4583	0.0211	0.0000	0.0000	0.2902	0.2804	0.5079	0.7751	0.1606	2.7550
300368	汇金股份	0.2310	0.0602	0.1263	0.3465	0.0000	0.3484	0.4435	0.3324	0.6866	0.1578	2.7326
300216	千山药机	1.0000	0.0046	0.1368	0.0000	0.0000	0.1531	0.3080	0.6113	0.3734	0.1305	2.7178
300509	新美星	0.3244	0.0046	0.2737	0.0000	0.1282	0.1653	0.3134	0.3551	0.7865	0.3551	2.7064
300207	欣旺达	0.0869	0.0417	0.1789	0.0000	0.7692	0.1325	0.1093	0.6209	0.5540	0.2104	2.7039
300274	阳光电源	0.3954	0.2315	0.2421	0.0000	0.0000	0.1524	0.8502	0.1911	0.4957	0.1252	2.6836

（二）行业无形资产规模结构分析

无形资产规模结构包括专利及非专利技术数量、商标数量、资质数量和软件著作权数量四项二级指标。该行业专利及非专利技术共计 25145 项，平均每家企业拥有 140 项，千山药机（300216）、楚天科技（300358）、慈星股份（300307）、东富龙（300171）和汇川技术（300124）五家企业共有专利及非专利技术 4913 项，占行业总量 19.54%；该行业商标数量共计 2647 项，平均每家企业约有 14.79 项，地尔汉宇（300403）、锐奇股份（300126）、阳普医疗（300030）、昊志机电（300503）和开能环保（300272）五家企业共有商标 631 项，占行业总量 23.84%；该行业资质数量共计 1698 项，平均每家企业拥有 9.49 项，开立医疗（300633）、迪瑞医疗（300396）、精测电子（300567）、乐普医疗（300003）和宝莱特（300246）五家企业共有资质 275 项，占行业总量 16.20%；该行业软件著作权数量共计 4400 项，平均每家企业拥有

24.58 项，新天科技（300259）、理邦仪器（300206）、地尔汉宇（300403）、聚光科技（300203）和新国都（300130）五家企业共有软件著作权 1241 项，占行业总量 28.20%。

（三）行业无形资产持续能力分析

无形资产持续能力包括技术标准、研发费用占比和员工学历三项二级指标，机械设备仪表行业研发费用占比行业均值为 6.45%，研发费用占比最高前三企业为华力创通（300045）、理邦仪器（300206）和新雷能（300593），分别为 28.67%、22.60% 和 18.90%；员工本科及以上学历占比行业均值为 24.90%，员工本科及以上学历占比最高前三企业为华力创通（300045）、机器人（300024）和深冷股份（300540），分别为 76.0%、71.9% 和 66.2%；技术标准数量行业均值为 2.04 项，该行业技术标准数量最多的三家企业为中元股份（300018）、机器人（300024）和远方光电（300306），分别为 39 项、38 项和 33 项。

（四）行业无形资产竞争能力分析

无形资产竞争能力包括前五名客户占比、前十大股东持股比例和高管平均年薪三项二级指标。机械设备仪表行业前五名客户占比行业均值为 36.55%，前五名客户占比最高前三企业为恒顺众昇（300208）、聚隆科技（300475）和神雾环保（300156），分别为 99.35%、99.25% 和 94.38%；前十大股东持股比例行业均值为 63.87%，前十大股东持股比例最高的是天能重工（300569）、新雷能（300593）、乐心医疗（300562）、开立医疗（300633）和拓斯达（300607），前十大股东持股比例达到 100%；高管平均年薪行业均值为 93.90 万元，高管年薪最高前三企业为博晖创新（300318）、新莱应材（30026）和迦南科技（300412），分别为 384.04 万元、358 万元和 321.52 万元。

四、理邦仪器案例分析

（一）企业简介

"理邦仪器"全称为"深圳市理邦精密仪器有限公司"，2010 年完成股份制改革，变更为深圳市理邦精密仪器有限公司。2011 年登陆深圳证券交易所创业板，证券代码为 300206，证券名称为理邦仪器。理邦立足健康产业，以全球化的视野、持续的创新和卓越的服务，成为知名的医疗健康产品、解决方案和服务提供商。主营业务涉及心电产品、病人监护、妇幼健康、超生影像、经颅多普勒和体外诊断。主要产品包括心电产品、病人监护整体解决方案、妇幼保健整体解决方案、超声影像、经颅多普勒、体外诊断产品系列、兽用产品系列、医疗信息化解决方案和理邦智慧健康等。

根据相关信息披露，理邦仪器通过了国家 CMD 质量体系认证，国际 ISO 14000 体系认证。同时理邦仪器被评为《福布斯》中国最具潜力中小企业 200 强（排名第 17）。2012 年理邦仪器被评为国家火炬计划重点高新技术企业，并在 2014 年二次认定为国家高新技术企业，获批设立深圳博士后创新实践基地，荣获"中国动态心电图专业委员会合作伙伴"的称号。

（二）无形资产相关情况分析

1. 无形资产的优势分析

理邦仪器能够在行业内无形资产方面成为标杆企业，主要有两方面的原因。

从单项无形资产的得分情况来看，理邦仪器的软件著作权、研发费用、员工学历、十大股东持股比例方面得分较高。理邦仪器拥有软件著作权 325 项，在创业板机械设备仪表行业排名第 2 位；研发费用占收入的比例达到 22.60%，居于创业板机械设备仪表行业的第 2 位；本科以上学历员工占比达到 55.4%，居于整个行业的第 13 位；股权相对集中，前十大股东持股比例达到 60.47%。

从无形资产能力的得分情况来看，理邦仪器在无形资产的规模能力和无形资产的持续能力方面表现优异。理邦仪器的无形资产规模能力位居行业的第二位，落后排名第一的地尔汉宇（30043）仅仅 0.04 分；无形资产持续能力位居整个行业的第六位，属于整个行业的领先水平。

2. 无形资产的不足分析

理邦仪器的无形资产分布也存在不足。在单项无形资产的得分情况上，理邦仪器在技术标准、前五名客户占比和高管年薪上的得分较低。其中技术标准得分为 0，前五名客户占比得分和高管平均年薪的得分分别是 0.12 和 0.24，均不及整个行业的平均水平，在企业经营中表现为客户较为分散，经营风险大，高管平均薪酬低，薪酬竞争优势不明显；而在无形资产能力的得分上，理邦仪器的无形资产竞争能力位于整个行业的第 148 位，处于整个行业的较低水平。

（三）无形资产优化的建议

理邦仪器虽然在整个行业的无形资产得分上位居第一，但是企业的无形资产分布也存在着明显的问题，针对这些问题提出以下建议：

第一，制定规范的技术标准。理邦仪器作为机械设备仪表行业企业应当制定企业的技术标准。技术标准的制定有利于降低企业生产的成本，提高企业的生产效率，有利于提高企业的竞争力。

第二，建立稳定的客户关系。稳定的客户关系能够保证企业生产经营的稳定性，降低企业经营的风险。当前理邦仪器前五大客户占比仅仅 11.71%，低于整个行业的平均水平，经营的风险比较大。

第三，提升薪酬的竞争力。人是当前企业竞争的的重要资源，优秀的高管和员工能够为企业创造财富。理邦仪器当前高管的薪酬水平不高，缺乏对于优秀人才的吸引力，甚至很难保证留住当前的人才。理邦仪器应充分认识到员工的重要性，提供具有竞争力的薪酬水平。

第四，保持无形资产能力的均衡。理邦仪器的无形资产规模能力和无形资产持续能力均位于行业领先水平，但无形资产竞争能力却位于行业的末尾水平。提升无形资产竞争能力，进而保证三种能力之间的均衡才能最大化企业效益。

（四）其他方面竞争优势分析

理邦仪器除在无形资产质量竞争中具有优势，在产品系列、产品质量和营销服务三个方面也具有一定的竞争优势。

1. 产品系列建设

公司产品涵盖五大领域一百多种型号，相对产品线单一的公司，有效避免单个产品系列激烈竞争带来的危机，同时可以充分满足不同国家、不同层次客户对产品功能和价格的不同需求。2004-2009 年理邦仪器形成了产科、新店、监护、超声四大生产线，而现在的理邦仪器立足健康产业，以全球化的视野、持续的创新和卓越的服务。

2. 重视产品质量

公司具备了强大的产品质量控制能力，建立了涵盖研发、供应链、管理销售及售后服务的多层次、全方位的质量管理体系。理邦仪器在 2013 年获选首届"深圳质量百强企业"。经过长期的研发和生产经验积累，公司产品的技术性能已达到行业领先水平。此外，公司持续优化制造系统、物流系统，实行精细化生产管理，在产品质量不断提升的同时有效控制成本，在全球客户对性价比重视程度不断提升的情况下取得了较强的竞争优势。

3. 重视营销服务

公司通过持续高频率的培训和人才引进，打造了一支具备专业临床应用知识、产品知识和营销知识的营销团队。不断加强营销团队的建设，优化营销团队的管理，扩大了营销网络的覆盖面，为未来产品的叠加、扩大市场份额奠定了渠道基础。在中国，理邦仪器辐射全国市场的服务网络已为超过 30000 家医疗机构提供了创新型、高品质的产品和服务。在全球设立五大研发中心、14 个子公司，产品远销 160 多个国家和地区。公司营销渠道覆盖全国和海外 160 多个国家地区，理邦品牌受到广大客户和经销商的认可。

报告九

创业板软件、信息技术服务业无形资产研究

根据《中国创业板上市公司无形资产蓝皮书（2015-2016）》（下称《蓝皮书（2015-2016）》）的已有研究发现，创业板公司无形资产具有因行业技术经济特征造成的结构和规模差异，因此对典型行业进行专项研究十分有必要。本报告选择软件、信息技术服务业作为研究对象进行典型分析。截至 2017 年 5 月 18 日，基于证监会二级行业分类标准（2012），软件、信息技术服务业的创业板上市公司共计 100 家。

一、软件、信息技术服务业上市公司概况

（一）创业板软件、信息技术服务业企业数量变化

截至 2017 年 5 月 18 日，创业板软件、信息技术服务业上市公司共 100 家，约占创业板公司总数量的 15.67%，本年度该行业新增企业 25 家。该行业企业数量在 2012-2015 年增幅较小，2016 年增长较快，总体呈平稳上升态势，如表 9-1 所示。

表 9-1　2012-2016 年软件、信息技术服务业企业数量变化　　　　（单位：家）

	2012 年	2013 年	2014 年	2015 年	2016 年
行业企业数量	52	61	67	75	100
行业新增企业数量	6	9	6	8	25
创业板企业总数	355	379	425	508	638
行业企业比例	14.65%	16.09%	15.76%	14.76%	15.67%

（二）创业板软件、信息技术服务业行业成本分析

本报告中，成本分析主要关注企业营业成本、销售费用、管理费用和应付职工薪酬。根据 2015-2016 年创业板软件、信息技术服务业企业成本数据整理来看，如表 9-2 所示，行业成本呈下降趋势，从均值波动幅度来看，销售费用变动幅度较大，下降 7.14%；管理费用次之，下降 3.65%；应付职工薪酬紧随其后，下降 2.28%；营业成

本变动幅度最低，只下降了 1.69%。数据表明创业板软件、信息技术服务业经营成本整体出现下降趋势。

表 9-2　2015-2016 年软件、信息技术服务业成本变动　（单位：亿元）

	2015 年总额	2016 年总额	2015 年均值	2016 年均值	均值同比增长
营业成本	365.5214	479.1434	4.8736	4.7914	−1.69%
销售费用	56.7148	70.218	0.7562	0.7022	−7.14%
管理费用	111.0315	142.637	1.4804	1.4264	−3.65%
应付职工薪酬	19.8002	25.7996	0.264	0.258	−2.28%

（三）创业板软件、信息技术服务业行业利润分析

本报告中，利润分析主要关注企业利润总额和净利润。根据 2012-2016 年创业板软件、信息技术服务业企业利润整理数据来看，如表 9-3 所示，行业平均利润在 2012-2016 年呈稳步增长特征，2012-2013 年增幅较小，2014-2016 年平均利润总额与平均净利润增幅较大，均达 20% 以上。说明软件、信息技术服务业在 2014-2016 年发展势头良好。

表 9-3　2012-2016 年软件、信息技术服务业利润变动　（单位：亿元）

	2012 年	2013 年	2014 年	2015 年	2016 年
利润总额	53.1170	59.9885	75.8799	102.0064	166.8975
平均利润总额	0.7276	0.7998	1.0117	1.3601	1.669
同比增长	1.35%	9.92%	26.49%	34.44%	22.71%
净利润	46.5767	53.7978	68.7749	90.3074	149.4018
平均净利润	0.6380	0.7173	0.9170	1.2041	1.494
同比增长	3.32%	12.43%	27.84%	31.31%	24.08%

就单个企业利润增长情况来看，如表 9-4 所示，该行业有近 1/4 企业年度利润增长为负，近半企业利润增长低于 20%，利润呈倍数增长企业达 15% 以上，行业分化明显。2016 年度软件、信息技术服务业利润增长最令人瞩目的企业当属天泽信息（300209），该年度天泽信息利润总额较 2015 年增幅达 106.39 倍（2016 年、2015 年利润总额分别为 11365.65 万元和 105.83 万元），主要原因：一是该公司是原有业务发展较为稳定，二是 2016 年 6 月新增合并全资子公司远江信息。

表 9-4　2016 年软件、信息技术服务业利润增长分布情况　（单位：家）

	负增长	0%~20%	20%~40%	40%~60%	60%~80%	80%~100%	100% 以上
利润总额增长率	25	23	17	11	2	5	17

续表

	负增长	0%~20%	20%~40%	40%~60%	60%~80%	80%~100%	100%以上
净利润增长率	22	25	17	12	1	4	19

就整个行业利润集中程度来看，如表9-5所示，前13%企业（前13家）的累计利润占整个行业利润的50%，后87%（87家）的企业分享剩余50%的利润，表明利润主要集中在少数企业，行业利润集中度较高。

表9-5　2016年软件、信息技术服务业利润集中情况　　　（单位：家）

累计利润比例	累计企业数	累计企业数占整个行业企业比例
达30%	5	5%
达50%	13	13%
达60%	19	19%
达70%	28	28%
达80%	41	41%
达90%	57	57%

二、创业板软件、信息技术服务业无形资产规模与结构

（一）基于招股说明书的无形资产规模变动情况

在基于招股说明书披露的信息对创业板软件、信息技术服务业上市公司无形资产结构进行评价时，本报告除了选取专利、非专利技术、著作权和商标四类常规无形资产的数量作为衡量指标外，还增加了技术标准、总经理、股东、资质四类非常规无形资产的相关指标，以求能够准确评价每年在创业板上市的软件、信息技术服务业企业的无形资产状况，如表9-6所示。通过这部分内容，我们希望能够发现自创业板启动以来，每年软件、信息技术服务业新增上市企业的无形资产结构特征，进而为后续研究提供支持。

表9-6　2012-2016年软件、信息技术服务业无形资产均值变动情况

行业均值	单位	2012年	2013年	2014年	2015年	2016年
授权专利	项	20.91	25.86	28.91	33.81	48.78
非专利技术	项	9.34	9.58	8.99	7.83	9.95
著作权	项	38.67	39.61	37.75	32.21	55.63
持有商标	项	5.98	10.48	10.49	11.56	11.82
技术标准	项	9.38	9.21	8.68	9.67	2.75
总经理薪酬	万元	39.53	40.75	40.64	42.28	51.63

续表

行业均值	单位	2012 年	2013 年	2014 年	2015 年	2016 年
前十大股东持股比例	%	70.99	66.83	68.05	61.86	72.35
资质	项	26.60	31.02	30.09	26.47	35.96

1. 常规无形资产规模变动特征

2012-2016 年创业板软件、信息技术服务业常规无形资产变动呈现如下特征：

（1）专利数量，2012-2016 年专利数量整体呈上升趋势，且 2015 年和 2016 年增长幅度较大，2015 年增长幅度为 16.95%，2016 年增长幅度为 44.28%。

（2）非专利技术，虽然 2016 年该行业非专利技术均值相较于前几年有所提升，但 2012-2016 年其平均拥有量一直处在波动状态，并且均值都在 10 项以下，这主要是因为创业板对非专利技术信息的披露未作强制性要求。

（3）著作权，尤其是软件著作权对于软件、信息技术服务业来说是其核心竞争力，所以该项无形资产的拥有量明显高于其他无形资产。2012-2013 年有所上升，2013-2015 年呈下降趋势，但 2016 年平均著作权拥有量不仅回升，而且达到近五年峰值。

（4）持有商标数量整体呈现增长趋势，2012 年每家公司平均拥有 5 件商标，2013 年数量突增，企业平均商标量达到 10 件，增幅达 75%，2014-2016 年行业平均商标量保持稳定增长态势。

2. 非常规无形资产规模变动特征

2012-2016 年，软件、信息技术服务业非常规无形资产变动呈现如下特征：

（1）技术标准数量，2012-2014 年技术标准数量整体呈下降趋势，2015 年其数量出现一定幅度的增长。2012-2015 年公司平均技术标准数量基本稳定在 8~9 项，而 2016 年其数量下降到 2 项左右，主要是因为公司对技术标准的披露不够。

（2）总经理薪酬在 2014 年稍有下降，但整体呈现上升态势，2016 年增长速度较快，达到 22% 左右，这可能与该行业近年来的良好发展态势有关。

（3）前十大股东持股比例整体呈现波动上升趋势，2013 年和 2015 年前十大股东持股比例稍有下降，但在 2012-2016 年前十大股东的持股比例基本维持在 60%~70% 左右。

（4）资质数量整体呈现波动上升趋势，2012-2013 年资质数量出现一定程度增长，但在 2013-2015 年资质数量持续下降，到 2015 年企业平均拥有的资质基本与 2012 年持平。由于企业对资质的重视程度越来越高，2016 年企业平均资质拥有量出现大幅增长，增速达到 35% 左右，企业平均资质拥有量也达到 35 项。

（二）基于年报的无形资产规模和结构

在基于年报披露的信息对创业板软件、信息技术服务业上市公司无形资产结构进行评价时，本报告除了选取专利、非专利技术、著作权和商标四类常规无形资产的数量作为衡量指标外，还增加了技术标准、客户、总经理、独立董事、股东、技术人员、资质等多项非常规无形资产的相关指标，以求能够准确地评价创业板软件、信息技术服务业企业在上市后每年度的无形资产规模和结构变化情况，如表 9-7 所示，进而为后续研究提供支持。

表 9-7 2012-2016 年软件、信息技术服务业无形资产均值变动情况

行业均值	单位	2012 年	2013 年	2014 年	2015 年	2016 年
授权专利	项	5.51	20.06	40.74	26.99	48.78
非专利技术	项	1.23	0.73	0.46	0.44	1.34
著作权	项	51.8	68.96	84.45	114.95	70.55
持有商标	项	15.33	17.77	17.26	18.3	5.25
技术标准	项	4	4	7	6.4	0.76
前五名客户销售额占比	%	32.21	30.34	31.67	30.41	31.51
总经理薪酬	万元	47.08	48.04	51.61	62.89	60.96
独立董事津贴	万元	5.54	5.92	5.97	6.01	5.93
前十大股东持股比例	%	71.39	66.83	63.05	58.14	60.68
技术（研发）人员占比	%	54%	52%	53%	63%	60%
资质	项	21.5	14.2	7.46	6.69	8.67

1. 常规无形资产规模变动特征

2012-2016 年，创业板软件、信息技术服务业常规无形资产变动特征如下：

（1）专利数量均值方面，2012-2016 年行业专利均值波动较大，2012 年行业专利均值较低，2012-2014 年授权专利数量成倍增长，2015 年行业专利均值有所下降，2016 年行业专利均值达到历年最高，整体呈波动上升趋势。

（2）非专利技术行业均值整体较稳定，波动幅度小，2012-2016 年非专利技术行业均值基本维持在 1 项左右。

（3）软件著作权是软件、信息技术服务业核心竞争力的重要体现，年报中披露的著作权行业均值呈现逐年上升趋势，且增速较快，但其在 2016 年略有下降。

（4）商标数量的行业均值在 2012-2015 年持续上升，总体较稳定，但 2016 年行业商标数量的均值骤然下降，主要原因是企业对商标的披露不够。

2. 非常规无形资产规模变动特征

2012-2016 年，创业板软件、信息技术服务业非常规无形资产变动特征如下：

（1）技术标准数量行业均值在 2012-2014 年持续稳定增长，2014-2015 年均值数量略有下降，2016 年行业均值下降到 0.76，达到历年最低，主要是因为行业内企业对技术标准的披露不够。

（2）前五名客户销售额占比在过去五年内表现较为稳定，一直在 30% 以上，说明该行业客户集中度相对平稳。

（3）总经理薪酬在五年内持续增长，2015 年增幅尤为明显，达到 21% 左右，2016 年总经理薪酬稍有下降，但仍维持在 60 万元以上。

（4）独立董事津贴在 2012-2015 年保持稳定增长，2016 年稍有下降，但总体均保持在 5 万~6 万元。

（5）前十大股东持股比例在 2012-2015 年呈现持续下降趋势，2016 年持股比例稍有上升，总体来看，十大股东持股比成下降趋势，企业股权结构有所分散。

（6）技术研发人员占比总体呈波动上升，在 2015 年达到五年最高，占比为 63%，且各年技术研发人员占比均在 50% 以上，超过公司人数一半，远高于其他行业，显示出软件、信息技术服务业对技术型人才的高度依赖。

（7）资质数量的行业均值在 2012-2015 年持续下降，2016 年略有上升，总体呈现下降趋势，企业需要提高对资质的关注度。

三、创业板软件、信息技术服务业无形资产竞争分析

（一）行业无形资产竞争矩阵

本报告基于无形资产规模结构、无形资产持续能力和无形资产竞争能力三大维度对创业板软件、信息技术服务业企业进行对比分析，三大维度下设二级指标，其中无形资产规模结构包括专利及非专利技术数量、商标数量、资质数量和软件著作权数量四项二级指标；无形资产持续能力包括研发支出占比、员工学历和技术标准数量三项二级指标；无形资产竞争能力包括前五名客户占比、前十大股东持股比例和高管薪酬三项二级指标。

通过比较各项二级指标对行业各企业的相对实力予以排序，排序方法为：某二级指标中的数量最高者赋予 1 分，其他非最高者与最高者比值即为某企业该项二级指标得分；对 10 项二级指标均以此方法处理，得到每家企业（100 家）每项二级指标得分；对各企业所有指标得分加总，计算最后得分，得分最高者为创业板软件、信息技术服务业中的优秀样本企业，如表 9-8 所示。根据结果可知，2016 年创业板软件、信息技

术服务业优秀样本企业为神州泰岳（300002）。

表 9-8　2016 年创业板软件、信息技术服务业无形资产前 30 名企业一览表

证券代码	证券名称	专利与非专利技术得分	商标得分	资质得分	软件著作权得分	研发支出占比	员工学历得分	技术标准数量	前五名客户占比得分	十大股东持股比例	高管薪酬得分	总计得分
300002	神州泰岳	0.4496	0.0000	0.3137	1.0000	0.4436	0.7878	0.3333	0.4129	0.5388	0.2052	4.4849
300608	思特奇	0.1105	0.2059	0.3529	0.2743	0.1920	0.9956	0.0000	0.4367	0.9800	0.7205	4.2685
300017	网宿科技	0.0376	0.0000	0.1961	0.0296	1.0000	0.9500	0.3333	0.2744	0.3894	1.0000	4.2104
300369	绿盟科技	0.1288	0.0000	0.2549	0.1456	0.5236	0.9821	0.0000	0.4553	0.5945	0.7840	3.8688
300579	数字认证	0.0129	0.0000	0.2353	0.0618	0.1195	0.7944	1.0000	0.3527	0.6702	0.4910	3.7378
300496	中科创达	0.2983	0.0809	0.1569	0.3319	0.3318	0.9952	0.0000	0.5079	0.6534	0.3802	3.7365
300020	银江股份	0.1502	0.4412	0.8039	0.5724	0.1382	0.7452	0.0000	0.1079	0.3600	0.4139	3.7330
300047	天源迪科	0.0204	0.0294	1.0000	0.3175	0.4844	0.7111	0.0000	0.1208	0.3565	0.6184	3.6585
300033	同花顺	0.0461	0.5662	0.0784	0.0982	0.6711	0.7277	0.0000	0.1370	0.7334	0.5148	3.5729
300183	东软载波	0.1309	0.0000	0.4118	0.1880	0.3233	0.7034	0.3810	0.1837	0.6327	0.6117	3.5664
300386	飞天诚信	1.0000	0.0147	0.1765	0.1414	0.2515	0.5670	0.0000	0.3601	0.6849	0.3583	3.5545
300520	科大国创	0.0343	0.0000	0.1961	0.1236	0.1844	0.9245	0.6667	0.3832	0.7031	0.2778	3.4937
300209	天泽信息	0.0451	1.0000	0.1569	0.0720	0.1601	0.5816	0.0000	0.2764	0.6723	0.4627	3.4269
300098	高新兴	0.7092	0.0000	0.1373	0.4073	0.2531	0.5990	0.0476	0.2498	0.5861	0.3610	3.3505
300339	润和软件	0.0225	0.0000	0.1765	0.1846	0.3859	0.8065	0.0476	0.2805	0.6022	0.8332	3.3395
300315	掌趣科技	0.0043	0.0000	0.2353	0.0000	0.8574	0.7046	0.0000	0.6514	0.3203	0.5338	3.3071
300533	冰川网络	0.0107	0.0000	0.1569	0.0339	0.1940	0.6034	0.0000	1.0000	0.7501	0.5541	3.3030
300168	万达信息	0.0139	0.0000	0.0000	0.2354	0.8619	0.7263	0.0000	0.1475	0.4661	0.8150	3.2661
300212	易华录	0.0064	0.0000	0.3529	0.3489	0.4026	0.8047	0.0000	0.2750	0.5434	0.4718	3.2057
300561	汇金科技	0.0655	0.0000	0.0784	0.0169	0.0000	0.5561	0.0000	0.7309	0.7665	0.9485	3.1628
300523	辰安科技	0.0708	0.0000	0.1961	0.1016	0.1837	0.8727	0.0000	0.4256	0.7306	0.5785	3.1596
300532	今天国际	0.1191	0.0000	0.2549	0.0847	0.0401	0.7053	0.0476	0.5742	0.7318	0.5996	3.1573
300552	万集科技	0.2479	0.0000	0.3922	0.0804	0.1035	0.6461	0.0000	0.2554	0.7354	0.6475	3.1084
300188	美亚柏科	0.1706	0.0294	0.1569	0.2024	0.3559	0.7455	0.1429	0.1726	0.5357	0.5123	3.0241
300365	恒华科技	0.0236	0.1544	0.3529	0.0881	0.1282	0.9761	0.0000	0.4207	0.7079	0.1293	2.9813
300287	飞利信	0.2157	0.0000	0.9412	0.0737	0.3006	0.6135	0.0476	0.1859	0.3953	0.1644	2.9379
300297	蓝盾股份	0.1019	0.0000	0.5098	0.3641	0.3230	0.5005	0.0000	0.1354	0.5822	0.4155	2.9325
300578	会畅通信	0.0086	0.0000	0.2549	0.0550	0.0317	0.7535	0.0000	0.4051	1.0000	0.3726	2.8814
300542	新晨科技	0.0000	0.0000	0.1961	0.1016	0.2667	0.8604	0.0000	0.5069	0.7188	0.2271	2.8777
300378	鼎捷软件	0.0000	0.0000	0.2157	0.0000	0.3158	0.8538	0.0000	0.0225	0.7126	0.7569	2.8772

（二）行业无形资产规模结构分析

无形资产规模结构包括专利及非专利技术数量、商标数量、资质数量和软件著作权数量四项二级指标。2016 年，该行业专利及非专利技术共计 5842 项，平均每家企业

拥有 5.84 项，飞天诚信（300386）、高新兴（300098）、神州泰岳（300002）和旋极信息（300324）四家企业共有专利及非专利技术 2418 项，占行业总量 41.39%；该行业商标数量共计 525 项，平均每家企业约有 5.25 项，天泽信息（300209）、同花顺（300033）和银江股份（300020）三家企业共持有商标 273 项，占行业总量 52%；该行业资质数量共计 867 项，平均每家企业拥有 8.67 项，天源迪科（300047）、飞利信（300287）、银江股份（300020）和北信源（300352）四家企业共有资质 181 项，占行业总量 20.88%；该行业软件著作权数量共计 5563 项，平均每家企业拥有 55.63 项，思特奇（300608）、中科创达（300496）、辰安科技（300523）、创业软件（300451）和高伟达（300465）五家企业共有软件著作权 1002 项，占行业总量的 18%。

（三）行业无形资产持续能力分析

无形资产持续能力包括研发支出占比、员工学历和技术标准数量三项二级指标，软件、信息技术服务业研发支出占比行业均值为 11.26%，研发支出占比最高的前三企业为赢时胜（300377）、兆日科技（300333）和中青宝（300052），分别为 36.47%、32.61% 和 29.56%；员工本科及以上学历占比行业均值为 59.66%，员工本科及以上学历占比最高的前三企业为安硕信息（300380）、思特奇（300680）、和中科创达（300496），分别为 91.7%、91.3% 和 91.3%；技术标准数量行业均值为 0.76，该行业技术标准数量最高的三家企业为数字认证（300579）、科大国创（300520）和东软载波（300183），分别为 21 项、14 项和 8 项。

（四）行业无形资产竞争能力分析

无形资产竞争能力包括前五名客户占比、前十大股东持股比例和高管薪酬三项二级指标。软件、信息技术服务业前五名客户占比行业均值为 31.65%，前五名客户占比最高的前三企业为冰川网络（300533）、中富通（300560）和四方精创（300468），分别为 97.02%、88.52% 和 74.86%；前十大股东持股比例行业均值为 60.68%，前十大股东持股比例最高的前三企业为会畅通信（300578）、诚迈科技（300598）和富瀚微（300613），均为 100%；高管薪酬行业均值为 145.9 万元，高管薪酬最高的前三企业为网宿科技（300017）、汇金科技（300561）和富瀚微（300613），分别为 352.75 万元、334.59 万元和 304.07 万元。

四、神州泰岳案例分析

（一）企业简介

北京神州泰岳软件股份有限公司成立于 2001 年，于 2009 年 10 月在创业板上市，证券代码 300002，证券名称为神州泰岳。主营业务为向国内电信、金融、能源等行业的大中型企业和政府部门提供 IT 运维管理的整体解决方案，包括软件产品开发与销售、技术服务和相应的系统集成，涵盖了四大专业方向，即系统网络管理、信息安全管理、服务流程管理和面向电信网络的综合网络管理。全资子公司新媒传信是移动互联网运维支撑的专业公司，提供全方位的移动互联网运维领域的技术产品开发、运维支撑服务；控股子公司泰岳通信技术专业从事面向电信主设备厂商和各运营商提供无线网络优化服务。ICT 运营管理板块是公司的传统核心业务，手机游戏业务、人工智能与大数据、物联网及通信技术应用是公司重点业务方向，现阶段神州泰岳公司正在积极构建以 ICT 运营管理、手机游戏、人工智能与大数据、物联网及通信技术应用为核心的四大业务板块。

（二）无形资产相关情况分析

1. 优势分析

神州泰岳能够在行业内无形资产方面成为标杆企业，主要原因在于其软件著作权、专利与非专利技术、资质和技术标准数量排名较为靠前。其中软件著作权数量 1181 项，居软件、信息技术服务业第 1 位；专利与非专利数量为 419 项，居软件、信息技术服务业第 3 位；技术标准数量有 7 项，位居软件、信息技术服务业第 4 位；资质数量 16 项，居软件信息技术服务业第 15 位。虽然神州泰岳在其他无形资产指标中表现不佳，但总体来看在无形资产规模结构和无形资产持续能力方面表现较好，使其在创业板软件、信息技术服务业无形资产竞争中脱颖而出。

2. 劣势分析

由表 9-8 可知，神州泰岳在商标数量、研发支出占比、员工学历、前五名客户占比、前十大股东持股比例和高管薪酬等二级指标上处于行业劣势地位，由于神州泰岳未对公司商标情况进行披露，使得其在商标上的得分为 0；研发支出占比 6.68%，居行业第 72 位；本科及以上员工学历 72.3%，居行业第 28 位；前五大客户占比 40.06%，居行业第 32 位；前十大股东持股比例为 53.88%，居行业第 65 位；高管薪酬为 72.38 万元，居行业第 89 位。这几项都涉及行业无形资产的规模、持续能力、竞争能力三个方面，值得企业关注。综合来看，作为软件、信息技术服务业，神州泰岳在研发支出和人才投入上都低于同行业其他企业；同时在商标保护方面的意识明显欠缺，对商标披露的关注度不够；另外，对重要客户培育意识不强，导致前五大客户销售额占比较低。这些都势必会成为该企业未来发展的短板。

3. 相关建议

首先，企业应当继续提高无形资产的研发支出，适时调整软件产品结构，提高软件产品的核心竞争力；其次，要建立完善的人才培养、引进、使用、交流、奖励等机制，落实各项人才政策；再次，要发展广泛的客户基础，加强培育重要客户，提高前五大客户占比，进而提高销售额，降低财务风险；最后，企业要注重参与国际竞争与合作，在技术和管理水平上紧跟世界潮流，从多方面提升企业的竞争力和可持续发展能力。

（三）其他方面竞争优势分析

神州泰岳除在无形资产质量竞争中具有优势，在行业经验、市场品牌与客户资源两个方面也具有一定的竞争优势。

1. 丰富的行业实践经验

行业经验的积累对于 IT 运维管理厂商来说至关重要，神舟泰岳拥有丰富的电信、金融、能源等行业和政府机构的 IT 运维管理项目实施经验，尤其是在线关键业务 IT 运维管理的经验和方法论。它从事电信领域的 IT 运维管理业务已有多年，常年为国内四大（电信业重组后为三大）电信运营商提供运维服务，对电信行业有深入的了解，并积累了丰富的电信行业项目经验，其电信领域的 IT 运维管理实践一直是其他行业实施 IT 运维管理的标杆。作为电信运营商的重要合作伙伴，神舟泰岳多次参与电信运营商技术规范的制定，并由此了解和掌握了运营商 IT 系统及其业务的发展规划及建设思路，进一步把握了技术需求和发展趋势。通过对电信运营商的运维需求进行深入分析和梳理，神州泰岳积淀了丰富的实践经验并将其向其他行业推广，从而为其他行业的客户提供成熟优质的产品和服务。

2. 市场品牌与客户资源优势

神州泰岳在多年的业务发展过程中积累了一批以电信行业为主，兼顾金融、能源等行业中的大中型企业以及政府机构的优质客户群体，与优质客户的合作一方面有力地推动了公司技术水平的不断提高和服务手段的不断改进，另一方面也保障了业务的持续稳定发展。依此形成的良好的市场品牌形象，为公司进一步拓展新的市场空间、保持稳定的增长奠定了坚实的基础。

创业板化学、橡胶、塑料行业无形资产研究

根据《中国创业板上市公司无形资产蓝皮书（2015-2016）》（下称《蓝皮书（2015-2016）》）的已有研究发现，创业板公司无形资产具有因行业技术经济特征造成的结构和规模差异，因此对典型行业进行专项研究十分必要。本报告选择化学、橡胶、塑料行业作为研究对象进行典型分析。截至 2017 年 5 月 18 日，基于证监会二级行业分类标准（2012），化学、橡胶、塑料行业的创业板上市公司共计 60 家。

一、化学、橡胶、塑料行业概况

（一）创业板化学、橡胶、塑料行业企业数量变化

截至 2017 年 5 月 18 日，创业板化学、橡胶、塑料行业上市公司共 60 家，占创业板公司总数 9.4%，2016 年该行业新增企业 16 家。2012-2016 年该行业企业数量不断增加，在 2016 年达到最高。如表 10-1 所示。

表 10-1 2012-2016 年化学、橡胶、塑料行业企业数量变化

年份	2012 年	2013 年	2014 年	2015 年	2016 年
行业企业数量	32	33	36	44	60
行业新增企业数量	4	1	3	8	16
创业板企业总数	355	379	425	508	638
行业企业比例	9.01%	8.71%	8.47%	8.66%	9.40%

（二）创业板化学、橡胶、塑料行业成本分析

本报告中，成本分析主要关注企业营业成本、销售费用、管理费用和应付职工薪酬。根据 2015-2016 年创业板化学、橡胶、塑料行业企业成本数据整理来看，如表 10-2 所示，成本整体呈上升趋势，其中应付职工薪酬均值的增长幅度最大，达到 47.94%，其次是营业成本均值增长了 22.12%，管理费用和销售费用均值增幅相对较小，职工薪酬对营

业成本的上升贡献相对于营业成本、销售费用和管理费用来说更显著。

表 10-2　2015-2016 年化学、橡胶、塑料行业成本变动　　（单位：亿元）

	2015 年总额	2016 年总额	2015 年均值	2016 年均值	均值同比增长
营业成本	297.5189	495.4702	6.7618	8.2578	22.12%
销售费用	18.4141	25.7226	0.4185	0.4287	2.44%
管理费用	33.9488	47.9788	0.7716	0.7996	3.64%
应付职工薪酬	3.6426	7.3487	0.0828	0.1225	47.94%

（三）创业板化学、橡胶、塑料行业利润分析

本报告中，利润分析主要关注企业利润总额和净利润。根据 2012-2016 年创业板化学、橡胶、塑料行业企业利润数据整理来看，如表 10-3 所示，行业总利润和净利润在 2012-2016 年总体呈现上升趋势，利润总额在 2015-2016 年出现翻倍增长，尽管部分年份平均利润和平均净利润的同比增速出现负增长，波动较大，但均值数值总体较稳定。

表 10-3　2012-2016 年化学、橡胶、塑料行业利润变动　　（单位：亿元）

	2012 年	2013 年	2014 年	2015 年	2016 年
利润总额	21.9167	22.5805	32.3383	38.3988	75.2683
平均利润总额	0.6849	0.6843	0.8983	0.8727	1.2545
平均利润同比增长	25.95%	−0.09%	31.27%	−2.85%	43.75%
净利润	18.5989	19.0759	27.3852	32.1596	32.8992
平均净利润	0.5812	0.5781	0.7607	0.7309	0.7477
平均净利润同比增长	24.24%	−0.53%	31.59%	−3.92%	2.3%

就单个企业利润增长情况来看，如表 10-4 所示，该行业有 25% 的企业年度利润增长为负数，超过 50% 的企业利润增长低于 20%，利润呈倍数增长的企业不足 10%。2016 年度化学、橡胶、塑料行业利润增长最令人瞩目的企业是金科娱乐（300459）、阳谷华泰（300121）和银禧科技（300221）这三个企业，它们的总利润和净利润增幅均接近 3 倍。而青松股份（300132）总利润增长达到 13.07 倍，净利润增幅达 2 倍，主要是因为 2015 年青松股份公司出现大额递延所得税费用使得净利润增加。

表 10-4　2016 年化学、橡胶、塑料行业利润增长分布情况　　（单位：家）

	负增长	0%~20%	20%~40%	40%~60%	60%~80%	80%~100%	100%以上
利润总额增长率	16	16	14	6	1	3	4
净利润增长率	15	17	15	6	1	2	4

就整个行业利润集中程度来看，如表 10-5 所示，前 16.67%（前 10 家）企业的累计利润占整个行业利润的 50%，剩余 50 家企业分享剩余 50%的利润。

表 10-5　2016 年化学、橡胶、塑料行业利润集中情况　（单位：家）

累计利润比例	累计企业数	累计企业数占整个行业企业比例
达 30%	3	5.00%
达 50%	10	16.67%
达 60%	15	25.00%
达 70%	23	38.33%
达 80%	31	51.67%
达 90%	42	70.00%

二、创业板化学、橡胶、塑料行业无形资产规模与结构

（一）基于招股说明书的无形资产规模与结构

在基于招股说明书披露的信息对创业板化学、橡胶、塑料行业上市公司无形资产结构进行评价时，本报告除了选取专利、非专利技术、著作权和商标四类常规无形资产的数量作为衡量指标外，还增加了技术标准、总经理、股东、资质四类非常规无形资产的相关指标，以求能够准确评价每年在创业板上市的化学、橡胶、塑料行业企业的无形资产状况，如表 10-6 所示。通过这部分内容，我们希望能够发现自创业板启动以来，每年化学、橡胶、塑料行业新增上市企业的无形资产结构特征，进而为后续研究提供支持。

表 10-6　2012-2016 年化学、橡胶、塑料行业无形资产均值变动情况

行业均值	单位	2012 年	2013 年	2014 年	2015 年	2016 年
授权专利	项	15.06	16.79	16.92	17.55	21.28
非专利技术	项	8.28	9.45	8.72	7.34	6.55
著作权	项	0.031	0.03	0.028	0.023	0.083
持有商标	项	8.03	9.76	8.94	8.25	11.18
技术标准	项	1.47	1.42	1.31	2.2	2.33
总经理薪酬	万元	35.45	37.82	38	36.94	40.65
前十大股东持股比例	%	73.46	73.57	74.23	77.47	74.36
资质	项	17.22	17	18.22	18.89	23.75

1. 常规无形资产规模变动特征

2012-2016 年创业板化学、橡胶、塑料行业常规无形资产变动呈现如下特征：

（1）专利数量，报告中的专利数据为已授权专利，不包括正在申请的专利。2012-2016年，行业平均授权专利数量呈稳步上升趋势，2016年达到平均每家企业21.28项。

（2）非专利技术数量在2012-2013年稍有上升，但值得关注的是2013-2016年近四年来非专利技术数量呈现下降趋势。

（3）著作权，在2012-2013年化学、橡胶、塑料行业著作权数量一直为零，2014年仅有上海新阳（300236）一家企业披露一项软件著作权，故2012-2015年行业著作权平均数量逐步减少。但2016年世名科技（300522）拥有4项版权使得行业著作权数量有所上升。

（4）行业平均持有商标数量在2012-2013年稳步上升，在2013-2015年逐年下降，但在2016年达到历年最高，行业平均持有商标数量达到11项左右，主要是由于新增企业持有的商标数量较多。

2. 非常规无形资产规模变动特征

2012-2016年，化学、橡胶、塑料行业非常规无形资产变动呈现如下特征：

（1）技术标准数量总体呈波动上升趋势，平均每家企业的技术标准数量在1~2项左右，2012-2014年技术标准数量略有下降，2014-2016年技术标准数量逐步增长且涨幅较大。

（2）总经理薪酬在2012-2016年基本维持在每家企业35万元以上，整体呈波动上升趋势，2016年增长幅度较大。

（3）前十大股东持股比例在该行业长期保持在70%以上，2012-2015年前十大股东持股比例持续上升，在2016年有所下降，原因可能与新上市公司的大股东对行业未来发展趋势持乐观态度有关。

（4）资质数量在2012-2016年总体呈现逐年上升趋势，2016年增幅较大，主要原因是中旗股份（300575）和利安隆（300596）披露的资质数量较多。

（二）基于年报的无形资产规模与结构

在基于年度报告披露的信息对创业板化学、橡胶、塑料行业上市公司无形资产结构进行评价时，本报告除了选取专利、非专利技术、著作权和商标四类常规无形资产的数量作为衡量指标外，还增加了技术标准、客户、总经理、独立董事、股东、技术人员、资质等多项非常规无形资产的相关指标，以求能够准确地评价创业板化学、橡胶、塑料行业企业在上市后每年度的无形资产规模和结构变化情况，如表10-8所示，进而为后续研究提供支持。

表 10-7　2012-2016 年创业板化学、橡胶、塑料行业无形资产均值变动情况

平均	单位	2012 年	2013 年	2014 年	2015 年	2016 年
授权专利	项	54.47	55.58	53.11	50.55	47.6
非专利技术	项	2.47	1.09	1.17	0.02	0.48
著作权	项	0	0	0	0.95	2.07
持有商标	项	8.75	9.7	17.53	16.7	4.12
技术标准	项	1.31	0.79	0.69	3.02	3.68
前五名客户销售额占比	%	26.61	26.58	28.15	28.88	29.09
总经理薪酬	万元	49	53.57	51.79	50.17	54.01
独立董事津贴	万元	5.35	5.49	5.63	5.47	5.71
前十大股东持股比例	%	68.94	65.49	62.44	60.86	64.77
技术（研发）人员占比	%	18.44	18.18	18.10	18.82	17.77
资质	项	3.94	8.64	3.17	3.05	7.48

1. 常规无形资产规模变动特征

2012-2016 年，创业板化学、橡胶、塑料行业常规无形资产变动特征如下：

（1）专利数量方面，授权专利的行业均值除在 2013 年有所上升外，整体呈下降趋势，且从 2013 年到 2016 年授权专利的行业均值下降幅度较大。

（2）非专利技术数量在 2012-2016 年整体呈下降趋势，且降幅较大，主要原因是企业对非专利技术的披露不够。

（3）化学、橡胶、塑料行业因其技术特征对软件著作权依赖较小，根据年报信息，2012-2014 年该行业企业均没有软件著作权，在 2016 年浙江金科（300459）披露了 95 项软件著作权，达到行业之最，同时硅宝科技（300019）、大禹节水（300021）、新开源（300109）分别披露了 2 项、3 项和 24 项软件著作权，这使得 2016 年行业著作权平均拥有量得到快速提升。

（4）持有商标数量在 2012-2016 年五年间波动较大，行业平均拥有量在 2014 年达到最高，2015 年行业平均拥有量相对较高，而 2016 年其拥有量创纪录最低，主要是因为行业各企业年报对持有商标数的披露不够。

2. 非常规无形资产规模变动特征

2012-2016 年，创业板化学、橡胶、塑料行业非常规无形资产变动特征如下：

（1）技术标准整体呈现波动上升趋势，2012-2014 年平均每家企业的披露数量为 1 项左右，2015-2016 年增加至每家企业 3 项，说明该行业参与制定技术标准的企业在增加，同时企业对技术标准越来越重视。

（2）前五名客户销售额占比在 2012-2013 年有所下降，但在 2013-2016 年又逐步

回升，总体均值达到 29% 以上。

（3）总经理薪酬总体呈现平稳波动态势，在 2012-2013 年逐年增长，2013-2015 年有所下降，2016 年其增幅较大，总经理薪酬平均薪酬达到历史最高。

（4）独立董事津贴总体呈稳定上升趋势，除了 2015 年出现小幅下跌，其余各年独立董事津贴均值都出现不同幅度的增长。

（5）前十大股东持股比例从 2012 年到 2015 年逐年下降，在 2016 年出现小幅上升，总体维持在 60% 以上，该行业股权集中度相对较高，但已出现分散趋势。

（6）技术研发人员占比在 2012-2016 年波动幅度较小，基本维持在 17%~19%，这可能与石油、化学、塑胶、塑料行业属资本密集型而非技术密集型行业相关。

（7）资质数量整体波动幅度较大，最高时平均每家企业持有 8 项左右，最低时平均每家企业只持有 3 项。这主要是由于资质数据统计口径的调整和企业各年对资质披露的情况不同导致的。

三、创业板化学、橡胶、塑料行业无形资产竞争分析

（一）行业无形资产竞争矩阵

本报告基于无形资产规模结构、无形资产持续能力和无形资产竞争能力三大维度对创业板化学、橡胶、塑料行业企业进行对比分析，三大维度下设二级指标，其中无形资产规模结构包括专利及非专利技术数量、商标数量、资质数量和软件著作权数量四项二级指标；无形资产持续能力包括研发费用占比、员工学历和行业标准三项二级指标；无形资产竞争能力包括前五名客户占比、前十大股东持股比例和高管平均年薪三项二级指标。

通过比较各项二级指标对行业各企业的相对实力予以排序，排序方法为：某二级指标中的数量最高者赋予 1 分，其他非最高者与最高者比值即为某企业该项二级指标得分；对 10 项二级指标均以此方法处理，得到每家企业（60 家）每项二级指标得分；对各企业所有指标得分加总，计算最后得分，得分最高者为创业板化学、橡胶、塑料行业中的优秀样本企业，如表 10-8 所示。根据结果可知，2015 年创业板化学、橡胶、塑料行业优秀样本企业为安利股份（300218）。

表 10-8　2016 年创业板化学、橡胶、塑料行业企业无形资产得分一览

证券代码	证券名称	专利与非专利技术得分	商标得分	资质得分	著作权得分	研发费用占比得分	员工学历得分	行业标准分数	前五名客户占比得分	十大股东持股比例	高管平均年薪得分	总计得分
300218	安利股份	0.8013	0.0000	1.0000	0.0000	0.5759	0.3105	0.8070	0.1589	0.6121	0.4992	4.7648
300261	雅本化学	0.1795	0.3158	0.9773	0.0000	0.9463	0.3823	0.0000	0.5574	0.7102	0.3995	4.4683

续表

证券代码	证券名称	专利与非专利技术得分	商标得分	资质得分	著作权得分	研发费用占比得分	员工学历得分	行业标准分数	前五名客户占比得分	十大股东持股比例	高管平均年薪得分	总计得分
300459	金科娱乐	0.1474	0.3289	0.1364	1.0000	0.4778	0.3913	0.0000	0.2726	0.7238	0.2748	3.7530
300072	三聚环保	0.6987	0.0000	0.1364	0.0000	0.1362	0.8538	0.0000	0.2852	0.5923	0.9742	3.6768
300037	新宙邦	0.6731	0.2763	0.0682	0.0000	0.6780	0.4119	0.0000	0.3235	0.5064	0.7369	3.6743
300019	硅宝科技	0.2147	0.0000	0.2500	0.0211	0.5862	1.0000	0.0175	0.1498	0.6488	0.7553	3.6434
300398	飞凯材料	0.0545	0.0000	0.1818	0.0000	1.0000	0.6453	0.0000	0.3305	0.7668	0.4295	3.4084
300522	世名科技	0.1346	0.0000	0.2500	0.0000	0.5789	0.4859	0.5263	0.2213	0.7168	0.4905	3.4043
300568	星源材质	0.1122	0.0000	0.0682	0.0000	0.4252	0.4191	0.0000	0.7350	0.6037	1.0000	3.3634
300021	大禹节水	1.0000	0.0000	0.2500	0.0316	0.2384	0.5909	0.0526	0.2407	0.6521	0.1761	3.2324
300446	乐凯新材	0.0737	0.0000	0.0227	0.0000	0.8638	0.6021	0.0877	0.8850	0.4322	0.2480	3.2153
300109	新开源	0.1122	0.4342	0.3182	0.2526	0.5542	0.7106	0.0000	0.1224	0.5689	0.1006	3.1739
300587	天铁股份	0.1314	0.0000	0.1591	0.0000	0.3633	0.3276	0.0175	1.0000	0.8663	0.2849	3.1501
300429	强力新材	0.0833	0.0000	0.2500	0.0000	0.6223	0.5329	0.0000	0.4517	0.6471	0.5209	3.1081
300535	达威股份	0.1571	0.0000	0.2955	0.0000	0.6006	0.6355	0.0000	0.2666	0.7533	0.2869	2.9955
300530	达志科技	0.0801	0.0000	0.5455	0.0000	0.4623	0.3682	0.1053	0.4775	0.7593	0.1891	2.9872
300067	安诺其	0.0000	1.0000	0.0909	0.0000	0.3674	0.2828	0.3158	0.1491	0.5823	0.1979	2.9862
300481	濮阳惠成	0.1154	0.0000	0.3182	0.0000	0.8452	0.5696	0.0000	0.2885	0.6282	0.0885	2.8536
300200	高盟新材	0.4006	0.2237	0.0227	0.0000	0.7069	0.5266	0.0000	0.1888	0.5357	0.1931	2.7982
300437	清水源	0.0000	0.0000	0.0455	0.0000	0.2384	0.4331	1.0000	0.2431	0.7005	0.1319	2.7925
300285	国瓷材料	0.1346	0.0000	0.1818	0.0000	0.6976	0.3650	0.0877	0.3393	0.5467	0.4348	2.7876
300599	雄塑科技	0.3205	0.0000	0.5227	0.0000	0.2611	0.1826	0.0000	0.1437	0.9445	0.3857	2.7608
300375	鹏翎股份	0.3237	0.0132	0.1364	0.0000	0.4211	0.1839	0.0000	0.6145	0.5646	0.3565	2.6137
300221	银禧科技	0.2244	0.4211	0.0909	0.0000	0.4685	0.2672	0.0000	0.2962	0.4747	0.3655	2.6084
300596	利安隆	0.0705	0.0132	0.0682	0.0000	0.4355	0.3575	0.0000	0.2740	0.9608	0.4156	2.5952
300236	上海新阳	0.0609	0.0000	0.1364	0.0000	0.9659	0.4318	0.0000	0.1997	0.6035	0.1873	2.5855
300487	蓝晓科技	0.0000	0.0000	0.0455	0.0000	0.6192	0.7816	0.0000	0.2366	0.7016	0.1909	2.5753
300041	回天新材	0.5417	0.0132	0.0909	0.0000	0.5005	0.5100	0.0000	0.1694	0.4724	0.2268	2.5248
300174	元力股份	0.0000	0.0000	0.0455	0.0000	0.4314	0.2681	0.0000	0.3560	0.7039	0.7187	2.5235
300082	奥克股份	0.2468	0.0000	0.1591	0.0000	0.3653	0.5926	0.0000	0.1706	0.6626	0.3248	2.5218
300539	横河模具	0.1410	0.0000	0.1591	0.0000	0.2766	0.1111	0.0000	0.8757	0.7412	0.1234	2.4281
300054	鼎龙股份	0.5705	0.0000	0.0682	0.0000	0.6739	0.2365	0.0526	0.1516	0.5407	0.1110	2.4049
300576	容大感光	0.0000	0.0000	0.0682	0.0000	0.5789	0.2537	0.0000	0.2111	0.7465	0.5413	2.3997
300305	裕兴股份	0.0994	0.0000	0.0682	0.0000	0.5263	0.3797	0.0000	0.4851	0.4721	0.3651	2.3958
300537	广信材料	0.1058	0.0000	0.3864	0.0000	0.4200	0.2285	0.0526	0.2019	0.7315	0.2655	2.3922
300387	富邦股份	0.2019	0.0132	0.2727	0.0000	0.3602	0.4161	0.0000	0.2127	0.6968	0.1960	2.3695
300169	天晟新材	0.0994	0.0000	0.2500	0.0000	0.4365	0.2914	0.0000	0.3502	0.4811	0.4330	2.3416
300321	同大股份	0.0321	0.0000	0.1364	0.0000	0.4272	0.1558	0.1579	0.2706	0.6555	0.4939	2.3294
300180	华峰超纤	0.1314	0.0000	0.1136	0.0000	0.2859	0.2277	0.1404	0.2353	0.5211	0.6519	2.3073

续表

证券代码	证券名称	专利与非专利技术得分	商标得分	资质得分	著作权得分	研发费用占比得分	员工学历得分	行业标准分数	前五名客户占比得分	十大股东持股比例	高管平均年薪得分	总计得分
300478	杭州高新	0.0064	0.0000	0.0227	0.0000	0.6749	0.1572	0.0000	0.3536	0.7141	0.3631	2.2921
300575	中旗股份	0.0705	0.0000	0.1818	0.0000	0.3034	0.2737	0.0000	0.3833	0.7530	0.3199	2.2856
300230	永利股份	0.2019	0.0000	0.1818	0.0000	0.3860	0.0769	0.0000	0.3717	0.6353	0.3126	2.1661
300225	金力泰	0.0000	0.0000	0.0682	0.0000	0.3323	0.4576	0.0000	0.2686	0.4557	0.5137	2.0960
300320	海达股份	0.0000	0.0000	0.1591	0.0000	0.3292	0.2219	0.3333	0.1788	0.5650	0.2799	2.0671
300325	德威新材	0.0064	0.0000	0.1818	0.0000	0.4902	0.3317	0.0000	0.1379	0.6079	0.2583	2.0143
300586	美联新材	0.0128	0.0000	0.1818	0.0000	0.3498	0.0475	0.0000	0.1669	1.0000	0.2308	1.9896
300547	川环科技	0.0321	0.0132	0.2727	0.0000	0.3777	0.1945	0.0000	0.4224	0.5770	0.0913	1.9808
300135	宝利国际	0.0962	0.0000	0.0000	0.0000	0.3808	0.7605	0.0000	0.2157	0.3856	0.1387	1.9775
300610	晨化股份	0.0865	0.0132	0.1818	0.0000	0.4438	0.0920	0.1228	0.0958	0.7253	0.1491	1.9103
300198	纳川股份	0.0224	0.0000	0.0682	0.0000	0.2033	0.4837	0.0000	0.3301	0.6171	0.1671	1.8919
300192	科斯伍德	0.0000	0.0395	0.0000	0.0000	0.4469	0.3020	0.0000	0.1819	0.5246	0.3883	1.8831
300107	建新股份	0.0609	0.0000	0.0000	0.0000	0.4613	0.2267	0.0000	0.3460	0.5808	0.1564	1.8321
300132	青松股份	0.0865	0.1316	0.1136	0.0000	0.4169	0.2858	0.0000	0.1779	0.4556	0.1552	1.8232
300405	科隆精化	0.0000	0.0000	0.0909	0.0000	0.3684	0.3171	0.0000	0.1414	0.6239	0.0917	1.6334
300121	阳谷华泰	0.0000	0.0000	0.0227	0.0000	0.2714	0.2030	0.0000	0.1890	0.6629	0.2472	1.5963
300505	川金诺	0.0000	0.0000	0.0682	0.0000	0.2384	0.0000	0.0000	0.3696	0.7181	0.1374	1.5316
300243	瑞丰高材	0.0000	0.0000	0.0000	0.0000	0.3922	0.1967	0.0000	0.1057	0.5791	0.2555	1.5292
300214	日科化学	0.0897	0.0000	0.0227	0.0000	0.3086	0.0044	0.0000	0.3453	0.4516	0.2934	1.5158
300637	扬帆新材	0.0000	0.0000	0.0000	0.0000	0.0000	0.0000	0.0000	0.0000	1.0000	0.4229	1.4229
300641	正丹股份	0.0000	0.0000	0.0000	0.0000	0.0000	0.0000	0.0000	0.0000	1.0000	0.3753	1.3753

（二）行业无形资产规模结构分析

无形资产规模结构包括专利及非专利技术数量、商标数量、资质数量和软件著作权数量四项二级指标。2016年，该行业专利及非专利技术共计2885项，平均每家企业拥有48.08项，大禹节水（300021）、安利股份（300218）和三聚环保（300072）三家企业共有专利及非专利技术780项，占行业总量27.04%；该行业商标数量共计247项，平均每家企业约有4.12项，安诺其（300067）、新开源（300109）和银禧科技（300221）三家企业共有商标141项，占行业总量57.09%；该行业资质数量共计449项，平均每家企业拥有7.48项，安利股份（300218）、雅本化学（300261）和达志科技（300530）三家企业共有资质111项，占行业总量24.72%；该行业软件著作权数量共计124项，平均每家企业拥有2.07项，这是由于化学、橡胶、塑料行业的行业特征所致。

（三）行业无形资产持续能力分析

无形资产持续能力包括研发费用占比、员工学历和行业标准三项二级指标，化学、橡胶、塑料行业研发费用占比行业均值为 4.46%，研发费用占比最高前三企业为飞凯材料（300398）、上海新阳（300236）和雅本化学（300261），分别为 9.69%、9.36% 和 9.17%；员工本科及以上学历占比行业均值为 20.93%，员工本科及以上学历占比最高前三企业为硅宝科技（300019）、三聚环保（300072）和蓝晓科技（300487），分别为 58.8%、50.2% 和 46%；行业标准行业均值为 3.68 项，该行业披露行业标准最多的三家企业为清水源（300437）、安利股份（300218）和世名科技（300522），分别为 57 项、46 项和 30 项。

（四）行业无形资产竞争能力分析

无形资产竞争能力包括前五名客户占比、前十大股东持股比例和高管平均年薪三项二级指标。化学、橡胶、塑料行业前五名客户占比行业均值为 29.09%，前五名客户占比最高的前三名企业为天铁股份（300587）、乐凯新材（300446）和横河模具（300539），分别为 97.37%、86.17% 和 85.27%；前十大股东持股比例行业均值为 64.77%，前十大股东持股比例最高前三企业为美联新材（300586）、扬帆新材（300637）和正丹股份（300641），均为 100%；高管平均年薪行业均值为 125.88 万元，高管年薪最高前三企业为星源材质（300568）、三聚环保（300072）和硅宝科技（300019），分别为 375.52 万元、365.83 万元和 283.62 万元。

四、雅本化学案例分析[1]

（一）企业简介

雅本化学，股票代码 300261，创建于 2006 年 1 月，2011 年在深圳证券交易所创业板上市，是一家生命科学领域中集研发、生产、销售为一体的高科技企业，主要从事农药中间体、特种化学品及医药中间体的研发、生产和销售，一直致力于合成和生产高效、低毒、低残留的农药产品和新型、高效的医药产品，拥有太仓基地、如东基地、盐城基地三大生产基地，以及上海张江研发中心、松江医药中间体和湖州生物酶三大研发中心。

（二）无形资产相关情况分析

1. 优势分析

雅本化学能够在行业内无形资产方面仅次于安利股份，行业排名第二，主要原因

---

[1] 《蓝皮书（2015-2016）》已对安利股份进行了分析，所以本次选择无形资产得分排名第二的雅本化学作为案例进行分析。

在于其资质数量、商标数量、研发费用、前五大客户占比及前十大股东持股比例排名较为靠前。其中资质为 43 项，居化学、橡胶、塑料行业第 2 位；商标数量为 24 项，居行业第 5 位；研发费用占比为 9.17%，居行业第 3 位；前五名客户占比为 54.27%，居行业第 6 位；十大股东持股比例为 71.02%，居行业第 19 位。虽然雅本化学在其他无形资产指标中表现不佳，但总体来看在无形资产规模结构和无形资产持续能力方面表现较好，使其在创业板化学、橡胶、塑料行业无形资产竞争中脱颖而出。

2. 劣势分析

由表 10-8 可知，雅本化学在专利与非专利技术数量、员工学历、高管薪酬等二级指标上处于行业劣势地位，且其劣势在著作权数量和行业标准数量上尤为明显。雅本化学的著作权和行业标准数量均为 0 项，使得其在这两项上的得分均为 0；同时专利与非专利技术为 56 项，居行业第 20 位；大学及以上学历员工占比 22.5%，居行业第 24 位；高管薪酬平均为 150.03 万元，居行业第 18 位。这几项都涉及行业无形资产的规模、持续能力、竞争能力三个方面，值得企业关注。综合来看，作为化学、橡胶、塑料行业，雅本化学在人才投入、对著作权和行业标准的重视程度上低于同行业其他企业，同时对专利与非专利技术的关注度不够。这些都势必会成为该企业未来发展的短板。

3. 相关建议

首先企业应当建立完善的人才培养、引进、使用、交流、奖励等机制，落实各项人才政策，提高员工文化水平；其次应当提高对专利与非专利技术的重视程度，积极发展专业技术，注重对企业专利技术的保护；最后企业要正确看待参与行业标准制定的意义，积极了解和参与行业标准的制定，以促进企业更快更好地发展。

（三）其他方面竞争优势分析

雅本化学除在无形资产质量竞争中具有优势，在管理、产品和客户等方面也具有一定的竞争优势。

1. 管理优势

雅本化学参照国际跨国公司的要求成立，采用了先进的管理模式，同时管理层对国际化分工规则十分了解，使得其在产品质量、生产控制和合同履行等方面严格遵守国际规则，凭借严格的管理制度和良好的自律规范，成功开发并拓展了与杜邦公司、罗氏公司、梯瓦公司的业务往来。同时管理层重视环境治理、员工职业健康和安全生产，赢得了国际大化学及制药企业客户的认同，保障了公司的持续健康发展。

2. 产品优势

雅本化学与国际知名医药、农药公司从研发阶段就开始合作，再经过中试、产品放大验证，能够准确把握下游产业的发展方向，在业务拓展方面相应能够开发出适合下游产品发展趋势的中间体产品。现阶段雅本化学生产的农药中间体是为生产高效、低毒、低残留农药所用，符合现代农药产业的发展方向，同时这些医药中间体主要为抗肿瘤药物、抗癫痫药物的中间体，属于医药中间体行业中较有竞争力的领域，产品竞争力强。公司从工程设计、工艺优化、节能减排等方面着力不断提高产品质量，降低生产成本，符合消费者利益，得到了顾客的认可。

3. 客户优势

雅本化学的主要中间体产品销售对象均为国际知名化学及制药公司，如杜邦公司、罗氏公司、梯瓦公司等。对这些跨国公司而言，中间体产品的质量能否满足要求十分重要，因此对生产商的技术控制、流程控制等方面的要求十分严格，这一方面导致其供货商的选择非常慎重，往往需要经过较长时期的考察；另一方面，如果频繁更换供货商，则将直接或间接增加产品成本，因此在确定业务合作关系前，跨国公司通常会对供货商的生产设备、研发能力、生产管理和产品质量控制能力进行长达数年的严格考察和遴选。一旦建立起业务关系，就会在相当长的时间内保持稳定，而且在与客户建立信任后，双方的合作关系会不断加深。从这个角度来看，客户对与雅本化学的依赖度较高，讨价还价的能力较弱，雅本化学的客户优势明显。

报告十一

创业板计算机、通信及电子行业无形资产研究

根据《中国创业板上市公司无形资产蓝皮书（2015-2016）》（下称《蓝皮书（2015-2016）》）的已有研究发现，创业板公司无形资产具有因行业技术经济特征造成的结构和规模差异，因此对典型行业进行专项研究十分必要。本报告选择计算机、通信及电子行业作为研究对象进行典型分析。截至 2017 年 5 月 18 日，基于证监会二级行业分类标准（2012），计算机、通信及电子行业的创业板上市公司共计 94 家。

一、创业板计算机、通信及电子行业概况

（一）创业板计算机、通信及电子行业企业数量变化

截至 2017 年 5 月 18 日，创业板计算机、通信及电子行业上市公司共 94 家，占创业板公司总数 15%，本年度该行业新增企业 22 家。2012-2016 年，该行业企业数量占比平稳增长，如表 11-1 所示。

表 11-1　2012-2016 年创业板计算机、通信及电子行业企业数量变化　（单位：家）

	2012 年	2013 年	2014 年	2015 年	2016 年
行业企业数量	53	55	62	72	94
行业新增企业数量	10	2	7	10	22
创业板企业总数	355	379	425	508	638
行业企业比例	14.93%	14.51%	14.59%	14.17%	14.73%

（二）创业板计算机、通信及电子行业成本分析

本报告中，成本分析主要关注企业营业成本、销售费用、管理费用和应付职工薪酬。根据 2015-2016 年创业板计算机、通信及电子行业企业成本数据整理来看，如表 11-2 所示，行业成本均呈上升趋势，其中应付职工薪酬的均值同比增幅最大，接近 30%；营业成本次之，均值同比增幅接近 16%；销售费用紧随其后，均值同比增长

14.22%；管理费用的均值同比增幅最低，为 9.22%。数据表明创业板计算机、通信及电子行业经营成本整体呈上升趋势，但管理费用变动对营业成本的大幅上升影响较小。

表 11-2　2015-2016 年创业板计算机、通信及电子行业成本变动　（单位：亿元）

	2015 年总额	2016 年总额	2015 年均值	2016 年均值	均值同比增长
营业成本	663.4369	870.186	8.7294	10.1184	15.91%
销售费用	37.3674	52.2288	0.4917	0.5616	14.22%
管理费用	109.4028	146.2166	1.4395	1.5722	9.22%
应付职工薪酬	21.0593	30.8776	0.2808	0.359	27.85%

（三）创业板计算机、通信及电子行业利润分析

本报告中，利润分析主要关注企业利润总额和净利润。根据 2012-2016 年创业板计算机、通信及电子行业企业利润数据整理来看，如表 11-3 所示，行业平均利润在 2012-2016 年呈波动特征，2012 年为负增长，2013 年和 2014 年利润总额与净利润的均值大幅增长，均超 50% 以上，2015 年和 2016 年则回落至 20%~30%。说明创业板计算机、通信及电子行业在 2013 年和 2014 年发展明显，2015 年和 2016 年增速放缓。

表 11-3　2012-2016 年创业板计算机、通信及电子行业利润变动　（单位：亿元）

	2012 年	2013 年	2014 年	2015 年	2016 年
利润总额	19.2321	31.6116	59.1132	84.5814	139.0794
平均利润总额	0.3629	0.5748	1.0019	1.2258	1.6172
均值同比增长	-48.40%	58.39%	74.32%	22.35%	31.93%
净利润	15.7076	26.6724	50.7427	72.2108	120.2301
平均净利润	0.2964	0.485	0.86	1.0465	1.3980
均值同比增长	-51.92%	63.63%	77.35%	21.68%	33.59%

就单个企业利润增长情况来看，如表 11-4 所示，该行业有近 1/3 企业年度利润增长为负，近 1/2 企业利润增长低于 20%，利润呈倍数增长企业不足 15%。2016 年度创业板计算机、通信及电子行业利润增长最令人瞩目的企业当属苏大维格（300331），该年度苏大维格利润总额增幅达 2.9 倍，净利润增幅达 6.9 倍。

表 11-4　2016 年创业板计算机、通信及电子行业利润增长分布情况　（单位：家）

	负增长	0~20%	20%~40%	40%~60%	60%~80%	80%~100%	100% 以上
利润总额增长率	24	13	6	10	3	5	8
净利润增长率	25	11	8	9	3	4	9

就整个行业利润集中程度来看，如表 10-5 所示，前 10.64%（前 10 家）企业的累计利润占整个行业利润的 50%，后 89.36%（84 家）的企业分享剩余 50% 的利润，表明利润主要集中在少数企业，行业利润集中度较高。

表 11-5　2016 年创业板计算机、通信及电子行业利润集中情况　（单位：家）

累计利润比例	企业企业数	累计企业数占整个行业企业比例
30%	4	4.26%
50%	10	10.64%
60%	16	17.02%
70%	24	25.53%
80%	34	36.17%
90%	46	48.94%

二、创业板计算机、通信及电子行业无形资产规模与结构

（一）基于招股说明书的无形资产规模与结构

在基于招股说明书披露的信息对创业板计算机、通信及电子行业上市公司无形资产结构进行评价时，本报告除了选取专利、非专利技术、著作权和商标四类常规无形资产的数量作为衡量指标外，还增加了技术标准、总经理、股东、资质四类非常规无形资产的相关指标，以求能够准确评价每年在创业板上市的计算机、通信及电子行业企业的无形资产状况，如表 11-6 所示。通过这部分内容，我们希望能够发现自创业板启动以来近五年，每年创业板计算机、通信及电子行业新增上市企业的无形资产结构特征，进而为后续研究提供支持。

表 11-6　2012-2016 年创业板计算机、通信及电子行业无形资产均值变动情况

行业均值	单位	2012 年	2013 年	2014 年	2015 年	2016 年
授权专利	项	19.80	22.55	25.23	33.03	41.11
非专利技术	项	10.34	10.40	9.73	8.61	9.17
著作权	项	15.72	17.11	18.54	20.43	23.73
持有商标	项	9.24	9.37	9.21	8.98	13.29
技术标准	项	1.45	1.40	1.60	1.51	1.67
总经理薪酬	万元	42.67	41.61	43.09	49.28	53.94
前十大股东持股比例	%	72.26	73.02	72.69	74.07	76.10
资质	项	15.26	15.62	15.17	15.90	18.53

1. 常规无形资产规模变动特征

2012-2016 年，创业板计算机、通信及电子行业常规无形资产变动呈现如下特征：

（1）专利数量，由于相关披露规则改变，本年度创业板企业对申请专利信息披露较少，大多企业仅披露授权专利情况。2012-2014 年，行业平均授权专利数量保持稳定水平，维持在平均每家企业 23 项左右，2015 年和 2016 年行业授权专利均值出现大幅上升趋势，2015 年相比 2014 年增长了 32%，2016 年相比 2015 年增长了 25%。

（2）非专利技术数量的行业均值均维持在每家企业 10 项左右，较为稳定，但近两年来呈现小幅下降趋势。

（3）著作权，尤其是软件著作权对于创业板计算机、通信及电子行业来说是其核心竞争力，该项无形资产的拥有量明显高于其他无形资产。自 2012 年起，该行业公司的软件著作权均值持续上升。

（4）持有商标数量的行业均值整体呈现先保持平稳后显著增加状态，2012-2015 年保持平稳状态，行业均值为 9.2 项；2016 年行业平均持有商标数量出现大幅上升趋势，相比 2015 年增长了 48%。

2. 非常规无形资产规模变动特征

2012-2016 年，创业板计算机、通信及电子行业非常规无形资产变动呈现如下特征：

（1）技术标准数量的行业均值整体呈稳定态势，2012-2016 年技术标准类无形资产的行业均值为 1.5 项左右。

（2）总经理薪酬的行业均值在五年内基本保持稳步增长态势，2016 年相比 2015 年增长 4.66 万元，涨幅达 10%。

（3）前十大股东持股比例呈现上升趋势，由 2012 年的 72.76% 上升到 2016 年的 76.10%，股权集中度进一步提高。

（4）资质数量的行业均值在 2012 年至 2015 年内保持平稳趋势，行业均值基本维持在 15~16 项，2016 年资质数量的行业均值出现大幅上升，相比 2015 年增长了 17%。

（二）基于年报的无形资产规模与结构

在基于年度报告披露的信息对创业板计算机、通信及电子行业上市公司无形资产结构进行评价时，本报告除了选取专利、非专利技术、著作权和商标四类常规无形资产的数量作为衡量指标外，还增加了技术标准、客户、总经理、独立董事、股东、技术人员、资质等多项非常规无形资产的相关指标，以求能够准确地评价创业板计算机、通信及电子行业企业在上市后每年度的无形资产规模和结构变化情况，如表 11-7 所示，进而为后续研究提供支持。

表 11-7　2012-2016 年创业板计算机、通信及电子行业无形资产均值变动情况

行业均值	单位	2012 年	2013 年	2014 年	2015 年	2016 年
授权专利	项	19.34	23.78	68.35	99.06	102.83
非专利技术	项	2.53	2.53	2.53	2.56	2.56
著作权	项	9.96	16.73	18.4	19.25	22.01
持有商标	项	10.09	15.6	20.35	25.29	23.68
技术标准	项	0.83	0.11	0.02	0.44	1.27
前五名客户销售额占比	%	41.36	41.43	39.82	35	41.5
总经理薪酬	万元	52.07	47.36	58.52	66.55	69.46
独立董事津贴	万元	6.03	6.09	6.27	6.06	6.09
前十大股东持股比例	%	70.88	65.39	65.13	60.38	62.99
技术（研发）人员占比	%	28	27	26	27	29
资质	项	11.66	23	27.61	27.4	34.2

1. 常规无形资产规模变动特征

2012-2016 年，创业板计算机、通信及电子行业常规无形资产变动特征如下：

（1）专利数量，由于相关披露规则改变，本年度创业板企业对申请专利披露较少，大多企业仅披露授权专利情况。授权专利数量的行业均值整体呈上升趋势，尤其是 2014 年、2015 年度分别较上年度增长了 187%、44.93%，2016 年增速放缓。

（2）非专利技术行业均值整体呈平稳态势，2012-2016 年均值维持在 2.54 项左右。

（3）软件著作权是创业板计算机、通信及电子行业核心竞争力的重要体现，年报中披露的著作权行业均值 2012-2016 年呈现逐年上升趋势，2016 年行业均值为 2012 年的 2 倍多。

（4）商标数量的行业均值呈波动上升趋势。2014-2016 年均值稳定在 23 项左右，其中 2015 年增幅明显，较上年度增长 24%。

2. 非常规无形资产规模变动特征

2012-2016 年，创业板计算机、通信及电子行业非常规无形资产变动特征如下：

（1）技术标准的行业均值呈先下降后上升的趋势，由 2012 年的 0.83 项/家技术标准下降至 2014 年的 0.02 项/家，2015 年和 2016 年行业均值增速明显，其中 2016 年相比 2015 年行业均值增长 2 倍。

（2）前五名客户销售额占比在过去五年内表现较为稳定，一直在 40% 左右浮动，说明该行业客户集中度相对平稳。

（3）总经理薪酬的行业均值在五年内呈波动增长趋势，2014 年和 2015 年增幅尤为明显，2016 年总经理薪酬的均值达到历史最高点，69.46 万元/家。

（4）独立董事津贴的行业均值基本保持稳定，2012 年至 2016 年份均保持在 6 万元/家以上。

（5）前十大股东持股比例在 2012 年至 2015 年期间呈现下降趋势，由 2012 年的70.88%下降至 2015 年的 60.38%，2016 年出现小幅度上升，相比 2015 年增长了 4%。

（6）技术研发人员占比稳定在 27%左右，约占公司人数 1/3，远高于其他行业，显示出创业板计算机、通信及电子行业对技术型人才的高度依赖。

（7）资质数量的行业均值在 2012 年至 2016 年呈现大幅提升趋势，其中 2013 年平均每家企业持有资质 23 项，约为 2012 年的 2 倍，2013 年至 2016 年行业均值保持在 28项左右。

三、创业板计算机、通信及电子行业无形资产竞争分析

（一）行业无形资产竞争矩阵

本报告基于无形资产规模结构、无形资产持续能力和无形资产竞争能力三大维度对创业板计算机、通信及电子行业企业进行对比分析，三大维度下设二级指标，其中无形资产规模结构包括专利及非专利技术数量、商标数量、资质数量和软件著作权数量四项二级指标；无形资产持续能力包括研发费用占比、员工学历和技术标准数量三项二级指标；无形资产竞争能力包括前五名客户占比、前十大股东持股比例和高管平均年薪三项二级指标。

通过比较各项二级指标对行业各企业的相对实力予以排序，排序方法为：某二级指标中的数量最高者赋予 1 分，其他非最高者与最高者比值即为某企业该项二级指标得分；对 10 项二级指标均以此方法处理，得到每家企业（94 家）每项二级指标得分；对各企业所有指标得分加总，计算最后得分，得分最高者为创业板计算机、通信及电子行业的优秀样本企业，如表 11-8 所示。根据结果可知，2016 年创业板计算机、通信及电子行业优秀样本企业为东土科技（300353）。

表 11-8　2016 年创业板计算机、通信及电子行业无形资产前 30 名企业一览表

证券代码	证券名称	专利与非专利技术得分	商标得分	资质得分	软件著作权得分	研发费用占比得分	员工学历得分	技术标准数量	前五名客户占比得分	十大股东持股比例	高管平均年薪得分	总计得分
300353	东土科技	0.3144	0.0427	0.3714	1.0000	0.3740	0.6665	0.0000	0.3241	0.5325	0.5742	4.1998
300296	利亚德	0.7669	0.7915	0.9429	0.0807	0.0994	0.3585	0.0000	0.1359	0.4999	0.0890	3.7646
300433	蓝思科技	0.5379	0.0095	0.1143	0.0000	0.2053	0.0397	0.0000	0.7781	0.8938	1.0000	3.5786

续表

证券代码	证券名称	专利与非专利技术得分	商标得分	资质得分	软件著作权得分	研发费用占比得分	员工学历得分	技术标准数量	前五名客户占比得分	十大股东持股比例	高管平均年薪得分	总计得分
300565	科信技术	0.2520	0.0000	0.0571	0.0288	0.0883	0.2694	1.0000	0.9943	0.7148	0.1580	3.5627
300077	国民技术	0.7276	0.6445	0.0857	0.0000	0.3875	0.8800	0.0000	0.4300	0.1623	0.2092	3.5270
300205	天喻信息	0.0244	1.0000	0.2571	0.3746	0.2378	0.5909	0.0000	0.1720	0.5347	0.3120	3.5036
300177	中海达	0.2358	0.4265	0.1429	0.7637	0.3367	0.6889	0.2195	0.0698	0.4693	0.1319	3.4851
300458	全志科技	0.1274	0.1043	0.0000	0.1499	0.5949	1.0000	0.0000	0.4505	0.5388	0.4914	3.4571
300397	天和防务	0.0000	0.9810	0.0857	0.0000	0.5440	0.4934	0.0000	0.4928	0.6332	0.1245	3.3546
300474	景嘉微	0.0623	0.1090	0.0571	0.1210	0.4072	0.7343	0.0000	0.9930	0.7140	0.1277	3.3256
300223	北京君正	0.0447	0.0095	0.0571	0.0403	1.0000	0.9344	0.0000	0.5167	0.5505	0.1306	3.2840
300346	南大光电	0.0285	0.0047	0.0857	0.0000	0.6981	0.7121	0.0000	0.6311	0.6233	0.4456	3.2291
300250	初灵信息	0.0989	0.1564	0.3429	0.4928	0.3537	0.7149	0.0000	0.2388	0.6200	0.2034	3.2217
300590	移为通信	0.0000	0.0000	0.2286	0.0000	0.2848	0.8993	0.0000	0.3321	1.0000	0.4166	3.1614
300414	中光防雷	0.0664	0.0000	0.3714	0.0000	0.1224	0.3015	0.7073	0.6609	0.7465	0.1384	3.1148
300516	久之洋	0.0705	0.0000	0.1714	0.0807	0.2132	0.7142	0.0000	0.8242	0.7690	0.2706	3.1138
300101	振芯科技	0.1355	0.0948	0.1714	0.1614	0.3683	0.6857	0.0000	0.6919	0.5125	0.1138	2.9353
300042	朗科科技	0.3821	0.6256	0.0571	0.0000	0.0639	0.2653	0.0000	0.2700	0.6792	0.4948	2.8381
300582	英飞特	0.3347	0.0000	0.7143	0.0173	0.1707	0.2685	0.0000	0.4013	0.7504	0.1645	2.8217
300455	康拓红外	0.0949	0.0569	0.1429	0.0836	0.2850	0.8219	0.0000	0.2872	0.6864	0.3123	2.7710
300083	劲胜精密	0.6640	0.2986	0.1143	0.0720	0.1197	0.0363	0.2439	0.3887	0.5316	0.2712	2.7403
300211	亿通科技	0.1897	0.0190	1.0000	0.1066	0.1323	0.2272	0.0000	0.2364	0.6356	0.1204	2.6672
300219	鸿利智汇	1.0000	0.0000	0.3143	0.0000	0.0919	0.1085	0.0000	0.2185	0.5606	0.3655	2.6593
300327	中颖电子	0.0799	0.0142	0.0857	0.0375	0.3286	0.8855	0.0000	0.5336	0.4993	0.1873	2.6516
300367	东方网力	0.0000	0.0616	0.2286	0.2104	0.3078	0.7121	0.0000	0.3549	0.4999	0.2198	2.5951
300615	欣天科技	0.0379	0.0000	0.1429	0.0000	0.1669	0.1020	0.0000	0.7459	1.0000	0.3744	2.5700
300079	数码视讯	0.1179	0.1090	0.1429	0.0000	0.4329	0.8451	0.1707	0.2138	0.2378	0.2906	2.5608
300563	神宇股份	0.1396	0.0000	0.7429	0.0000	0.1244	0.0932	0.0488	0.4699	0.7543	0.1707	2.5438
300065	海兰信	0.0000	0.1327	0.3429	0.3084	0.1427	0.6715	0.0000	0.2357	0.5043	0.1904	2.5285

（二）行业无形资产规模结构分析

无形资产规模结构包括专利及非专利技术数量、商标数量、资质数量和软件著作权数量四项二级指标。2016年，该行业专利及非专利技术共计8946项，平均每家企业拥有104项，鸿利智汇（300219）、利亚德（300296）和国民技术（300077）三家企业共有专利及非专利技术1841项，占行业总量20.58%；该行业商标数量共计1942项，平均每家企业约有23.68项，天喻信息（300205）和天和防务（300397）两家企业共有商标418项，占行业总量21.52%；该行业资质数量共计585项，平均每家企业拥有6.8项，亿通科技（300211）、利亚德（300296）、胜宏科技（300476）和神宇股份

（300563）四家企业共有资质 122 项，占行业总量 20.85%；该行业软件著作权数量共计 1849 项，平均每家企业拥有 22.01 项，东土科技（300353）、中海达（300177）、欧比特（300053）、初灵信息（300250）、天喻信息（300205）和海兰信（300065）六家企业共有软件著作权 1270 项，占行业总量 68.69%。

（三）行业无形资产持续能力分析

无形资产持续能力包括研发费用占比、员工学历和技术标准数量三项二级指标，创业板计算机、通信及电子行业研发费用占比行业均值为 8.4%，研发费用占比前三的企业为北京君正（300223）、南大光电（300346）和全志科技（300458），分别为 44%、31% 和 26%；员工学历本科及以上学历占比行业均值为 31.42%，员工学历本科及以上学历占比前三的企业为全志科技（300458）、北京君正（300223）和移为通信（300590），分别为 93.9%、87.7% 和 84.4%；技术标准数量行业均值为 1.27 项，该行业技术标准数量最高的三家企业为科信技术（300565）、中光防雷（300414）和劲胜精密（300083），分别为 41 项、29 项和 10 项。

（四）行业无形资产竞争能力分析

无形资产竞争能力包括前五名客户销售额占比、前十大股东持股比例和高管平均年薪三项二级指标。创业板计算机、通信及电子行业前五名客户销售额占比行业均值为 41.5%，前五名客户占比前三企业为晨曦航空（300581）、科信技术（300565）和景嘉微（300474），分别为 99.62%、99.43% 和 99.30%；前十大股东持股比例行业均值为 62.99%，前十大股东持股比例最高前三企业为移为通信（300590）、飞荣达（300602）和欣天科技（300615），三家比例均为 100%；高管平均年薪行业均值为 39.64 万元，高管年薪最高前三企业为蓝思科技（300433）、东土科技（300353）和东方日升（300118），分别为 186.25 万元、106.95 万元和 96.11 万元。

四、东土科技案例分析

（一）企业简介

北京东土科技股份有限公司前身是成立于 2000 年 3 月 27 日的北京依贝特科技有限公司。东土科技的主要研究方向为工业以太网通信技术、基于 IP 的以太网总线技术、基于网络控制的现场控制器技术、基于云控制的工业服务器技术以及适应网络化控制的精密时钟技术、控制数据安全可信等技术。公司参与和承担了三项工业自动化信息领域国际标准（IEC61158、IEC62439 和 IEEEC37.238），主导起草了国家标准 GB/T30094 工业以太网交换机技术规范，承担了三项国家 863 课题。目前产品已广泛应用于智能电网、核电、风电、石油化工、轨道交通、城市智能交通和船舶等行业的工程和项目，同时成功应用于各类军工装备中，产品获得了 KEMA、CE/FCC、UL508、ClassIDiv2 和 DNV 等多项国际认证，在军工行业获得国军标认证。

（二）无形资产相关情况分析

东土科技能够在行业内无形资产方面成为标杆企业，主要原因在于软件著作权、高管年薪、研发费用占比得分和专利与非专利技术得分较高。其中软件著作权数量为 347 项，居创业板计算机、通信及电子行业第 1 位；高管年薪为 106.94 万元，居创业板计算机、通信及电子行业第 2 位；研发费用占比达 16.56%，为创业板计算机、通信及电子行业第 9 位。东土科技在发展中注重自主研发技术的知识产权保护，及时申请专利、软件著作权。截至 2016 年年底，公司及全资、控股子公司合计拥有专利 232 项，其中，发明专利 104 项，实用新型专利 62 项，外观设计专利 66 项；合计拥有软件著作权 347 项。此外，公司于报告期内，在营业收入快速增长的基础上不断加大研发投入，研发费用逐年增加。可见，东土科技在无形资产规模结构和无形资产持续能力两个方面表现较好，使其在创业板计算机、通信及电子行业无形资产竞争中脱颖而出。

虽然东土科技在行业无形资产竞争矩阵得分表中得分最高，但是从表 11-8 可以看出，东土科技在商标得分、前五名客户占比得分、前十大股东持股比例得分等方面与行业中这些方面处于领先地位的企业相比处于劣势地位。其中，2016 年持有商标为 9 项，居创业板计算机、通信及电子行业第 37 位；前五名客户占比为 32.41%，居创业板计算机、通信及电子行业第 48 位；前十大股东持股比例为 53.25%，为创业板计算机、通信及电子行业第 65 位。根据公司 2016 年年报，东土科技公司的无形资产主要集中在专利和软件著作权上，在商标数量上面处于行业劣势。此外，公司的前十大股东持股比例也是逐年下降，至 2016 年年底股权集中度已经处于较低水平，可能会不利于公司政策的制定和实施。

（三）其他方面竞争优势分析

东土科技除在无形资产质量竞争中具有优势，在品种、客户资源、销售模式三个方面也具有一定的竞争优势。

1. 品种

能否提供多种规格和性能的产品供客户选择，是工业以太网交换机厂商实力的重要体现。产品种类越齐全，企业在订单竞争方面就越占优势，获得订单的机会就越高。公司是国内产品种类最齐全的工业以太网交换机厂商之一，目前已有 60 余种型号的工业以太网交换机产品应用在多个行业。公司生产的工业以太网交换机可分为网管型交换机（SICOM 系列）和非网管型交换机（KIEN 系列）两大类。公司可以随时根据客户多样化需求组织生产，并保证产品的高品质，在订单竞争中占有优势地位。

2. 客户资源

公司与国内电力、交通、冶金、石油天然气、煤炭、工业控制等行业领域内的最终用户、系统集成商和代理商建立起稳定的合作关系。这些客户对工业以太网交换机厂商的技术资质、产品质量、品牌知名度、售后服务等方面要求十分严格，供货关系建立后一般比较稳定，轻易不会更换。丰富稳定的客户资源为公司提供了能够快速和可持续发展的重要基础。

3. 销售模式

公司采取"直接销售+代理商销售"的销售模式。直接销售面向系统集成商和最终用户，通过多年积累，公司已与众多系统集成商建立起稳定的合作关系，并通过众多重点工程项目的成功应用使公司产品受到了各行业用户的普遍认可。通过代理商销售方式，公司可以充分利用代理商已有的客户关系迅速扩大市场，减少销售环节的营运资金占用。上述销售模式可以充分利用各种销售渠道，适应公司不同发展阶段的需要和应用市场的变化情况，有利于逐步增加公司的市场份额，提高行业地位，提升品牌知名度。

创业板医药制造行业无形资产研究

　　根据《中国创业板上市公司无形资产蓝皮书（2015-2016）》（下称《蓝皮书（2015-2016）》）的已有研究发现，创业板公司无形资产具有因行业技术经济特征造成的结构和规模差异，因此对典型行业进行专项研究十分必要。本报告选择医药制造行业作为研究对象进行典型分析。截至2017年5月18日，基于证监会二级行业分类标准（2012），医药制造行业的创业板上市公司共计47家。

一、创业板医药制造行业上市公司概况

（一）创业板医药制造行业企业数量变化

　　截至2017年5月18日，医药制造行业的创业板上市公司共47家，约占创业板公司总数的7.37%，其中2012年上市0家，2013年上市2家，2014年上市1家，2015年上市7家，2016年上市11家，如表12-1所示。近五年，该行业企业数占创业板企业总数比例略有波动，但总体保持稳定，维持在6.8%~8%。

表12-1　2012-2016年医药制造行业企业数量变化单位　　　　　　（单位：家）

	2012年	2013年	2014年	2015年	2016年
行业企业数量	26	28	29	36	47
行业新增企业数量	0	2	1	7	11
创业板企业总数	355	379	425	508	638
行业企业占比	7.32%	7.39%	6.82%	7.09%	7.37%

（二）创业板医药制造行业成本分析

　　本报告中，成本分析主要关注企业营业成本、销售费用、管理费用和应付职工薪酬。根据2015-2016年创业板医药制造行业企业成本数据整理来看，如表12-2所示，行业成本除销售费用外均成上升趋势，其中应付职工薪酬增势明显，同比增加

10.67%；营业成本同比增加 6.75%、管理费用同比增加长 4.11%；销售费用同比略有下降，负增长为 2.81%。数据表明，创业板医药制造行业经营成本整体呈上升趋势。

表 12-2　2015-2016 年医药制造行业成本变动　（单位：亿元）

	2015 年总额	2016 年总额	2015 年均值	2016 年均值	同比增长
营业成本	127.0707	177.1084	3.5297	3.7681	6.75%
销售费用	79.7433	101.1868	2.2151	2.1529	−2.81%
管理费用	42.2612	57.4388	1.1739	1.2221	4.11%
应付职工薪酬	5.6742	8.4331	0.1621	0.1794	10.67%

（三）创业板医药制造行业利润分析

本报告中，利润分析主要关注企业利润总额和净利润。根据 2012-2016 年创业板医药制造行业企业利润数据整理来看，如表 12-3 所示，行业利润总额与净利润均有近两倍的增长；行业平均利润总额在 2012-2016 年呈波动型增长，2012 年增长幅度最大，达 32.93%，2013 年和 2015 年增幅较小，平均利润总额分别同比增长 2.56% 和 1.15%，2016 年增速回升，达到 26.58%。行业平均净利润增长与行业情况相当，除 2013 年和 2015 年增速较小外，其他年份均有明显增长。其中 2012 年增长幅度最大，达 30.16%，2016 年次之，达到 27.38%。以上数据说明创业板医药制造行业在 2012-2016 年发展迅速，经营业绩良好，尤其 2016 年经营状况总体较好。

表 12-3　2012-2016 年医药制造服务行业利润变动　（单位：亿元）

	2012 年	2013 年	2014 年	2015 年	2016 年
利润总额	31.5873	34.8868	42.7730	53.7106	88.7615
平均利润总额	1.2149	1.2460	1.4749	1.4920	1.8885
同比增长	32.93%	2.56%	18.38%	1.15%	26.58%
净利润	27.1877	29.3449	36.2745	44.6710	71.4126
平均净利润	1.0457	1.0480	1.2508	1.2763	1.6258
同比增长	30.16%	0.22%	19.35%	2.04%	27.38%

就单个企业利润增长情况来看，如表 12-4 所示，该行业近 1/3 的企业年度利润总额和净利润增长率为负，利润增长低于 20% 的企业数与负增长的企业数相当，利润呈倍数增长企业约占总企业数的 1/10。2016 年，医药制造行业利润总额与净利润增长最令人瞩目的企业是振东制药（300158），在该年度其利润总额增幅达 239.17%，净利润增幅达 250.09%。

表 12-4　2016 年医药制造行业利润增长分布情况　　　　（单位：家）

	负增长	0%~20%	20%~40%	40%~60%	60%~80%	80%~100%	100%以上
利润总额增长率	14	12	7	5	3	1	4
净利润增长率	13	13	9	4	2	1	4

就整个行业利润集中程度来看，如表 12-5 所示，前 21.28%（前 10 家）企业的累计利润占整个行业利润的 50%，后 78.72%（37 家）的企业分享剩余 50% 的利润，说明创业板医药制造行业利润集中度并不是太高，具有一定的分散性。

表 12-5　2016 年医药制造行业利润集中情况　　　　（单位：家）

累计利润比例	累计企业数	累计企业数占整个行业企业比例
30%	4	8.51%
50%	10	21.28%
60%	14	29.79%
70%	18	38.30%
80%	23	48.94%
90%	29	61.70%

二、创业板医药制造行业无形资产规模与结构

（一）基于招股说明书的无形资产规模与结构

在基于招股说明书披露的信息对创业板医药制造行业上市公司无形资产结构进行评价时，本报告除了选取专利、非专利技术、著作权和商标四类常规无形资产的数量作为衡量指标外，还增加了技术标准、总经理、股东、资质四类非常规无形资产的相关指标，以求能够准确地评价每年在创业板上市的医药制造行业企业的无形资产状况，如表 12-6 所示。通过这部分内容，我们希望能够发现自创业板启动以来，每年医药制造行业新增上市企业的无形资产结构特征，进而为后续研究提供支持。

表 12-6　2012-2016 年医药制造行业无形资产均值变动情况

行业平均	单位	2012 年	2013 年	2014 年	2015 年	2016 年
授权专利	项	7.32	7.56	7.86	13.36	15.49
在申请专利	项	5.44	5.59	5.39	4.85	7.04
非专利技术	项	5.84	5.52	5.75	5.28	4.64
著作权	项	2.75	2.40	2.40	2.88	0.70
持有商标	项	23.84	23.44	23.44	23.44	28.83
技术标准	项	1.2	1.11	1.07	1.05	0.81

行业平均	单位	2012 年	2013 年	2014 年	2015 年	2016 年
总经理薪酬	万元	39.82	39.41	41.43	44.94	49.39
前十大股东持股比例	%	72.61	74.30	74.32	76.22	74.14
资质	项	26.92	26.15	26.39	37.86	45.72

1. 常规无形资产的规模变动情况

2012-2016 年，医药制造行业常规类无形资产变动呈现如下特征：

（1）专利数量平均数在近五年呈上升趋势，新上市企业边际专利值符合行业平均情况。2016 年授权专利有明显增长，同时在申请专利增幅明显，可见 2016 年新增上市公司的技术储备能力相对较强。总体看来，该行业对领域内技术的依赖性逐年增强。

（2）非专利技术的行业均值在近五年间略有波动，在 2016 年首次降至平均 5 项/家以下，说明 2016 年新增上市公司的非专利技术规模相对较小。

（3）著作权的行业均值在 2012-2015 年保持稳定水平，约为 2~3 项/家，较低于其他行业，在 2016 年下降明显，仅为平均 0.70 项/家，一方面主要原因在于该行业对著作权无形资产的弱依赖，另一方面也说明 2016 年新增上市公司著作权规模较小。

（4）商标数量的行业均值在 2012-2015 年每年均保持在 24 项/家左右，并无明显变化，而在 2016 年有明显增长，说明 2016 新增上市公司的持有商标数量较多。

2. 非常规无形资产的规模变动情况

2012-2016 年，医药制造行业的非常规无形资产变动特征如下：

（1）技术标准的行业均值呈近五年来一直呈下滑趋势，尤其在 2016 年，下降明显，首次降至平均 1 项/家以下，这主要是因为在 2012-2016 年上市的 21 家企业中，仅美康生物（300439）持有技术标准，数量为 8 项。2016 年新增 11 家企业，技术标准持有数均为 0。因此，总体来看，医药制造业对技术标准依赖性较低。

（2）总经理薪酬相对较高，近三年行业总经理薪酬均值增速明显，在 2016 年达到了 49.39 万元/家，薪酬水平名列创业板所有行业前列。

（3）前十大股东持股比例在近五年略有波动，2016 年下降到了近四年最低水平，但仍然高达 74.14%，股权集中度较高，说明该行业新上市公司的较大股东对该行业未来发展趋势仍持乐观态度。

（4）资质数量的行业均值在继 2015 年有明显增长后，2016 年又实现了新的飞跃，行业平均资质数量为 45.72 项，较 2015 年上涨 20.76%。由于行业的管制性和产品的特殊性，该行业企业的资质主要是以 GMP 认证为代表的准入类资质。

（二）基于年度报告的无形资产规模与结构

在基于年度报告披露的信息对创业板医药制造行业上市公司无形资产结构进行评价时，本报告除了选取专利、非专利技术、软件著作权和商标四类常规无形资产的数量作为衡量指标外，还增加了技术标准、客户、总经理、独立董事、股东、技术人员、资质等多项非常规无形资产的相关指标，以求能够准确地评价创业板医药制造行业企业在上市后每年度的无形资产规模和结构变化情况，如表12-7所示，进而为后续研究提供支持。

表12-7　2012-2016年创业板医药制造行业无形资产均值变动情况

行业平均	单位	2012 年	2013 年	2014 年	2015 年	2016 年
授权专利	项	10.96	13.36	21.11	37.83	38.19
非专利技术	项	1.04	0.44	0.00	0.69	0.37
著作权	项	0.08	0.11	0.11	1.31	1
持有商标	项	14.04	22.96	42.15	44.43	44.88
技术标准	项	0	0	0	0.06	0.32
资质	项	15.32	42.26	11	9.95	18.09
前五名客户销售额占比	%	27.40	29.28	28.57	28.89	29.13
总经理薪酬	万元	61.19	74.94	77.86	95.55	76.95
独立董事津贴	万元	5.93	6.38	6.74	7.12	6.61
前十大股东持股比例	%	70.47	67.42	70.97	63.66	67.21
技术（研发）人员占比	%	18.32	15.50	16.30	17.85	18.35

1. 常规无形资产的规模变动情况

（1）授权专利行业均值从2012年的10.96项/家快速上升至2016年的38.19项/家，涨幅较为明显，尤其2014年和2015年，增长率分别高达58%与79%，2016年增长放缓。

（2）非专利技术变化幅度较大。行业均值在2014年暴降至0项/家，2015年有所回升，2016年再次下降，降幅达到46.38%，总体波动明显。

（3）持有商标数量自2012年开始持续增长，近两年增速放缓，至2016年高达44.88项/家。

（4）著作权的行业均值常年保持较低水平，2016年较上年度同比有所下降，且仍远低于其他行业，与招股说明书反映的变化趋势基本一致。

2. 非常规无形资产的规模变动情况

（1）技术标准数量保持较低水平，2012年至2014年均为0项，2015年稍有增长，

2016 年持续增长至平均 0.32 项/家，说明行业内技术标准规模在 2016 年有所扩大。

（2）资质数量在 2013 年达到峰值，为 42.26 项/家，2014 年突降至 11 项/家，继 2015 年持续下降后在 2016 年出现明显回升，增幅为 81.81%。

（3）前五名客户销售额占比略有波动，但除 2012 年平均值稍低以外，其余年份均保持在 29% 左右，总体趋于平稳。

（4）研发人员占比保持稳定，但处于相对较低水平。行业研发人员占比由 2012 年的 18.32% 下降至 2013 年的 15.5%，近三年持续增长，在 2016 年达到 18.35%，但相对于软件、信息技术服务业等高科技行业（研发人员占比超过 50%），医药制造行业的研发人员规模相对不足，并未完全体现出技术密集型的产业特征。

（5）总经理薪酬保持高位。行业均值从 2012 年的 61.19 万元持续增长至 2015 年的 95.55 万元，接近翻倍，2016 年有所下降，但仍高达 76.8 万元。进一步的分析表明，行业均值在 2015 年达到峰值后于 2016 年走低的主要原因是个别公司总经理薪酬骤降导致：北陆药业（300016）、红日药业（300026）、尔康制药（300267）、利德曼（300289）、九强生物（300406）在 2015 年的总经理薪酬分别为 180 万元、443.28 万元、271.11 万元、288 万元、201.6 万元，但是 2016 年分别下降为 102.1 万元、350.47 万元、40.8 万元、135 万元、114.05 万元。

（6）独立董事津贴稳步增长后有所回落，从 2012 年的 5.93 万元持续增长到 2015 年的 7.12 万元，在 2016 年下降至 6.61 万元。

（7）前十大股东持股比例近五年呈波动式下降，从 2012 年的 70.47% 总体下降至 2016 年的 67.21%。其中，2015 年降幅明显，持股比例从 2014 年的 70.97% 快速下降至 2015 年的 63.66%，2016 年小幅增长，总体股权集中度较高。

三、创业板医药制造行业无形资产竞争分析

（一）细分行业无形资产竞争矩阵

本报告基于无形资产持续能力和无形资产竞争能力三大维度对创业板医药制造行业的行业企业进行对比分析，三大维度下设二级指标，其中无形资产规模结构包括专利及非专利技术数量、商标数量、资质数量三项二级指标；无形资产持续能力包括研发费用占比、技术员工占比、员工学历和销售费用率四项二级指标；无形资产竞争能力包括前五名客户占比、前十大股东持股比例和高管平均年薪三项二级指标。

通过比较各项二级指标对行业各企业的相对实力予以排序，排序方法为：某二级指标中的数量最高者赋予 1 分，其他非最高者与最高者比值即为某企业该项二级指标得分；对 10 项二级指标均以此方法处理，得到每家企业（共计 12 家）每项二级指标

得分；对各企业所有指标得分加总，计算最后得分，得分最高者为创业板生物制品行业的优秀样本企业，如表 12-8 所示。根据结果可知，2016 年医药制造行业优秀样本企业为迈克生物（300463）。

表 12-8　2016 年生物制品行业无形资产得分一览表❶

证券代码	证券名称	专利技术得分	商标得分	资质得分	研发费用占比得分	技术员工占比得分	员工学历得分	前五名客户占比得分	十大股东持股比例得分	高管平均年薪得分	总分
300463	迈克生物	0.6262	0.7692	1.0000	0.0795	0.2503	0.9398	0.1702	0.6020	0.2213	4.6585
300199	翰宇药业	1.0000	0.0699	0.1278	0.1121	0.3692	0.7921	0.5073	0.6267	0.3735	3.9787
300558	贝达药业	0.5000	0.0000	0.0556	0.0530	0.2165	0.9289	0.9095	0.8232	0.4110	3.8976
300006	莱美药业	0.0607	0.2657	0.0278	1.0000	1.0000	0.4193	0.2384	0.5258	0.1035	3.6412
300204	舒泰神	0.3178	0.4021	0.0667	0.1099	0.3626	0.8817	0.3477	0.7098	0.2771	3.4753
300086	康芝药业	0.1262	1.0000	0.0833	0.2144	0.6287	0.4217	0.1989	0.5645	0.1408	3.3785
300289	利德曼	0.3364	0.0245	0.2111	0.1042	0.3188	0.8517	0.6250	0.6527	0.2502	3.3745
300026	红日药业	0.0467	0.1154	0.0222	0.2965	0.6821	0.4480	0.2242	0.5320	1.0000	3.3671
300436	广生堂	0.1402	0.5909	0.0444	0.0897	0.2648	0.7013	0.5872	0.6422	0.1804	3.2410
300482	万孚生物	0.7009	0.1469	0.0278	0.0774	0.2436	0.7888	0.2431	0.7721	0.1581	3.1587
300267	尔康制药	0.5187	0.1923	0.1833	0.1055	0.3342	0.5509	0.3907	0.7704	0.1092	3.1553
300573	兴齐眼药	0.1402	0.4510	0.3111	0.0509	0.1750	0.7211	0.3514	0.6728	0.2668	3.1405
300357	我武生物	0.0748	0.0559	0.0056	0.1021	0.2969	1.0000	0.7977	0.6519	0.1409	3.1257
300122	智飞生物	0.0701	0.0175	0.0056	0.1519	0.5285	0.8069	0.5585	0.8626	0.1096	3.1110
300363	博腾股份	0.1262	0.0734	0.0333	0.0979	0.2880	0.5130	0.9742	0.6350	0.2652	3.0062
300147	香雪制药	0.4206	0.6608	0.1389	0.1222	0.4193	0.2764	0.3204	0.5179	0.1072	2.9837
300009	安科生物	0.0654	0.0070	0.0833	0.4144	0.9101	0.6620	0.2082	0.4745	0.1120	2.9369
300016	北陆药业	0.0514	0.0420	0.0556	0.3224	0.6966	0.7375	0.2781	0.4711	0.2638	2.9183
300119	瑞普生物	0.0935	0.0629	0.4889	0.1599	0.5672	0.5283	0.1298	0.6870	0.1302	2.8477
300181	佐力药业	0.1963	0.0280	0.0778	0.1148	0.3970	0.6934	0.6876	0.4487	0.1599	2.8035
300142	沃森生物	0.2664	0.0315	0.0389	0.1342	0.4797	0.6985	0.4433	0.4831	0.1939	2.7695
300406	九强生物	0.0374	0.0315	0.0778	0.0918	0.2725	0.8619	0.4433	0.7121	0.2057	2.7340
300485	赛升药业	0.1682	0.2203	0.0500	0.0770	0.2418	0.3854	0.6186	0.7051	0.2215	2.6878
300583	赛托生物	0.0187	0.0000	0.0056	0.0506	0.1372	0.2787	1.0000	1.0000	0.1757	2.6665
300254	仟源医药	0.2804	0.5769	0.0944	0.1085	0.3461	0.4953	0.1563	0.4577	0.1503	2.6661
300439	美康生物	0.4673	0.0524	0.0611	0.0804	0.2566	0.7161	0.0946	0.7494	0.1759	2.6539
300110	华仁药业	0.2103	0.2517	0.0556	0.1745	0.6067	0.3009	0.1427	0.5561	0.0745	2.3730
300108	双龙股份	0.0000	0.0175	0.0056	0.2076	0.6100	0.1640	0.5690	0.6787	0.0539	2.3062

❶　截至 2017 年 5 月 18 日，医药制造行业共有上市企业 47 家，根据数据的可得性与充分性，由于普利制药（300630）、同和药业（300636）、凯普生物（300639）和透景生命（300642）未公布 2016 年年报，数据缺失，予以剔除。

续表

证券代码	证券名称	专利技术得分	商标得分	资质得分	研发费用占比得分	技术员工占比得分	员工学历得分	前五名客户占比得分	十大股东持股比例得分	高管平均年薪得分	总分
300497	富祥股份	0.0748	0.0140	0.0444	0.0679	0.2382	0.2807	0.6685	0.6963	0.2116	2.2964
300601	康泰生物	0.1308	0.0000	0.0222	0.0431	0.0943	0.6036	0.3473	0.8303	0.1547	2.2265
300255	常山药业	0.0140	0.0420	0.0167	0.1072	0.3369	0.6096	0.2926	0.6433	0.1628	2.2249
300294	博雅生物	0.0000	0.0140	0.0333	0.1032	0.2985	0.4944	0.3525	0.6787	0.1783	2.1528
300534	陇神戎发	0.0000	0.0000	0.0500	0.0574	0.2236	0.6057	0.5304	0.6209	0.0616	2.1497
300194	福安药业	0.0000	0.2413	0.0667	0.1140	0.3827	0.2864	0.2557	0.6690	0.1130	2.1288
300239	东宝生物	0.0514	0.0105	0.1056	0.1087	0.3531	0.3005	0.5136	0.5201	0.1431	2.1066
300039	上海凯宝	0.0000	0.0035	0.0889	0.2743	0.6605	0.2326	0.2381	0.4927	0.1132	2.1038
300584	海辰药业	0.0093	0.0000	0.0500	0.0449	0.0965	0.6194	0.2033	0.9681	0.1002	2.0917
300158	振东制药	0.1262	0.0105	0.0056	0.1177	0.4184	0.4391	0.1040	0.7619	0.0998	2.0832
300519	新光药业	0.0421	0.0000	0.0833	0.0620	0.2334	0.2947	0.4506	0.7699	0.0698	2.0057
300049	福瑞股份	0.0000	0.2028	0.0111	0.2180	0.6359	0.0000	0.2318	0.4260	0.1814	1.9070
300233	金城医药	0.0841	0.0105	0.1000	0.1097	0.3556	0.0420	0.3489	0.5801	0.2216	1.8526
300501	海顺新材	0.0000	0.0070	0.0667	0.0641	0.2338	0.2455	0.2325	0.7755	0.0871	1.7122
300452	山河药辅	0.0093	0.0350	0.1389	0.0804	0.2556	0.2312	0.1154	0.6084	0.0536	1.5278

（二）行业无形资产规模结构分析

无形资产规模结构包括专利及非专利技术数量、商标数量和资质数量三项二级指标。医药制造行业 2016 年授权专利共计 1642 项，平均每家企业授权 38.19 项专利，翰宇药业（300199）、万孚生物（300482）、迈克生物（300463）、尔康制药（300267）共授权专利 609 项，约占行业总量 37.09%，其中，翰宇药业（300199）表现最为突出，2016 年已授权专利达到 214 项，占行业总量 13.03%；该行业注册商标数量共计 1930 项，平均每家企业约有 44.88 项，康芝药业（300086）、迈克生物（300463）、香雪制药（300147）、广生堂（300436）四家企业共有商标 864 项，占行业总量 44.77%；该行业资质数量共计 778 项，平均每家企业拥有 18 项，迈克生物（300463）、瑞普生物（300119）、兴齐眼药（300573）、利德曼（300289）四家企业共有资质 362 项，占行业总量 46.53%。

（三）行业无形资产持续能力分析

无形资产持续能力包括研发费用占比、技术员工占比和员工学历三项二级指标。医药制造行业研发费用占比行业均值为 7.68%，研发费用占比最高三家企业为沃森生物（300142）、广生堂（300436）、智飞生物（300122），分别为 52.61%、21.80% 和 16.96%；技术员工占比行业均值为 18.35%，占比最高三家企业为迈克生物（300463）、美康生物（300439）、九强生物（300406），比例分别为47.20%、42.96%、32.88%；员工学历行业均值为33.23%，员工本科及以上学历占比最高前三家企业为我武生物（300357）、迈克生物（300463）和贝达药业（300558），分别为62.54%、58.77%和58.09%。

（四）行业无形资产竞争能力分析

无形资产竞争能力包括前五名客户占比、前十大股东持股比例和高管平均年薪三项二级指标。医药制造行业前五名客户占比行业均值为29.13%，前五名客户占比最高的前三名企业为赛托生物（300583）、博腾股份（300363）和贝达药业（300558），分别为73.25%、71.36%和66.62%；前十大股东持股比例行业均值为64.46%，前十大股东持股比例最高前三企业为赛托生物（300583）、海辰药业（300584）和智飞生物（300122），分别为98.9%、95.75%和85.31%；高管平均年薪行业均值为43.48万元，高管年薪最高前三企业为红日药业（300026）、贝达药业（300558）和翰宇药业（300199），分别为234.19万元、96.25万元和87.47万元。

四、迈克生物案例分析

（一）企业简介

四川迈克生物科技股份有限公司（以下简称：迈克生物）成立于1996年8月，于2015年5月28日在深圳证券交易所创业板上市（股票代码：300463）。该公司主营业务为体外诊断产品的自主研发、生产、销售和服务，包括代理销售国外知名品牌的体外诊断产品。公司销售产品和提供技术服务的终端客户主要为医疗机构、第三方检测中心等，其中医疗机构包括各类医院、社区医疗服务中心、乡镇卫生院、体检中心等。

（二）竞争优势分析

迈克生物以"科技服务人类健康"为企业使命，专注于体外诊断技术的创新与服务，通过20余年的发展，已成为国内一流的体外诊断企业。总体来看，迈克生物在无形资产规模结构、无形资产持续能力和无形资产竞争能力方面均表现较好，综合实力稳健。具体来看，迈克生物能够在行业内无形资产方面成为标杆企业，原因有三：一是重视技术研发；二是重视产品质量；三是重视营销服务。

1. 技术与研发优势

迈克生物高度重视新技术和新产品的研发工作，通过持续的研发投入并成功实现转产，不断丰富和优化公司的产品线，进一步确立了公司在国内体外诊断行业的研发优势。

（1）研发项目投入情况

近五年来，迈克生物一直重视研发创新，不断加大研发投入。其中，2016 年研发投入为 2012 年的 4 倍有余，如图 12-1 所示，除 2015 年外，其余年份增长率均维持在 50% 以上。

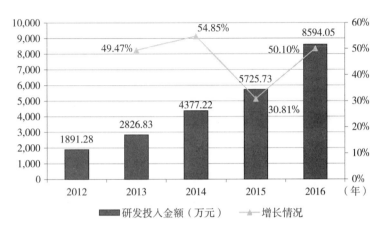

图 12-1　2012 年至 2016 年迈克生物研发投入及其变动情况

（2）产品注册情况

迈克生物 2016 年已获国内注册证新增 12 个；已获国际注册证新增 101 个，新获证产品进一步丰富了公司上市产品品类，增强了公司在 IVD 领域的优势。

（3）专利取得情况

迈克生物拥有专利 134 项，位居行业内前三，其中发明专利 8 项，实用新型专利 91 项，外观专利 35 项。

（4）商标取得情况

迈克生物共取得商标注册 220 项，作为开拓海外市场及国际品牌打造的重要举措，陆续取得了在秘鲁、德国、法国、葡萄牙、西班牙、新加坡等 19 个国家或地区的相关的商标注册。

2. 生产与质量管理体系优势

迈克生物是国际临床化学与检验医学联合会（IFCC）在中国的第一家企业会员，是中国首批建立酶学参考实验室的体外诊断产品生产企业，迈克诊断产品的溯源成果达到国际先进水平，是中国首家进入国际溯源联合组织（JCTLM）医学参考测量实验室列表行列的生产企业。公司在国际国内参考方法能力验证 17 项全部符合，在欧盟的有证参考物质（ERM-AD453K/IFCC、REM-AD454K/IFCC、ERM-AD455K/IFCC）证书上四川迈克生物被列入 13 个赋值单位之一，这标志着全世界参考物质用户都能看到迈克定值的信息。

3. 产品和营销服务优势

为积极推进营销网络建设，目前，迈克生物共设立了10家渠道类全资及控股子公司、16个办事处，业务覆盖除香港、澳门、台湾以外全国所有区域；在海外共在15个国家/地区建立19家一级渠道经销商，销售突破涉猎欧洲、亚洲和非洲三个大洲；现有销售人员359人、专业工程师233人、产品培训66人，专业的人才队伍和高效的组织体系保障了公司综合实力的竞争。

随着国内体外诊断行业的日渐成熟，单纯的销售产品已不能满足客户的需求，提升能力、降低成本成为医疗机构的内在需求，因此规模化集约化的采购模式应运而生，公司具有的产品资源整合优势和专业化的销售服务能力能够帮助客户进行实验室整体设计、配置采供精算、流程优化、实验室管理等专业服务。

第四篇

创业板上市公司无形资产指数

✎ **报告十三**

创业板上市公司无形资产年度指数（2016）

为持续跟踪研究创业板上市公司无形资产整体质量及信息披露质量，本报告基于证监会30号准则（2012年修订）及2016年度创业板上市公司年度报告中的无形资产相关信息，并考虑各类型无形资产对不同行业公司重要性的差异化特征，通过构建年度信息披露指数及质量指数，对2016年度创业板上市公司的无形资产整体质量和信息披露质量进行了评价，并基于无形资产类型差异和行业差异进行了比较分析。此外，由于无形资产已逐步成为创业板上市公司实现技术进步和创新发展的核心竞争要素，本报告新构建了创业板上市公司无形资产价值评价指数，旨在从无形资产角度量化分析上市公司创新能力和企业价值。因此，2016年创业板上市公司无形资产年度指数由信息披露指数、无形资产质量指数和无形资产价值评价指数三项指数共同构成。

一、2016年度无形资产信息披露指数的构建

（一）评价样本

截至2017年5月18日，共有638家公司在创业板上市，其中共有601家公司披露了2016年年报。本报告将上述601家公司纳入统计样本，并根据证监会二级行业（2012年）的样本数量及代表性，将全部样本公司分为医药制造、互联网及相关服务、机械设备仪表❶、计算机通信及电子、软件及信息技术服务、化学橡胶塑料、文化传播及其他❷共8个二级行业，并分别计算各行业的2016年度无形资产信息披露指数。

基于以上说明，创业板上市公司2016年度无形资产信息披露指数的评价样本具体如表13-1所示。

---

❶ 为便于统计分析，本报告将专用设备制造业、通用设备制造业、电器机械和器械制造业、仪器仪表制造业等4个二级行业统归为机械设备仪表业。

❷ 凡不属于前述7类二级行业的其他样本公司均归入其他行业，主要涵盖的行业有：农林牧渔业、商业服务业、非金属矿物制品业、环保业、土木工程建筑业等。

表 13-1 2016 年度无形资产信息披露指数评价样本

数据来源	样本数量	行业分类
2016 年年报	601 家 （不含 300060、300186、300361、300454、300504、300524、300544、300564、300574、300594、300614、300624、300634、300644、300646；不含当年新上市不强制要求披露年报的公司：300514、300554、300604、300613、300616、300617、300618、300619、300620、300621、300622、300623、300625、300626、300627、300628、300629、300630、300631、300632、300635、300636、300637、300638、300639、300640、300641、300642、300643、300645、300647、300648、300649、300650、300651、300652、300653）	医药制造（43 家） 互联网及相关服务业（13 家） 机械设备仪表（179 家） 计算机、通信及电子行业（86 家） 软件、信息技术服务业（98 家） 化学橡胶塑料（58 家） 文化传播（7 家） 其他（117 家）

（二）指标选取

创业板上市公司 2016 年度信息披露指数用于反映创业板上市公司 2016 年年报的无形资产信息披露质量，其评价体系由三级指标构成，一级指标为无形资产门类，二级指标为无形资产具体类型，三级指标为各类型无形资产的信息披露要素。各级指标的组成及选取依据如下：

一级指标：包括技术类、市场类及人力资源类三项指标。基于《蓝皮书》系列报告对创业板上市公司无形资产的结构性分类，可将其粗略分为技术类、市场类、资质类、人力资源类及无形资产相关投入共 5 大类型。由于以研发支出、期间费用、政府补助为代表的无形资产相关投入信息在创业板上市公司年度报告中的披露情况较为规范和统一，且信息披露要素较少，难以体现样本公司信息披露的横向差异，故不纳入该指标体系中。另外，由于资质类无形资产与企业市场竞争力高度相关，本报告将资质类无形资产纳入市场类无形资产中一并处理。

二级指标：技术类无形资产包含专利、非专利技术、技术标准及软件著作权四项二级指标；市场类无形资产包含商标、资质、客户及市场竞争地位四项二级指标；人力资源类无形资产包含高管、独立董事及员工三项二级指标。另外，因股东类人力资本信息无规律地披露于年度报告中，增加了信息统计的难度，故不纳入指标体系。由于证监会对高级管理人员相关信息（包括总经理、财务总监、董事会秘书）的披露规制普遍统一，且在信息统计的过程中发现高管信息披露呈现较为一致的情形，为避免重复统计，本报告以总经理的信息披露质量代表高管的普遍信息披露水平。

三级指标：即各类型无形资产的信息披露要素。考虑到相关要素的多样性和复杂性，本报告对三级指标的选择均结合相关规制披露要素与实际披露情况综合制定，并基于重要性原则，对 30 号准则中的或有指标或经统计后均未披露的指标进行了适当剔除，以保证各项三级指标的普遍性和代表性，降低偶然性信息对公司整体无形资产信息披露质量的影响。

（三）权重设置

为客观反映无形资产各信息要素之间的相对重要性及各行业对不同类型无形资产的依赖性，本报告依据专家问卷调查的结果对上述三级指标的权重进行了设置。其中，一级指标的权重主要因行业差异而发生变化，二级指标的权重则保持固定以便进行统计处理，三级指标的权重则主要体现了各信息要素之间的相对重要性。基于专家打分的结果，各级指标的权重设置如表 13-2、表 13-3、表 13-4 所示。

表 13-2　基于专家调查的一级指标权重设置

	技术类权重	市场类权重	人力资源类权重
机械设备仪表	40%	35%	25%
软件、信息技术服务业	45%	30%	25%
医药制造	45%	25%	30%
计算机、通信及电子行业	40%	25%	35%
化学橡胶塑料	35%	40%	25%
互联网及相关服务业	30%	25%	45%
文化传播	25%	45%	30%
其他	33%	33%	33%

表 13-3　基于专家调查的二级指标权重设置

技术类无形资产			
专利	非专利技术	技术标准	软件著作权
25%	25%	25%	25%
市场类无形资产			
商标	资质	客户	竞争地位
30%	30%	10%	30%
人力资源类无形资产			
高管	独立董事		员工
35%	35%		30%

表 13-4　基于专家调查的重要三级指标❶

二级指标	最重要的三项三级指标
专利	专利类型、授权日期、许可质押担保信息
非专利技术	功能及用途、技术水平、许可使用情况
技术标准	标准级别、企业参与程度、发布单位
软件著作权	取得方式、权利范围、首次发表日期
商标	适用范围、商标荣誉、授权情况
客户	客户集中度、客户性质、关联客户
竞争地位	市场竞争程度、竞争对手、细分市场排名
资质	类型、级别、产生的竞争优势
高管	学历及职称、职业经历、股权比例
独立董事	学历背景、职业经历、履职情况
股东	类型、关联关系、限售承诺
员工	总数、专业结构、技术人员占比

（四）计分方法

基于以上指标体系，本报告采取如下步骤对所有样本公司 2016 年年报中的无形资产信息进行计分，从而计算其年度无形资产信息披露指数：

1. 各项三级指标信息已披露的得 1 分，未披露的得 0 分，基于三级指标的相对权重进行加权求和，并转化为百分制，从而获得企业的各项二级指标得分。

2. 基于二级指标的权重，对二级指标得分进行加权平均，从而获得企业的各项一级指标得分。

3. 基于一级指标的权重，对一级指标得分进行加权平均，从而获得企业的最终得分，即年度信息披露指数。

4. 由于技术类无形资产所包含的四项二级指标均为或有指标，部分企业可能存在并不全部拥有各类无形资产的情况，为避免或有指标对信息披露得分所产生的影响，本报告在面临上述情况时，会自动将未披露的或有指标的权重平均分摊至其他已有指标❷，从而客观评价样本公司的信息披露质量。

5. 样本公司 2016 年度信息披露指数的理论最高分为 100 分，最低分为 0 分，兼具绝对得分与相对得分的特征。即对同一行业的样本公司而言，该指数既反映了样

---

❶　重要的三级指标将在指标体系中获得相对其他普通三级指标更高的计分权重。

❷　例如，当某企业并不拥有专利时，则非专利技术、技术标准及软件著作权的权重则同时变更为 33%，从而消除专利缺失对该企业总分的影响。

本公司信息披露实际情况与理想情况所存在的绝对差距，又反映了同行业内不同公司之间的相对差距，可以较为客观地衡量样本公司 2016 年年报的无形资产信息披露质量。

经过以上指标选取及权重设置，基于 2016 年年度报告的创业板上市公司无形资产年度信息披露指数的指标体系如表 13-5 所示。考虑到行业的差异性，本表仅以机械设备仪表行业为例，其他行业仅在一级指标的权重设置上有所不同，二级指标及三级指标的权重均保持一致。

表 13-5　2016 年度无形资产信息披露指数指标体系

二级行业	一级指标	二级指标	三级指标	权重
机械设备仪表	技术类 （40%）	专利 （25%）	专利数量	5%
			专利名称	5%
			专利类型	15%
			专利号或申请号	5%
			专利权人或申请人	10%
			授权日期或申请日期	15%
			取得方式	10%
			重要程度	10%
			法律状态	10%
			许可、质押、担保信息	15%
		非专利技术 （25%）	技术数量	5%
			技术名称	5%
			取得方式	10%
			功能及用途	15%
			取得时间	10%
			技术水平	15%
			许可使用情况	15%
			重要程度	10%
			账面价值	5%
			权属人	10%
		技术标准 （25%）	标准名称	10%
			标准类型	20%
			标准发布单位	20%
			企业参与程度	20%
			标准所处阶段	20%
			标准数量	10%

续表

二级行业	一级指标	二级指标	三级指标	权重
机械设备仪表	技术类（40%）	著作权（25%）	著作权数量	5%
			名称	5%
			登记号	10%
			证书编号	10%
			取得方式	15%
			首次发表日期	15%
			权利范围	15%
			保护期限	10%
			重要程度	5%
			账面价值	10%
	市场类（35%）	商标（30%）	商标数量变化情况及原因	5%
			适用范围	15%
			商标荣誉	15%
			取得方式	10%
			授权、许可情况	15%
			注册时间	5%
			使用地域	10%
			法律状态	10%
			商标权人	10%
			最近一期账面价值	5%
		资质（30%）	准入类	40%
			能力类	30%
			荣誉类	30%
		客户（10%）	前5名客户名称	15%
			前5名客户的性质	25%
			客户集中度	25%
			关联客户及同一控制下客户信息	20%
			销售合同信息	15%
		竞争地位（30%）	预期目标实现情况	20%
			总体经营情况	20%
			主要产品销量及市场变动	20%
			企业市场竞争力变动	20%
			市场竞争格局变动	20%
	人力类（25%）	高管（35%）	姓名	5%
			任期	5%

续表

二级行业	一级指标	二级指标	三级指标	权重
机械设备仪表	人力类 （25%）	高管 （35%）	性别	5%
			年龄	5%
			学历	10%
			职称	10%
			年度薪酬情况	10%
			年初、年末持股情况及变动量	10%
			持股变动的原因	10%
			最近五年主要工作经历	10%
			是否在股东单位任职	5%
			报酬的决策程序及依据	5%
			兼职情况	5%
			股权激励计划	5%
		独董 （35%）	姓名	5%
			性别	5%
			年龄	5%
			国籍及境外居留权	5%
			学历	5%
			职称	5%
			持股情况	10%
			兼职情况	5%
			税前报酬总额	10%
			报酬的决策程序及依据	10%
			任期	5%
			最近五年主要工作经历	5%
			曾经担任的重要职务	5%
			是否对公司有关事项提出过异议	10%
			独立董事履行职责情况	10%
		员工 （30%）	员工人数及变化	20%
			专业结构	20%
			教育程度	15%
			年龄分布	15%
			社会保障情况	10%
			离退休人员数量	10%
			人员变动对发行人影响	10%

二、2016 年度无形资产信息披露指数的统计

基于以上指标体系，本报告对 601 家样本公司 2016 年年度报告的无形资产信息披露质量进行了量化打分，从而获得其年度信息披露指数。受篇幅所限，所有样本公司的具体得分请参见书末的附表 1，下文仅对样本公司的指数得分进行统计分析。

（一）总体情况

创业板上市公司 2016 年度信息披露指数的主要描述统计量及频率分布分别如表 13-6、表 13-7 所示。统计结果表明，创业板上市公司年度信息披露指数得分均值较低，仅为 53.65 分，依然处于"不及格"状态，且相比 2015 年的 54.25 分略有下降，说明创业板上市公司 2016 年年报的无形资产信息披露质量在经过连续几年的小幅上升后有所降低。从频率分布来看，年度信息披露指数得分相对较为集中，呈现出正态分布特征，但横向差异较为明显，最高分与最低分之间的差值保持在 40 分左右，其中仅有 12% 的公司指数得分达到 60 分的及格线，比 2015 年下降 1 个百分点。

表 13-6　2016 年度信息披露指数描述统计量

N	最大值	最小值	均值
601	74.85	35.66	53.65

表 13-7　2016 年度信息披露指数频率分布

分值区间	公司数量	占比
[35, 40)	30	5%
[40, 50)	234	39%
[50, 60)	264	44%
[60, 70)	61	10%
[70, 75)	12	2%
合计	601	100%

（二）基于无形资产类型差异的分析

为进一步解构 2016 年度信息披露指数，本报告对各项一级指标的得分进行了描述性统计，结果如表 13-8 所示。统计表明，从无形资产的类型差异来看，技术类及市场类无形资产信息披露得分普遍较低，而人力资源类无形资产信息披露得分相对较高，且优势明显。其主要原因在于第 30 号准则对人力资源类无形资产相关要素的披露规则较为严格、明确和详细，上市公司并无太多自主调整的空间，从而提高了信息披露质量。

表 13-8 年度信息披露指数一级指标描述统计量

	最大值	最小值	均值
技术类得分	85.00	15.00	34.85
市场类得分	65.00	10.00	36.66
人力资源类得分	95.00	75.00	85.55
2016 年度信息披露指数	74.85	35.66	53.65

（三）基于行业差异的分析

为体现样本公司 2016 年度信息披露指数的行业差异，本报告对前述 8 个二级行业的指数得分进行了描述性统计，结果如表 13-9 所示。统计表明，有 4 个行业的指数得分均值高于全样本均值（53.65 分），其中，互联网及相关服务业的指数得分均值（58.85）及最高分（74.85）、最低分（45.55）均超过其他行业，成为无形资产信息披露质量最高的行业，这可能与该行业样本数量较少且在人力资源类指标上所占权重相对较高有关。计算机通信及电子、文化传播和软件、信息技术服务业等 3 个行业的指数得分均值在 55~58 分，处于第二梯队。而医药制造、化学橡胶塑料、机械设备仪表和其他行业的指数得分在 50~53 分，处于落后地位。

表 13-9 2016 年度信息披露指数的行业比较

	医药制造	计算机通信及电子	机械设备仪表	软件、信息技术服务	互联网及相关服务	化学橡胶塑料	文化传播	其他
样本数量	43	86	179	98	13	58	7	117
均值	52.67	57.85	51.15	54.67	58.85	52.05	56.33	50.33
最高分	73.15	73.67	71.85	67.88	74.85	71.35	63.19	74.74
最低分	35.85	37.05	36.33	37.67	45.55	41.75	41.84	35.66
均值排名	5	2	7	4	1	6	3	8

三、2016 年度无形资产质量指数的构建

（一）样本范围

2016 年度创业板上市公司无形资产质量指数的样本范围与年度信息披露指数一致，在此不再赘述。

（二）指标选择

1. 指标选取的原则

影响创业板上市公司无形资产整体质量的因素较为复杂，为实现评价目标，在选取指标时应遵循以下原则：

全面性原则：企业无形资产质量指数是一个多维度、多层次的复杂系统，涵盖了从相关资金投入到经营绩效的多方面内容，需要建立一套全面、系统的指标体系进行评价。

科学性原则：构建的指标体系应当与企业无形资产整体质量有直接的联系，能够恰当反映评价样本的无形资产竞争力，从而满足客观监测和科学评价的功能。

重要性原则：在繁杂的各类指标中，应当优先使用最具有代表性、最能反映评价要求的核心指标，从而增强评价模型的适用性。

可比性原则：由于存在行业、规模、经营方式等因素的差异，不同企业的指标在绝对数上往往不具有可比性，应采用相对数指标削减这一影响，确保同一行业内不同企业的指标口径一致，行业间的指标口径则应保持一定的差异。

可得性原则：质量指数的编制必须基于定量分析，因此选取的指标必须有可靠的数据来源和准确的量化方法，指标数量不宜过多以便于操作。

2. 指标选取结果

无形资产质量指数用于反映创业板上市公司各年度的无形资产整体质量和竞争能力，其评价体系由两级指标构成，一级指标为无形资产质量评价维度，二级指标为与无形资产相关的具体数量指标和财务指标。基于上述指标选取原则，用于构建无形资产质量指数的各级指标组成如下：

一级指标：包括无形资产账面价值、无形资产规模能力、无形资产持续能力及无形资产竞争能力四个维度。无形资产账面价值是反映企业无形资产存续状况的基础性财务指标，尽管会计制度的局限性使得该项指标并不能如实反映企业无形资产的市场价值，但基于可比性原则，对该项指标的使用仍具有一定的合理性。无形资产规模能力主要是对企业无形资产的存续规模进行描述，从数量角度评价企业的无形资产竞争力。无形资产持续能力用于反映企业创造、积累无形资产的持续性，持续能力越强的企业所具备的发展潜力往往也越高。无形资产竞争能力则体现了企业利用无形资产创造经营业绩的最终效果，是企业无形资产质量优劣的直接表现，一般采用财务指标进行反映。

二级指标：无形资产账面价值只包含企业无形资产覆盖率这 1 项二级指标。无形资产规模能力包含专利数量、技术标准数量、商标数量、资质数量及著作权数量 5 项二级指标。无形资产持续能力包含研发支出强度、专业人员密度、员工素质、政府补助强度及销售投入 5 项二级指标。无形资产竞争能力包含营业利润率、资产收益率及每股净收益 3 项二级指标。

考虑到指标的科学性和严谨性，本报告对各项二级指标的数据处理采用以下方法：（1）无形资产规模能力所包含的 5 项二级指标均采用截至 2016 年年末的无形资产存量指标，而非当年的增量指标；（2）企业所拥有的专利、商标及著作权数量均为已授权、注册和登记的数量，正在申请的专利、商标和著作权均不纳入统计范围；（3）考虑到指标的覆盖率，上述 14 项指标并未全部纳入所有行业的评价体系中，各行业二级指标数量在 10~14 项；（4）为体现行业特征，部分二级指标在不同行业中的选取会有所差异，如将资质数量细分为准入类、能力类和荣誉类，将专业人员密度细分为销售人员、技术人员和生产人员等。

3. 各项指标的含义

构建年度无形资产质量指数所需的指标体系共包含上述 4 项一级指标和 14 项二级指标，二级指标的含义及计算方法具体如表 13-10 所示。

表 13-10　无形资产质量指数二级指标的含义及计算

一级指标	二级指标	含义及计算方法	单位
无形资产账面价值	无形资产覆盖率	年末无形资产账面价值/总资产账面价值	%
无形资产规模能力	专利数量	已获授权专利（或发明专利）总量	项
	技术标准数量	参与定制国际、国家和行业技术标准的数量	项
	商标数量	持有注册商标数量	项
	资质数量	各类型（准入、能力、荣誉）资质数量	项
	著作权数量	所获软件著作权（或作品著作权）数量	项
无形资产持续能力	研发支出强度	当年研发支出/当年营业收入	%
	专业人员密度	技术人员（或销售人员、生产人员）占比	%
	员工素质	本科以上学历员工占比	%
	政府补助强度	当年所获政府补助/当年营业收入	%
	销售投入	当年销售费用/当年营业收入	%
无形资产竞争能力	营业利润率	当年营业利润/当年营业收入	%
	资产收益率（ROA）	当年利润总额/平均资产总额	%
	每股净收益（EPS）	当年净利润/年末股本总额	元

（三）权重设置

为客观反映各项评价指标的相对重要性及各行业对不同类型无形资产的依赖性，本报告依据专家问卷调查的结果对上述两级指标的权重进行了设置。其中，一级指标的权重一般保持固定以便进行统计处理，除文化传播行业外，其余 7 类行业的 4 项一级指标的权重分别设置为 10%、25%、40% 和 25%。二级指标权重的设置则基于指标种类和具体内容的差异对 8 类行业进行了有针对性的微调，但在整体上基本保持一致。

经过以上指标选取及权重设置，基于 2016 年年度报告的创业板上市公司 2016 年度无形资产质量指数评价指标体系如表 13-11 所示。

表 13-11　2016 年度无形资产质量指数评价指标体系

所属二级行业	一级指标	二级指标	权重
文化传播	无形资产规模能力（30%）	持有商标数量	20%
		资质总量	30%
		作品著作权数量	50%
	无形资产持续能力（40%）	销售人员占比	30%
		员工素质	30%
		政府补助强度	10%
		销售投入	30%
	无形资产竞争能力（30%）	营业利润率	30%
		资产收益率	40%
		每股净收益	30%
医药制造	无形资产账面价值（10%）	无形资产覆盖率	100%
	无形资产规模能力（25%）	发明专利数量	30%
		持有商标数量	20%
		准入类资质数量	50%
	无形资产持续能力（40%）	研发支出强度	30%
		技术人员占比	20%
		员工素质	20%
		政府补助强度	10%
		销售投入	20%
	无形资产竞争能力（25%）	营业利润率	30%
		资产收益率	40%
		每股净收益	30%
机械设备仪表	无形资产账面价值（10%）	无形资产覆盖率	100%
	无形资产规模能力（25%）	发明专利数量	30%

所属二级行业	一级指标	二级指标	权重
机械设备仪表	无形资产规模能力（25%）	技术标准数量	10%
		持有商标数量	10%
		能力类资质数量	25%
		软件著作权数量	25%
	无形资产持续能力（40%）	研发支出强度	30%
		生产人员占比	20%
		员工素质	20%
		政府补助强度	10%
		销售投入	20%
	无形资产竞争能力（25%）	营业利润率	30%
		资产收益率	40%
		每股净收益	30%
软件、信息技术服务业	无形资产账面价值（10%）	无形资产覆盖率	100%
	无形资产规模能力（25%）	发明专利数量	30%
		技术标准数量	10%
		持有商标数量	10%
		能力类资质数量	25%
		软件著作权数量	25%
	无形资产持续能力（40%）	研发支出强度	30%
		技术人员占比	20%
		员工素质	20%
		政府补助强度	10%
		销售投入	20%
	无形资产竞争能力（25%）	营业利润率	30%
		资产收益率	40%
		每股净收益	30%
互联网及相关服务业	无形资产账面价值（10%）	无形资产覆盖率	100%
	无形资产规模能力（25%）	发明专利数量	30%
		持有商标数量	20%
		能力类资质数量	25%
		软件著作权数量	25%
	无形资产持续能力（40%）	研发支出强度	30%
		技术人员占比	20%
		员工素质	20%
		政府补助强度	10%

所属二级行业	一级指标	二级指标	权重
互联网及相关服务业	无形资产持续能力（40%）	销售投入	20%
	无形资产竞争能力（25%）	营业利润率	30%
		资产收益率	40%
		每股净收益	30%
计算机、通信及电子	无形资产账面价值（10%）	无形资产覆盖率	100%
	无形资产规模能力（25%）	发明专利数量	30%
		持有商标数量	20%
		能力类资质数量	25%
		软件著作权数量	25%
	无形资产持续能力（40%）	研发支出强度	30%
		生产人员占比	20%
		员工素质	20%
		政府补助强度	10%
		销售投入	20%
	无形资产竞争能力（25%）	营业利润率	30%
		资产收益率	40%
		每股净收益	30%
化学橡胶塑料	无形资产账面价值（10%）	无形资产覆盖率	100%
	无形资产规模能力（25%）	发明专利数量	30%
		技术标准数量	20%
		持有商标数量	25%
		准入类资质数量	25%
	无形资产持续能力（40%）	研发支出强度	30%
		生产人员占比	20%
		员工素质	20%
		政府补助强度	10%
		销售投入	20%
	无形资产竞争能力（25%）	营业利润率	30%
		资产收益率	40%
		每股净收益	30%
其他行业	无形资产账面价值（10%）	无形资产覆盖率	100%
	无形资产规模能力（25%）	专利数量	30%
		技术标准数量	10%
		持有商标数量	10%
		资质总数量	25%

续表

所属二级行业	一级指标	二级指标	权重
其他行业	无形资产规模能力（25%）	软件著作权数量	25%
	无形资产持续能力（40%）	研发支出强度	30%
		技术人员占比	20%
		员工素质	20%
		政府补助强度	10%
		销售投入	20%
	无形资产竞争能力（25%）	营业利润率	30%
		资产收益率	40%
		每股净收益	30%

（四）计分方法

创业板上市公司无形资产质量评价计分方法的根本是要对评价指标进行无量纲化处理以消除原始变量量纲的影响。首先，要确定每个指标 2 个标准值，然后分别给 2 个标准值打分，由标准值 1（分数 1）及标准值 2（分数 2）确定计分公式，进而可确定每一个指标实际值对应的得分，再通过指标权重与指标实际值得分的加权平均运算得到指标综合得分值，从而得到行业内每家样本公司的无形资产质量指数。

具体而言，本报告采用"两点法"对二级指标进行无量纲化处理，即利用专家评判法给标准值 1（行业最低值，记 0 分）和标准值 2（行业最高值，记 100 分）打分，从而形成了两个确定的点，利用这两个点就可以确定一条以指标实际值为自变量、以二级指标得分为因变量的一次线性函数方程，从而确定每个实际指标值所对应的分数。最后利用加权平均法即可得出每家样本公司的一级指标得分和最终得分，该得分即为企业的无形资产质量指数。

四、2016 年度无形资产质量指数的统计

基于以上指标体系，本报告对 601 家样本公司 2016 年年度报告所体现的无形资产整体质量进行了量化打分，从而获得其无形资产质量指数。受篇幅所限，所有样本公司的具体得分请参见书末的附表 2，下文仅对样本公司的质量指数得分进行统计分析。

（一）总体情况

样本公司无形资产质量指数的主要描述统计量及频率分布分别如表 13-12、表 13-13 所示。统计结果表明，创业板上市公司无形资产质量指数得分均值较低，仅为 37.85 分，显示创业板上市公司无形资产整体质量不高，相比 2015 年的 36.50 分略有提升。从频率分布来看，无形资产质量指数得分较为集中，呈现出明显的正态分布特征，横

向差异并不明显，其中，超过七成以上公司的得分在 20~40 分，集中度较高。但相较于无形资产信息披露指数，创业板上市公司的无形资产质量指数分布则相对分散，样本极差依然超过 55 分，分值区间包含 5 个分数段，说明不同企业间的无形资产质量差异较为明显。与此同时，得分在 50 分以上的无形资产整体质量较高的企业占比仅为 5%，比上年度增加 1 个百分点，说明无形资产综合竞争力较强的领先企业依然偏少。

表 13-12　无形资产质量指数描述统计量

	N	最大值	最小值	均值
无形资产质量指数	601	69.88	15.85	37.85

表 13-13　无形资产质量指数频率分布

分值区间	公司数量	占比
[0, 20)	30	5%
[20, 30)	168	28%
[30, 40)	277	46%
[40, 50)	96	16%
[50, 70)	30	5%
合计	601	100%

（二）基于评价维度差异的分析

为进一步解构无形资产质量指数，本报告对各项一级指标的得分进行了描述性统计，结果如表 13-14 所示。统计表明，从一级指标评价维度的差异来看，创业板上市公司的无形资产规模能力相对较差，且企业间的差距较为明显。尽管本报告在指标体系的设置中剔除了个别覆盖率极低的或有指标，但仍有部分企业在该指标上的得分明显偏低，说明其无形资产规模和结构尚未形成企业的核心竞争力。相较于规模能力，创业板上市公司的无形资产持续能力的描述性指标与质量指数基本保持一致，除因其在指数计算过程中所占的权重（40%）较大外，近年来创业板上市公司对研发活动、营销活动的持续高额投入也是主要原因之一。

值得注意的是，样本公司无形资产竞争能力的描述性指标远远高于质量指数，由于该项一级指标是由 3 项财务指标构成，因而体现了创业板上市公司无形资产的运行效果相对较好，在企业无形资产规模能力相对不足的条件下依然通过有效经营实现了盈利。

表 13-14　无形资产质量指数一级指标描述统计量

	最大值	最小值	均值
无形资产账面价值	100	0	25.50
无形资产规模能力	85	10	18.85
无形资产持续能力	91.85	15	38.65
无形资产竞争能力	94.05	0	60.35
无形资产质量指数	69.88	15.85	37.85

（三）基于行业差异的分析

为体现样本公司无形资产质量指数的行业差异，本报告对前述 8 个二级行业的指数得分进行了描述性统计，结果如表 13-15 所示。统计表明，仅有 4 个行业的质量指数得分均值高于全样本均值（37.85 分），其中，软件、信息技术服务业的质量指数得分均值（44.97）、最高分（69.88）及最低分（27.53）均超过其他行业，成为无形资产整体质量最高的行业，这可能与该行业的无形资产富集特征相关，且该行业近年来的经营业绩普遍提升，从而拉高了整体得分。互联网及相关服务业、计算机通信及电子和文化传播三类行业的得分均值较为接近，均略高于全样本均值。其中，由于样本数量较少，互联网及相关服务业和文化传播业样本公司的得分较为集中，而计算机通信及电子行业的得分则相对分散。其他行业则"高分不高、低分过低"，从而拉低了行业得分均值。医药制造、机械设备仪表、化学橡胶塑料和其他行业的得分均值都在 33~37 分左右，虽低于全样本均值，但差距不大。

表 13-15　无形资产质量指数的行业比较

	医药制造	计算机通信及电子	机械设备仪表	软件、信息技术服务	互联网及相关服务	化学橡胶塑料	文化传播	其他
样本数量	43	86	179	98	13	58	7	117
均值	36.48	39.52	35.93	44.97	41.85	32.97	38.15	33.45
最高分	55.49	65.79	59.80	69.88	51.57	48.28	44.24	58.06
最低分	19.64	16.86	15.85	27.53	32.80	21.07	35.83	17.15
均值排名	5	3	6	1	2	8	4	7

五、2016 年度无形资产价值评价指数的构建

（一）指数的功能与意义

创业板上市公司通常集中于技术密集型行业，以快速成长和技术进步为主要特征，是促进我国战略新兴产业发展的重要推动力量。以知识产权为代表的企业无形资产已

逐步成为创业板上市公司实现技术进步和创新发展的核心竞争要素。创业板上市公司无形资产价值评价指数，即是从无形资产角度分析上市公司创新能力和企业价值的评价方法，既体现了资本市场对企业无形资产的认可程度和溢价水平，也体现了企业自身的创新基础和创新能力，对于更为全面、客观地评价创业板上市公司的创新水平和竞争能力具有重要参考意义。

（二）样本范围

2016 年度创业板上市公司无形资产价值评价指数的样本范围与年度信息披露指数和无形资产质量指数一致，在此不再赘述。

（三）计算方法

创业板上市公司无形资产价值评价指数的构建方法为：

价值评价指数=无形资产账面价值占比×托宾 Q 值×无形资产质量指数

其中：无形资产账面价值占比，用于反映可形成创新资源的企业无形资产的相对规模，是企业无形资产的价值基础；托宾 Q 值则是评价企业市场价值的常用指标，用于反映资本市场对企业无形资产的认可程度和溢价水平，体现了无形资产价值的市场放大效应；无形资产质量指数则是本报告前文中已构建的、用于反映企业无形资产质量的评价指标，可以看作对无形资产市场价值的合理调整。三项指标相乘，即是创业板上市公司无形资产价值评价指数的数值，且三项指标的计算基准日均为 2016 年 12 月 31 日。

三项指标的计算方法具体如下：

无形资产账面价值占比＝（无形资产账面价值−土地使用权价值+商誉账面价值）/总资产账面价值

考虑到会计准则的谨慎性和约束性，无形资产账面价值通常只能反映以知识产权为代表的企业常规无形资产的历史成本，而无法反映资质类、市场类、人力资本类等非常规无形资产或其他不可确指无形资产的账面价值，故需要将商誉账面价值同时纳入计算指标中。另外，由于土地使用权属于边缘无形资产，无法构成严格意义上的企业创新资源，故将土地使用权价值从无形资产账面价值中剔除。

托宾 Q 值=公司市场价值/资产重置成本

托宾 Q 值是公司市场价值对其资产重置成本的比率，由于公司真实市场价值和资产重置成本难以计算获得，考虑到计算的便捷性和数据的可得性，本报告在计算过程中使用"股权的市场价值+负债的账面价值"近似替代"公司市场价值"，使用"资产账面价值"近似替代"资产重置成本"。

无形资产价值质量指数的计算方法前文已有说明，在此不再赘述。

六、2016 年度无形资产价值评价指数的统计

（一）总体情况

基于以上指标体系，本报告对 601 家样本公司的 2016 年度无形资产价值评价指数进行了计算，总体得分情况如表 13-16 所示。

表 13-16　无形资产价值评价指数总体分布

分值区间	[0,20)	[20,40)	[40,60)	[60,80)	[80,100]	合计
样本数量	226	218	99	47	11	601
占比	37.6%	36.3%	16.3%	7.8%	1.8%	100%
总体均值	30.78					

统计结果表明，创业板上市公司无形资产价值评价指数得分均值较低，仅为 30.78 分，显示创业板上市公司无形资产整体价值偏低，且明显低于无形资产信息披露指数和无形资产质量指数。主要原因在于，在剔除土地使用权之后，企业无形资产账面价值占比这一指标下降明显，且部分企业商誉为零，导致无形资产的价值基础被低估。从频率分布来看，无形资产价值评价指数相对集中，其中，超过七成以上公司的得分在 40 分以下，拉低了整体均值。与此同时，得分在 60 分以上的优秀企业占比不足 10%，说明无形资产整体市场价值较高的领先企业相对偏少。

（二）基于行业差异的分析

为体现样本公司无形资产价值评价指数的行业差异，本报告对前述 8 个二级行业的指数得分均值进行了统计，结果如表 13-17 所示。

表 13-17　无形资产价值评价指数的行业比较

	软件信息技术服务	互联网及相关服务	计算机通讯及电子	文化传播	医药制造	机械设备仪表	其他	化学橡胶塑料
样本数量	98	13	86	7	43	179	117	58
均值	55.75	40.75	36.89	36.28	24.74	23.93	23.14	17.50
均值排名	1	2	3	4	5	6	7	8

统计表明，仅有 4 个行业的无形资产价值评价指数得分均值高于全样本均值（30.78 分），其中，软件、信息技术服务业的质量指数得分均值（55.75）远超过其他行业，成为无形资产整体价值最高的行业。互联网及相关服务业排名第二，但与第一

名的得分差距较大。计算机通信及电子和文化传播这两大行业的得分均值极为接近，均高于全样本均值 6 分左右。医药制造、机械设备仪表和其他行业的得分均值都在 23~25 分，行业间差距不大，但都低于全样本均值 6 分以上，与排名前四行业的差距极为明显。化学橡胶塑料行业的均值则仅为 17.50 分，说明该行业的无形资产账面价值占比、托宾 Q 值和无形资产质量指数三项指标均与其他行业存在明显差距，行业无形资产整体竞争力不容乐观。

值得注意的是，无形资产价值评价指数的行业均值排名情况与无形资产质量指数完全一致，且在加入无形资产账面价值指标和托宾 Q 值指标之后，以化学橡胶塑料为代表的落后行业与领先行业之间的得分差距不仅未能缩小，反而明显拉大。以上分析说明，无形资产整体质量是影响企业无形资产市场价值的重要因素，且具有市场放大效应。因此，创业板上市公司想要提升无形资产乃至企业整体的市场价值，必须以优化无形资产规模结构、提升无形资产整体质量为主要抓手，从根本上夯实企业技术进步和创新发展的基础性资源。

第五篇

创业板上市公司专题研究

创业板上市公司股利政策研究

本报告对创业板上市公 2016 年股利分配情况进行了统计分析，发现同主板相比，创业板现金股利分配的金额比例都较低，更倾向于转增股本，"高送转"现象仍然具有一定的普遍性。创业板"高送转"现象与其公司特征有一定的关联。在创业板中，按行业分类有大量无形资产比例高的轻资产类别公司，这类公司研发投入高，而无形资产研发投入与产出的弱对应性，导致其经营风险更高。因此，公司倾向于持有现金，保证后续快速发展过程中现金流的稳定性，相比之下，送股与配股成了股利分配中的优先选择。

"高送转"通过除权降低股价，一定程度上提升了股票的流动性，同时通过投资者的价格幻觉，在填权过程中拉升股价，带来更高的收益。但是，对成长性较差的公司，"高送转"操纵股价容易产生价格与价值的背离，为公司后续发展埋下隐患。

一、文献综述

"股利之谜"有多种理论解释，从信号传递理论、流动性理论到较新的迎合理论都从不同角度解释股利分配的内在机制。但这些理论能否解释中国资本市场现象，是国内学者实证研究的重点。

中国资本市场股利分配存在一定的政策影响。考虑政策影响，2008 年证监会关于再融资资格与股利水平挂钩的政策，对有再融资需求或潜在再融资需求的成长型和竞争行业上市公司带来了一定负面影响（李常青等，2010）。后续实证研究表明，该政策推动了非竞争行业和高盈利公司提高派现水平，也强迫高成长、有融资需求的公司不得不派现；2006 年和 2008 年的政策使得发放"门槛"股利和"微股利"的公司增加（魏志华等，2014）。2011 年 11 月，证监会要求申请上市的公司在章程中对未来分配政策做出承诺，对中小板和创业板上市公司的研究发现，证监会和市场都青睐承诺分红比例高的公司，这些公司上市后的业绩也更优（王国俊等，2014）。

从投资者角度来看，无须缴纳红利所得税的社保基金持股比例与公司股利之间存在正相关关系，验证了"顾客效应"假说（靳庆鲁等，2016）。私募股权参与的公司更倾向于发放现金股利，且现金股利支付率较高（王会娟等，2014）。针对我国上市公司股利不平稳现象，实证研究发现其对投资者偏好有影响（陈名芹等，2017）。

部分实证研究从财务灵活性分析股利政策（王志强等，2012）。分析了地域因素对股利政策的影响，认为在受到外部融资约束的情况下，边远地区公司更倾向于通过减少发放现金股利来保留公司的财务灵活性（张玮婷等，2015）。市场化程度越高，公司越倾向于发放更多的现金股利，且在非国有产权控制中更为明显（雷光勇等，2007）。我国交叉上市分配的现金股利更少，国有股权性质能显著弱化交叉上市与现金股利政策间的负向关系（程子健等，2015）。与股权激励结合起来观察股利，我国推出股权激励方案的公司更倾向于减少现金股利的发放，具有福利性的股权激励公司对现金股利政策影响更显著（吕长江等，2012）。

近年，对股利迎合理论的研究中发现，国内股权集中度高的特征，导致管理层的股利政策迎合了大股东的需求，却忽略了中小投资者的股利偏好（黄娟娟等，2007）。从行为金融框架下，实证研究发现管理者通过"高送转"来迎合投资者名义估价幻觉，实现自身利益（李心丹等，2014）。

创业板上市公司的股利分配研究更多在上述讨论的研究框架内，但是创业板上市公司规模小、成长性良好等特征，导致其股利政策的制定与主板上市公司有所差异。本报告在统计分析的基础上寻找差异，并展开相应的案例研究。

二、创业板股利分配均值统计

本报告统计了2009-2016年创业板上市公司股利分配情况。重点统计分析了2016年上市公司的每股股利、红股、转增股本情况。样本中，主板1798家，有效1128家；创业板678家，有效553家；中小企业板878家，有效648家。分红资料截至2017年9月30日，数据来源于万得金融资讯。

（一）2009-2016年创业板股利分配情况

本报告对2009年至2016年创业板股利分配整体情况进行了统计，剔除了数据缺失的公司后，每年股利分配均值如图14-1所示。创业板现金股利呈现下降趋势，每股红股和每股转增股本比例有所波动。从均值角度考察，创业板每股转增股本比例较高。

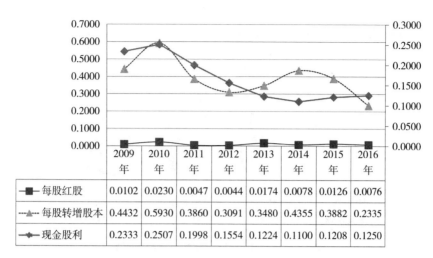

	2009年	2010年	2011年	2012年	2013年	2014年	2015年	2016年
─■─每股红股	0.0102	0.0230	0.0047	0.0044	0.0174	0.0078	0.0126	0.0076
┅▲┅每股转增股本	0.4432	0.5930	0.3860	0.3091	0.3480	0.4355	0.3882	0.2335
─◆─现金股利	0.2333	0.2507	0.1998	0.1554	0.1224	0.1100	0.1208	0.1250

图 14-1　2009-2016 年创业板股利分配情况

（二）2016 年每股股利

2016 年创业板上市公司仅有 3 家未发放现金股利；550 家发放现金股利，有效样本中占比 99.5%；125 家数据缺失。发放现金股利的均值为 0.116 元，经 5% 修正后为 0.099 元，如表 14-1 所示。

表 14-1　2016 年创业板每股股利均值

平均数	95%平均数的信赖区间		5%修整的平均值	中位数	变异数	标准偏差	最小值	最大值
	下限	上限						
0.1164	0.1049	0.1279	0.0987	0.0725	0.0174	0.1319	0.0020	1.0000

同中小企业版、主板相比，创业板现金股利均值较低，如图 14-2 所示。对创业板与主板进一步进行均值 T 检验，发现创业板与主板均值 T 检验有显著差异，创业板每股股利均值水平低于主板。

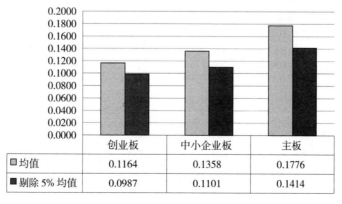

	创业板	中小企业板	主板
均值	0.1164	0.1358	0.1776
剔除 5% 均值	0.0987	0.1101	0.1414

图 14-2　2016 年每股股利均值

再考查年度现金分红比例，创业板市场比例仍然最低，如图 14-3 所示。

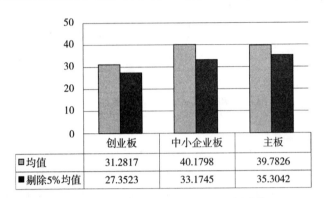

	创业板	中小企业板	主板
▢均值	31.2817	40.1798	39.7826
▪剔除5%均值	27.3523	33.1745	35.3042

图 14-3　2016 年年度现金分红比例均值

（三）2016 年每股红股

2016 年创业板上市公司 540 家未发放红股，有效样本中占比 97.6%；13 家发放红股；125 家数据缺失。发放红股的均值为 0.004 股，经 5% 修正后为 0 股，如表 14-2 所示。由于创业板发放红股的公司数量占比不足 3%，因此，进一步对发放红股的 13 家创业板公司的每股红股计算均值，为 0.325 股。

表 14-2　2016 年创业板每股红股均值

平均数	95%平均数的信赖区间		5%修整的平均值	中位数	变异数	标准偏差	最小值	最大值
	下限	上限						
0.0039	0.0006	0.0071	0.0000	0.0000	0.0014	0.0368	0.0000	0.5000

同中小企业版、主板相比，创业板每股红股均值较低，如图 14-4 所示。对创业板与主板进一步进行均值 T 检验，发现创业板与主板均值 T 检验没有显著差异。

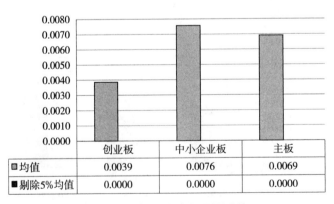

	创业板	中小企业板	主板
▢均值	0.0039	0.0076	0.0069
▪剔除5%均值	0.0000	0.0000	0.0000

图 14-4　2016 年每股红股均值

（四）2016 年每股转增股本

2016 年创业板上市公司 412 家未转增股本，有效样本中占比 74.5%；141 家转增股本，有效样本中占比 25.5%；125 家数据缺失。每股转增股本均值为 0.244 股，经 5% 修正后为 0.169 股，如表 14-3 所示。进一步对转增股本的 141 家创业板公司计算均值，为 0.918 股。

表 14-3　2016 年创业板每股转增股本均值

平均数	95%平均数的信赖区间		5%修整的平均值	中位数	变异数	标准偏差	最小值	最大值
	下限	上限						
0.2436	0.1999	0.2873	0.1687	0.0000	0.2504	0.5004	0.0000	3.0000

同中小企业版、主板相比，创业板每股转增股本均值较高，如图 14-5 所示。对创业板与主板进一步进行均值 T 检验，发现创业板与主板均值 T 检验有显著差异，创业板每股转增股本均值水平明显高于主板。

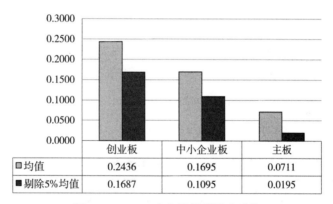

	创业板	中小企业板	主板
均值	0.2436	0.1695	0.0711
剔除5%均值	0.1687	0.1095	0.0195

图 14-5　2016 年每股转增股本均值

综合考察创业板 2016 年股利政策，可以发现，创业板同主板相比，现金股利分配的金额比例都较低，更倾向于转增股本，从而保持更多的现金流。后文将重点分析创业板转增股本情况。

三、创业板股利分配分组统计

（一）每股股利

创业板每股股利 0.5 元以下的有 533 家，0.5~1 元的 17 家。超过 1 元的 3 家：温氏股份（300498）、斯莱克（300382）、亿联网络（300628）。

比较年度分红比例（年度分红/归属母公司的净利润），539 家未超过 100%，分红比例最高的如表 14-4 所示，每股股利都低于创业板均值，其中 5 家企业自由现金流量为负。

表14-4　年度现金分红比例前十名

证券代码	证券简称	每股股利	年度现金分红比例	每股收益EPS−基本	每股净资产BPS	每股未分配利润	每股企业自由现金流量
300162.SZ	雷曼股份	0.1000	113.7143	0.0900	3.1997	0.3035	−0.1026
300035.SZ	中科电气	0.1000	114.0121	0.1000	3.5003	0.7389	0.4598
300382.SZ	斯莱克	1.0000	115.3838	0.9100	8.2553	2.6752	−2.2403
300346.SZ	南大光电	0.0600	127.8613	0.0469	7.3895	2.0197	0.0223
300257.SZ	开山股份	0.1500	129.4043	0.1200	4.0334	1.0636	0.6905
300261.SZ	雅本化学	0.0400	132.5441	0.0304	1.8832	0.3453	−0.1299
300185.SZ	通裕重工	0.0400	144.1720	0.0500	1.5281	0.1459	−0.2405
300345.SZ	红宇新材	0.0300	144.9176	0.0210	1.8148	0.2045	0.2061
300099.SZ	精准信息	0.1000	220.7815	0.0450	2.5068	0.3143	−0.3286
300006.SZ	莱美药业	0.0500	581.7392	0.0090	2.0024	0.2296	0.1508

（二）每股红股

创业板553家有效样本企业中，540家没有发放红股，13家发放红股的企业中，每股红股低于0.1股的1家，0.1~0.3股的7家，0.5~0.8股的5家。每股红股最高的是欧普康视（300595）0.8股，同时派发了每股0.35元股利。2016年上市的陇神戎发（300534）同时发放了现金股利、红股并转增股本。

表14-5　每股红股前十名

证券代码	证券简称	每股股利	每股红股	每股转增股本
300589.SZ	江龙船艇	0.0300	0.1200	0.1800
300272.SZ	开能环保	0.1000	0.2000	0.0000
300455.SZ	康拓红外	0.0550	0.2000	0.2000
300591.SZ	万里马	0.0650	0.2500	0.0500
300534.SZ	陇神戎发	0.1000	0.3000	2.2000
300015.SZ	爱尔眼科	0.1800	0.5000	0.0000
300612.SZ	宣亚国际	0.5000	0.5000	0.0000
300400.SZ	劲拓股份	0.1250	0.5000	0.5000
300631.SZ	久吾高科	0.2000	0.6000	0.0000
300595.SZ	欧普康视	0.3500	0.8000	0.0000

（三）每股转增股本

创业板每股转增股本明显高于主板，分组统计，转增股本的141家公司中，30%低于 0.5 股，48%在 0.5 股至 1 股之间，超过 2 股的有 8 家，如图 14-6 所示。可见，创业板转股的公司中，超过半数属于"高送转"。

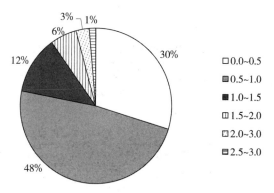

图 14-6　每股转增股本分组统计

创业板每股转增股本的前十名都发放了现金股利，且其现金股利发放金额都超过了创业板的中位数 0.0725 元，接近或超过均值 0.1164 元。

表 14-6　每股转增股本前十名

证券代码	证券简称	每股股利	每股红股	每股转增股本
300279.SZ	和晶科技	0.1000	0.0000	1.8000
300319.SZ	麦捷科技	0.1380	0.0000	1.9720
300017.SZ	网宿科技	0.2494	0.0000	1.9955
300194.SZ	福安药业	0.2000	0.0000	2.0000
300502.SZ	新易盛	0.3500	0.0000	2.0000
300534.SZ	陇神戎发	0.1000	0.3000	2.2000
300562.SZ	乐心医疗	0.2000	0.0000	2.2000
300398.SZ	飞凯材料	0.1000	0.0000	2.5000
300531.SZ	优博讯	0.1500	0.0000	2.5000
300304.SZ	云意电气	0.1000	0.0000	2.8000
300376.SZ	易事特	0.0900	0.0000	3.0000

综合分析创业板现金股利、每股红股、转增股本的分组统计结果，可以发现创业板公司整体上倾向于保留现金，同时高比例送股转股，通过这种股利分配方式保留现金流。

四、创业板"高送转"典型案例

鉴于创业板转增股本较高的客观情况，本报告将重点分析"高送转"公司。经统计，同时发放红股和转增股本的公司有 7 家，如表 14-7 所示。其中陇神戎发

（300534）在创业板每股红股、每股转增股本中都位于前十名。两者合计每股送转2.5股，在2017年上半年市场"高送转"有所收敛的情况下，仍然属于典型的"高送转"公司。

表14-7 创业板同时发放红股与转增股本公司

证券代码	证券简称	每股红股	每股转增股本	年度累计单位分红	每股未分配利润	股权登记日	除权除息日
300110.SZ	华仁药业	0.100000	0.400000	0.015000	0.6719	2017-05-26	2017-05-31
300400.SZ	劲拓股份	0.500000	0.500000	0.125000	1.6514	2017-05-18	2017-05-19
300433.SZ	蓝思科技	0.100000	0.100000	0.100000	3.5644	2017-06-02	2017-06-05
300455.SZ	康拓红外	0.200000	0.200000	0.055000	0.9012	2017-05-24	2017-05-25
300534.SZ	陇神戎发	0.300000	2.200000	0.100000	1.9625	2017-05-09	2017-05-10
300589.SZ	江龙船艇	0.120000	0.180000	0.030000	1.2059	2017-06-14	2017-06-15
300591.SZ	万里马	0.250000	0.050000	0.065000	0.4321	2017-06-29	2017-06-30

（一）陇神戎发分红情况

甘肃陇神戎发药业股份有限公司是一家集新药研发、中药加工和生产经营为一体的国家级高新技术企业。属于证监会分类的医药制造业，2016年9月在创业板上市。其针对2016年年报的分红政策，如表14-8所示。2017年，陇神戎发三种方式同时采用，每股发放现金股利0.1元、红股0.3股、转增股本2.2股。

表14-8 陇神戎发（300534）分红情况

基本情况		日期明细	
是否分红	是	预案公告日	2017/3/23
分红对象	普通股股东	除权除息日	2017/5/10
每股股利（税前）	0.1	股本基准日期	2016/12/31
每股股利（税后）	0.1	股东大会公告日	2017/4/13
是否送红股	是	股权登记日	2017/5/9
每股红股	0.3	实施公告日	2017/5/5
是否转增	是	派息日	2017/5/10
每股转增	2.2	红股上市日	2017/5/10

（二）陇神戎发分红财务基础分析

1. 每股未分配利润

上市公司分配的现金股利和红股来源于未分配利润。对创业板50家医药制造业公司均值和创业板均值进行比较，可以发现陇神戎发2015年和2016年的每股未分配利润均高于同行业水平和创业板均值，如图 14-7 所示。

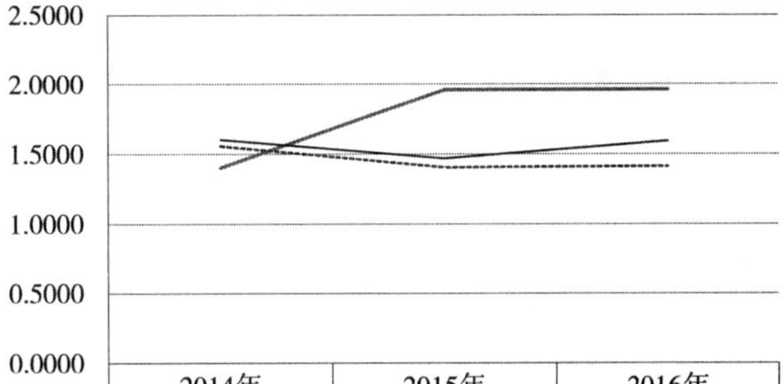

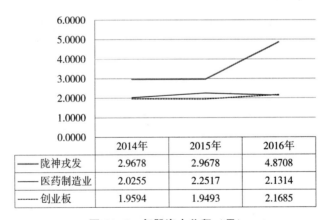

	2014年	2015年	2016年
—— 陇神戎发	1.4024	1.9599	1.9625
—— 医药制造业	1.6034	1.4689	1.5936
---- 创业板	1.5559	1.4056	1.4128

图 14-7　每股未分配利润（元）

陇神戎发最近三年未分配利润分别为 9115.43 万元、12739.4 万元、17009.2 万元，实现了逐年增长，2016 年的同比增长率是 33.52%。未分配利润为现金股利、红股分配提供了基础。

2. 每股资本公积

上市公司转增股本来源于资本公积，对创业板 50 家医药制造业公司均值和创业板均值进行比较，可以发现陇神戎发近三年的每股资本公积均高于同行业水平和创业板均值，如图 14-8 所示。

	2014年	2015年	2016年
—— 陇神戎发	2.9678	2.9678	4.8708
—— 医药制造业	2.0255	2.2517	2.1314
---- 创业板	1.9594	1.9493	2.1685

图 14-8　每股资本公积（元）

陇神戎发 2015 年和 2016 年的资本公积分别为 19291 万元和 42215.09 万元，同比增长 118.83%，为配股提供了基础。

3. 公司成长性

考察公司成长性，比较陇神戎发近三年净利润增长率，2014 年高于行业中位数和创业板中位数，2015 年开始净利润增长率下降，至 2016 年降为-22.13%，位于行业和创业板较后位置。

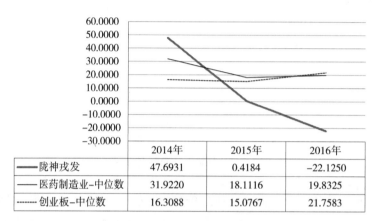

	2014年	2015年	2016年
陇神戎发	47.6931	0.4184	-22.1250
医药制造业-中位数	31.9220	18.1116	19.8325
创业板-中位数	16.3088	15.0767	21.7583

图 14-9　净利润同比增长率（%）

陇神戎发 2016 年总收入 26473.81 万元，低于 A 股医药制造业中位数 99749.46 万元，总收入同比增长率-3.39%；净利润 4725.23 万元，低于 A 股医药制造业中位数 14558.68 万元，净利润同比增长率-22.13%。

进一步考察陇神戎发近三年收益指标变化趋势，ROA、ROE、营业利润率都呈现下降趋势，如图 14-10 所示。

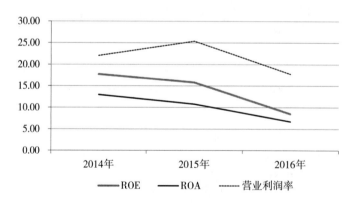

图 14-10　陇神戎发收益指标变化趋势

（三）陇神戎发"高送转"的合理性判断

陇神戎发是 2016 年 9 月上市的公司，上市第二年分红、送股、配股三种方式同时使用，且送转比例为 2.5 股。从未分配利润和资本公积分析，上市后陇神戎发有足够的未分配利润和资本公积进行现金股利分配和送股配股。

但是，从成长性分析，作为刚上市不足一年的创业板公司，成长性指标出现下降，尤其净利润增长率远低于行业水平和板块水平，表明其"高送转"行为缺乏后续支撑，更多的可能性是除权后提升流动性，通过价格幻觉来引导投资者购买。

五、结论

上市公司"高送转"本质是股东权益内部结构的调整，对于投资者而言，增加了股票数量，稀释了每股收益，并无实质收益。但是，"高送转"通过除权降低股价，一定程度上提升了股票的流动性，同时通过投资者的价格幻觉，在填权过程中拉升股价，带来更高的收益。因此，"高送转"现象容易发生在规模小、股价高的公司。"高送转"行为本身，也有操控股价的嫌疑。

创业板市场属于"高送转"高发的市场。2016 年统计数据表明，虽然绝大部分公司发放了现金股利，但现金股利低于主板；有 1/4 的公司转增了股本，且明显高于主板；转增的公司中 50%以上转增超过了 1 股，"高送转"现象突出。

对陇神戎发典型案例分析发现，作为刚上市不足一年的创业板公司，在成长性指标出现下降的情况下，仍然出现每股送 0.3 股、转 2.2 股的高比例送转行为，其操纵股价的意图明显。

本报告仅对 2016 年创业板上市公司的股利政策进行了初步的统计分析，发现了创业板"高送转"现象仍然具有一定的普遍性，操纵股价易产生价格与价值的背离，为公司后续发展埋下隐患。但是，对于创业板"高送转"后果的研究尚未展开，有待后续通过实证研究系统阐述其后果与影响。

参考文献

[1] 陈名芹，刘星，辛清泉. 上市公司现金股利不平稳影响投资者行为偏好吗？[J]. 经济研究，2017（6）：90-104.

[2] 陈艳，李鑫，李孟顺. 现金股利迎合、再融资需求与企业投资——投资效率视角下的半强制分红政策有效性研究 [J]. 会计研究，2015（11）：69-75.

[3] 程子健，张俊瑞. 交叉上市、股权性质与企业现金股利政策——基于倾向得分匹配法（PSM）的分析 [J]. 会计研究，2015（7）：34-41.

[4] 胡元木，赵新建. 西方股利政策理论的演进与评述 [J]. 会计研究，2011（10）：82-87.

[5] 黄娟娟，沈艺峰. 上市公司的股利政策究竟迎合了谁的需要——来自中国上市公司的经验证据 [J]. 会计研究，2007（8）：36-43.

[6] 蒋东生. "高分红"真的是掏空上市公司的手段吗？——基于用友软件的案例分析

[J]. 管理世界，2010（7）：177-179.

[7] 雷光勇，刘慧龙. 市场化进程、最终控制人性质与现金股利行为——来自中国 A 股公司的经验证据 [J]. 管理世界，2007（7）：120-128.

[8] 雷光勇，王文忠，刘茉. 政治不确定性、股利政策调整与市场效应 [J]. 会计研究，2015（4）：33-39.

[9] 李常青，魏志华，吴世农. 半强制分红政策的市场反应研究 [J]. 经济研究，2010（3）：144-154.

[10] 李心丹，俞红海，陆蓉，徐龙炳. 中国股票市场"高送转"现象研究 [J]. 管理世界，2014（11）：133-145.

[11] 吕长江，张海平. 上市公司股权激励计划对股利分配政策的影响 [J]. 管理世界，2012（11）：133-143.

[12] 靳庆鲁，宣扬，李刚，陈名端. 社保基金持股与公司股利政策 [J]. 会计研究，2016（5）：34-39.

[13] 王化成，李春铃，卢闯. 控股股东对上市公司现金股利政策影响的实证研究 [J]. 管理世界，2007（1）：122-136.

[14] 王会娟，张然，胡诗阳. 私募股权投资与现金股利政策 [J]. 会计研究，2014（10）：51-58.

[15] 王国俊，王跃堂. 现金股利承诺制度与资源配置 [J]. 经济研究，2014（9）：91-104.

[16] 王志强，张玮婷. 上市公司财务灵活性、再融资期权与股利迎合政策研究 [J]. 管理世界，2012（7）：151-163.

[17] 魏志华，李茂良，李常青. 半强制分红政策与中国上市公司分红行为 [J]. 经济研究，2014（6）：100-114.

[18] 张玮婷，王志强. 地域因素如何影响公司股利政策："替代模型"还是"结果模型"？[J]. 经济研究，2015（5）：76-88.

创业板上市公司投资价值
评估指标体系的构建分析

　　中国创业板市场自 2009 年 10 月 23 日推出以来，市场呈现了一定程度的波动性，但市场总体运营平稳。创业板市场作为中国资本市场的重要补充部分，不仅为创新型企业和成长性企业发展提供了有效支持，也为投资者提供了更宽广的投资领域，更为正处在成长中的创新型企业和成长型企业提供了一个新型股权投资价值评估机制。但创业板市场高市盈率、较强波动性等干扰因素的存在，使得投资者面临较大的投资风险，进而干扰了市场合理价值定价机制有效运行。创业板市场对其上市公司企业投资价值评估的合理性受到较大程度的质疑。国内外学术界有关创业板市场的理论研究大都集中于市场合理发展或风险等议题，而对企业投资价值定价机制的完善和发展给予的关注并不多。本报告在存在信息不对称，市盈率过高、股价波动过大等高风险因素的状况下引入 TBP 理论，对当前中国创业板上市公司投资价值评估指标体系存在的主要缺陷进行分析，并在此基础上构建了创业板上市公司企业投资价值评估指标体系的基本理论框架。

一、创业板上市公司投资价值评估指标系统理论框架——模型构建

　　当前资产评估学理论体系中的价值为企业的内在价值，具有内在性、客观性和不可测性。作为评估价值的 "本源"，是评估和评判评估价值合理性的依据。评估价值则多指评估机构对评估对象公司的评估结论，充当市场交易相关方评断标的公司股权投资价值的参照系。而投资价值被界定为资产对于具有明确投资目标的特定投资者或某一类投资者所具有的价值，具有很强的合理指向性、较复杂的价值核心影响要素和评估过程。本报告假定创业板上市公司投资价值评估活动在一个由投资者、上市公司以及作为第三方的交易和评价咨询机构构成的系统内完成。该系统是受到宏观经济等外部干扰因素的影响的开放系统，如图 15-1 所示。

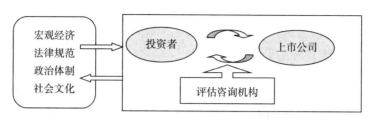

图 15-1　创业板市场上市公司投资价值评估系统理论框架

由图 15-1 可知，创业板市场上市公司投资价值评估系统是一个开放性体系，投资者拥有自由实施与股权交易和评估有关的行为权力，但其投资行为也会受到外部环境因素干扰。依据行为金融学理论可知股权投资行为的实施应具备两个必要条件：一是投资者具有较强的投资行为意愿，二是投资者具有足够投资资本。投资者实施投资行为时的资本金必然充足，投资行为的必要条件就是投资意愿。因此，针对投资者而言，存有投资价值等同于投资意愿的内在逻辑。本报告引入计划行为理论（TPB，Theory of Planned Behavior）模型（Ajzen 1991）对创业板投资者的投资行为进行系统分析，在传统企业投资价值评估指标模型的基础上，构建中国创业板上市公司企业投资价值评估指标体系。

Ajzen 认为个体行为意愿是决定个体行为的核心要素。而个体行为意愿又会受到三项要素的影响，即：源自个体对行为判断的"态度"（Attitude），源自外部环境的"主观规范"（Subjective Norm）以及源自个体对行为控制能力的"知觉行为控制"（Perceived Behavioral Control）。图 15-1 中的创业板市场上市公司投资价值评估系统构建特征可将上市公司投资价值界定为对公司股权交易双方连续定价行为博弈过程的客观抽象化结论。保障上述投资价值评估结果合理性的两个必要条件：一是上市公司本身投资价值评估客观合理，二是投资者具备识别投资价值客观合理能力和识别并获取投资价值意愿。综上所述，股票投资者投资价值评估影响因素、企业投资价值自我评价影响因素以及股权交易价格生成体系影响因素成为构建创业板上市公司企业投资价值评估指标系统的内在因素。

本报告依据 TPB 理论，结合上述上市公司投资价值评估指标系统的内在因素构成特征将创业板上市公司企业投资价值评估指标体系的核心因素构成框架归纳为投资后果评估、投资交易条件因素等外部环境因素、投资者界定投资价值的判定模式和识别投资价值能力等自身条件因素。投资者作为市场投资主体，实施投资行为的预期价值判断结果为实现在较长时期内的投资价值最大化。而在创业板这样的资本市场中作为参与者的投资者对上市公司股权投资价值评判主要依赖于上市公司依据相关法规自我披露的投资价值财务数据资料，取决于投资者界定投资价值的判定模式和识别投资价值能力，还取决于创业板市场机制其他各利益相关方投资者界定投资价值的判定模式和干预投资价值评估结果的程度。因此，基于投资后果评估的创业板上市公司投资价值及风险评估指标体系、基于投资者评判能力条件的投资者构成评估核心理念以及技术条件等评估指标体系以及市场内在其他各利益相关方对投资价值评估指标体系干预行为相关治理机制和法律规范建立等方面模型部件构建已完成。另外，创业板市场作为中国国民经济运营的核心构成部分，再加上创业板上市公司投资价值评估系统具有加强的开放性。因此，创业板上市公司投资价值评估系统必然与宏观经济环境存在较强的相关性，受到宏观经济环境外部影响。综上，本报告最终构建出了创业板上市公司投资价值评估指标系统理论框架，如图 15-2 所示。

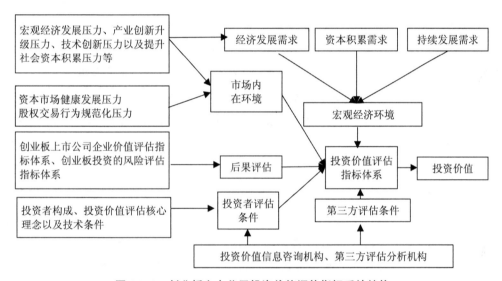

图 15-2　创业板上市公司投资价值评估指标系统结构

由图 15-2 中的创业板上市公司投资价值评估指标系统可知，该系统是一个开放系统，不仅系统内部各构成要素本身内容比较复杂，内部各构成要素之间结构关系也很复杂，而且受到外部多元环境因素影响。因此，本报告针对上述评估指标系统的三个核心影响因素内容分别进行深入分析。

二、企业价值投资后果评估指标体系—企业投资价值评估指标体系

企业投资价值或投资风险等投资后果评估等因素来源于 TPB 理论中的投资行为的第一个决定因素——行为态度。又由期望——价值理论可知态度是行为主体对特定对象反应出来一种持续性的预设心理立场。而预设心理立场的核心依据个人实施某特定行为结果的重要信念和对以往评估结果的评价两个方面。作为理性投资者，其投资价值评估结果也是投资者对实施投资行为预计结果的具体体现。由图 15-1 可知，在创业

板市场的投资价值评估系统中，投资者实施与股权交易和评估行为是一个不断累计经验，螺旋上升学习的过程。因此，假定有效控制外部投资环境等干扰因素后，随着投资知识经验的学习和积累，投资者对其投资行为预计价值评估会与对应上市公司企业内在价值不断趋向一致。因此，本报告将创业板上市公司企业价值的投资后果评估指标体系界定为企业价值评估指标体系和适用于创业板的企业投资风险评估指标体系。

（一）创业板上市公司企业价值评估指标体系

创业板市场 Growth Enterprise Market（GEM）由其存在的特性来看，与其英语字面意思一致，不是着眼于创业，而是为了更多服务自主创新企业及其他成长型企业发展需要而设立的市场。创业板市场具有以自主创新企业及其他成长型企业为服务对象、上市门槛低、信息披露监管严格等特点，比主板市场更注重企业成长性。创业板市场作为多层次资本市场体系的重要组成部分，也是促进自主创新企业及其他具有成长性企业的发展，是落实自主创新国家战略及支持处于成长期的创业企业的重要平台。

据报道，创业板市场在落实创新驱动发展战略、服务经济转型升级等方面的作用日益凸显。2017年上半年，创业板上市公司整体业绩持续增长，实现营业收入4668.85亿元，同比增长33.27%；实现归属于上市公司股东的净利润455.30亿元，同比增长6.02%。在剔除温氏股份影响后，整个创业板营业收入合计4417.61亿元，同比增长37.23%；净利润合计437.20亿元，同比增长27.72%，继上年度业绩创出5年新高之后，仍保持了较好的增长势头。另外，"高科技性与成长性"也是中国创业板发行审核委员会审核企业能否在创业板上市的关键条件。综上可知，中国创业板上市公司价值整体具备较强的长期成长性。本报告以创业板上市公司"成长性"价值特征为核心特征，结合国内外学者关于成长性企业价值评估指标体系构建的相关理论研究成果，并依据企业价值评估理论、公司财务分析以及投资学的相关理论来构建创业板上市公司企业价值评估指标体系。

当前比较成熟的成长性企业价值评估方法主要有两种方法。（1）以收益和资产为基础的类比评估法，如预测市盈率法、价值和净资产比率类比法等；（2）现金流量折现法，即自由现金流量折现法和经济利润折现法等。对处于成长期的企业的价值评估，本报告采用了以现金流量折现法为基础，融入以收益和资产为基础的类比评估法中的若干成长性核心指标的综合性成长性企业投资价值评估指标体系。上述评估体系的核心指标可归纳为三部分：

1. 预期未来自由现金流量（NCF）

企业预期未来自由现金流量等于税后营业利润加上非现金支出，再减去营业流动资金、实物资产投资现金支出及无形资产投资现金支出。由于创业板上市公司大都属于成长性较强的公司，该类公司自由现金量也具有较强的成长性，如企业营业利润增长率较高、物质资产的周转率较快、专利技术等无形资产创新投资支出比例较高等。另外，如果创业板上市公司预期未来自由现金流量的折现值在长期持续上涨，则会具有较大可能性被其他公司并购重组，进而大幅提高企业未来自由现金流量的预期值。

2. 预期企业市盈率（FPE）

上市公司的市盈率是反映公司的市值和企业业务收益之间的关系的核心指标。企业评估价值可通过横向和纵向对比公司市盈率来获取，即选取行业、商业模式、技术、产品及规模等方面较为接近的上市公司同时期市盈率，或选取被评估企业特定时期的历史市盈率作为参照系进行对比分析以获取企业评估价值。由于创业板上市公司大都属于成长性较强的公司，该类公司市值和企业业务收益之间的关系具有较强的不稳定性。因此，采用该方法进行企业评估时，应考虑到企业收益的持续变化性。另外，创业板上市公司成长性比较强，其商业模式、产品技术及营业规模等方面变革速度普遍较快，进而导致对比分析中的参照系选取比较困难。另外，创业板市场上成长性较强的企业往往比增长速度缓慢的企业的市盈率更容易高估。

3. 其他成长性核心指标

除上述衡量企业投资价值的核心指标之外，还存在其他适用性强的核心指标，如公司股东构成和股权集中度，成长性较强的上市公司股权结构和公司治理机制会呈现较大的异质性，会致使公司核心管理团队和商业模式变革，以及产品技术革新的路径选取呈现较大差异性。还有专利技术等无形资产投资比率、企业成长潜力等大多加大了企业内在投资价值评估难度。

（二）创业板上市公司企业投资风险评估指标体系

当前中国创业板除存在与其他资本市场相似的一般性风险之外，还存在特有风险。依据投资风险管理相关理论可知创业板上市公司企业投资风险的诱因是多元的。因此，本报告以为企业投资特有风险的评估指标体系也是创业板上市公司企业投资价值评估指标体系的核心指标内容。本部分将中国创业板上市公司企业投资价值评估中涉及的特有风险归纳为三个主要风险。

1. 股票退市风险

虽然主板市场的股票也有退市风险，但创业板市场的股票被迫退市的概率是大于主板市场的。其核心原因主要是创业板上市公司规模普遍较小，产品的市场占有率相对较低，经营状况往往存有较大的不稳定性。这也致使创业板上市公司自身抵御经营风险的能力普遍较低，进而增加了企业的退市概率。

2. 上市公司股价巨幅波动风险

上市公司股权价格巨幅波动风险是指投资者因上市公司发行在外的股票价格短时间内出现超出合理性范围的上下波动给投资者自己造成投资损失的可能性[12]。股价巨幅波动是资本市场上的普遍现象，但创业板市场的股价巨幅波动具有更强的短期性和破坏性特点。本报告认为价格的巨幅波动是其内在价值波动的外在表达，并在强大外部因素助力下，其波幅被倍增的货币表现。上市公司股价巨幅波动有三个核心内在诱因：一是创业板上市公司普遍规模较小，处于成长期，经营表现具有较大的不稳定性；二是创业板上市公司拥有大量无形资产和商誉等价值评估难度较大的资产，再加上该类公司的融资途径也比较多元化。这就致使该类公司的价值评估难度较大，财务信息相对规范性差，极易造假，外界较难掌握其真实信息；三是创业板上市公司经营模式灵活性强，公司在各大利益相关方的强大压力下，可能存在有意让中介机构操纵财务信息的行为[13]。上述股价巨幅波动不仅给上市公司本身带来较大经营和财务风险，也给投资者带来较大的投资风险。

3. 上市公司"荒地"投资风险

上市公司"荒地"投资风险是指持有上市公司股票的投资者因上市公司经营效率和控制风险行为意识沦丧而造成投资损失的可能性。当前中国创业板上市公司因其操作相对容易而存有比主板市场更大的"荒地风险"。创业板上市公司"荒地"投资风险的诱导因素主要有两个：一是公司原始创业者创办企业的目的本身是"倒卖企业"；二是公司本身经营活动的风险较大，市场竞争压力较大，再加上大量存在的"对赌协议"压力，致使创业者无心长期经营企业，而醉心于资本运作。这样企业实际上会处于无人进行实质性经营的状态，特别是当创业者把所持有的股份全部卖掉后，上市公司的经营就更处在"荒地"状态了。

综上所述，创业板上市公司普遍存在较大内在特有风险，不仅降低了上市公司投资价值，也加大了投资者投资风险，更是破坏了市场的股权定价机制，加大了折现率计算的运算难度，干扰了上市公司投资价值合理评价机制，最终使创业板上市公司投资评估价值客观性和合理性大打折扣。

三、投资股权交易市场机理条件因素等外部环境因素

由投资行为价值评估系统框架可知上市公司企业投资价值评估过程不仅会受到股权交易市场治理效率等市场环境因素影响，还会受到宏观经济、法律规范及政治体制等宏观环境因素影响。因此，构建创业板上市公司投资价值评估指标体系必然要添加其外部环境因素衡量指标。该部分外部环境因素衡量指标体系的构建主要理论依据是

TPB 理论中行为的第二个决定因素——主观规范。主观规范是由行为主体在实施某项行为时所感受到的社会压力的认知，是规范信念和依从普遍性社会压力动机的集合。依据本报告将创业板投资者投资行为的价值评估指标体系的外部投资环境因素界定于两个方面。

（一）创业板市场自身环境因素

中国创业板市场在 2009 年正式推出，尚处于初级发展阶段，其发行审核制度、公司监管制度、交易制度等制度设计方面大都需要进一步完善和创新发展。具体体现在：一是创业板在发行上市、成长性指标要求、公司退市指标等方面的数量性标准虽然十分严格，但衡量手段大都过于偏重财务量化结果，缺乏体系化综合性衡量体系。另外，偏重财务量化结果的衡量手段还会诱发公司对财务信息过度"关注"，运用隐蔽性较强的财务会计运作手段操纵财务结果，甚至不惜造假。二是中国法律严格规定监管部门必须对申报财务材料进行合规性审核，申报材料的真假由中介机构负责，而个别的机构的勤勉尽责意识不够。三是中国资本市场存在降低股价波动"保护投资者"的交易规则，如"T+1"交易制度、涨跌停板制度以及相对严格的上市条件，再加上散户投资者与机构投资者之间缺乏足够信任，使得中国存在大量中小散户投资者参与投资行为。这种资本市场结构在股价波动本就较大的创业板市场上很容易诱发投资者倾向趋势性投资行为意愿，背离了价值性投资行为意愿。因此，创业板市场自身环境因素对合理评估上市公司投资价值的指标体系造成了某种程度的干扰。

（二）宏观环境因素

创业板投资行为价值评估系统是一个开放系统，该系统必然会受到宏观经济、法律规范及政治体制等宏观环境因素的影响。具体体现如下：第一，资本市场作为当今社会资本流通和配置的核心平台，其运营状况与社会产业发展、家庭资本积累以及政府财政盈亏等方面都存在较大联动关系。反之亦然，资本市场发展也随社会经济波动而波动。而上述外在系统性投资风险往往在上市公司普遍规模小，财务运营易变，政策关联性强的创业板市场表现得更为突出。第二，当前对本地中小企业到创业板市场发行股票并上市的积极性非常高，可能会存在把关不严的问题，拥有较低入市门槛和相对并不完善监管体制的创业板也成为地方政府实施其动机干预的新平台。上述政策环境不仅干扰了创业板的合理定价机制运行，而且政策环境的易变性也给上市公司财务运营带来了巨大的波动风险，给投资者带来了较大的投资风险。第三，创业板"高科技"含量概念产业发展波动因素。由中国证券报的一篇文章可知，截至 2017 年 8 月 31 日，创业板共有高新技术企业 637 家，占比接近 95%；250 家公司拥有国家火炬项目，83 家拥有国家 863 项目，58 家为国家创新型试点企业。85.61% 的公司拥有与主营产品相关的核心专利技术，拥有与主营产品相关的核心专利技术 23699 项。全部创业板公司中有 413 家公司来自战略新兴产业，占比超过 60%，总体研发强度高达 5.3%，大幅度超越全市场，显著高于"十三五"规划中国家总科研投入占 GDP 比重 2.5% 的水平。由上述创业板上市公司发展状况来看，一方面说明创业板上市公司具备较高的成长性投资价值，而另一方面也可以看出大量上市公司创新投资与政府扶植政策存在强相关性，再加上"创新投资"本身具有的较大的潜在的投资风险，因此，宏观环境因素诱发了创业板上市公司投资价值的波动性和投资者整体趋势性投资行为偏好。

四、投资者投资价值评估核心理念以及技术条件因素

依据 TPB 理论中行为意愿的第三个决定因素——知觉行为控制，投资者作为创业板市场的投资行为价值评估系统的核心评估主体和评估结论的主要使用者，其投资价值评估核心理念及技术条件也必然是创业板市场上市公司投资价值评估系统的核心指标因素。本报告将投资者对其投资行为价值评估理念及实施价值评估的技术条件界定为投资者评估上市公司投资价值的评估体系理论水平，获取并合理分析投资评估信息的能力与技术等方面的物质条件。

综上对创业板市场的分析可知，中国创业板上市的企业多处于成长期，规模较小，经营稳定性相对较低，总体投资风险大于主板。因此，该市场上的投资者需要具有更成熟的投资理念、较强的风险承受能力和市场分析能力。然而当境外多数市场已经形成了以养老金、共同基金、保险基金等为代表的多元化机构投资者队伍时，当前中国创业板表现出明显的以个人投资者为持股主体的投资者结构特征，并在较长一段时间内中小散户等个人投资者仍为中国创业板投资者主体。该种投资者结构仍存在较强投机性，并表现出很强的"处置效应"及"趋势性投资"特征，进而对构建以"价值性投资"为基础的、更加理性评估上市公司投资价值的价值体系形成了显著阻碍影响。如当高风险偏好的个人投资者比重增加时，市场风格也就更偏向于波动更大的小市值成长股，而流入小市值股票的过大交易量致使公司投资价值出现泡沫化。在存在信息不对称和过度"概念化"的环境下，上述投资价值评估核心理念相对落后以及技术条件较差的投资者对上市公司投资价值评估结果必然会被扭曲，其投资风险也会大幅增加。而机构投资者相对于一般投资者而言更加专业和理性。以机构投资者为主体的投资者结构可能会引领市场投资风格从高风险偏好逐渐向低风险偏好转变，有利于构建以"价值投资"为基础的、更加理性评估上市公司投资价值的价值体系。

五、构建创业板市场的投资价值评估系统的基本原则及对策建议

（一）构建创业板市场的投资价值评估系统的基本原则

由企业价值评估学中的基本原理可知，企业价值评估路径方法设定和选取的基本原理源于股权交易市场交易定价原理，其评估结论的合理性也要回归市场定价原理进行判断。因此，中国创业板上市公司企业投资价值评估指标体系的构建核心原理不只是无条件服从市场内在价值定价的基本规律，还应构建和优化合理性市场定价机制。由图 15-2 中的企业投资价值评估指标体系机构图可知投资价值评估指标体系的构建过程不仅是投资者、第三方评估机构等评估主体运用的投资价值评估指标体系的合理构建过程、也是创业板市场合理定价机制自我修复和优化过程。这一构建过程还应得到社会环境中各具有影响力量或控制力量相关方的正向干预。创业板市场的价值定价机制具有内在性，则其价值评估结果为内生机制运行结果的反馈信息。因此，本报告认为创业板市场的投资价值评估系统合理性构建最终回归到创业板市场定价机制自我修复和优化轨道，也就是最终在外部环境适度正向干预的情况下，形成创业市场定价体系内生性自我修复和优化机制。在上述定价机制的基础上构建创业板市场投资价值评估系统必然具有时效性和合理性，如图 15-3 所示。

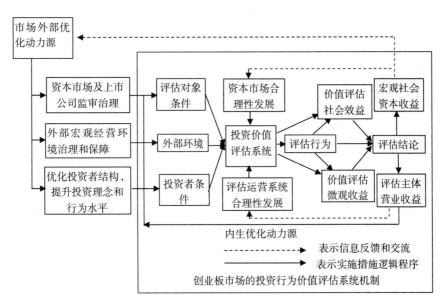

图 15-3　构建创业板市场的投资价值评估系统的核心机制设想

由图 15-3 可知创业板市场的投资价值评估系统是一个半开放系统，该系统的运行或优化过程既要遵循其内生性运行规律，也会受到外部宏观利益相关方的影响。因此，本报告提出投资价值评估系统的双动力螺旋式优化构建原则，即以市场价值定价合理

化推进价值评估合理化，以价值评估合理化带动市场定价合理化的双动力螺旋式原则。具体说明如下：投资者或第三方评估机构对特定被评估企业投资价值评估行为的目的是获取价值评估结论带来的微观收益或营业收益。而长期持续获利属性的基本条件是企业价值评估运营系统的合理性发展。因此，体系获取了优化的内生动力。当企业价值评估运营系统得到了合理性发展，必然也会对资本市场价值定价机构形成正向干扰动力，进而推动整个企业投资价值评估系统合理化发展。这又会循环产生价值评估的微观收益或营业收益，并产生宏观资本收益或社会效益。进一步增强了社会利益相关方的外部正向干预的动力。因此，体系获取了优化的外生动力。这股来自外部的正向干预的动力与系统内生的合理性发展动力形成了双动力螺旋式优化构建机制。

（二）构建创业板市场的投资行为价值评估系统的对策建议

依据构建创业板市场的投资价值评估系统的基本原则，本报告提出四点对策建议：一是建立健全资本市场及上市公司监审治理体系，以提升资本市场和上市公司经营发展价值理念和理念战略实施条件；二是构建资本市场外部经营环境治理与保障机制，规范外部利益相关资本运行行为，以营造良好的外部宏观经营环境；三是优化投资者构成结构、提升投资者投资价值理念以及投资价值评判的相关技能；四是构建资产评估行业、投资银行业以及证券投资业等企业价值评估行业的评估业务监审机制及行业自律机制，加大企业价值评估的相关基础理论研究。

参考文献

[1] 陈永丽，龚枢．企业价值创造能力的影响因素分析：基于创业板上市公司的相关数据 [J]．软科学，2011（12）：118-121．

[2] 陈守东，陶冶会．基于突变级数的创业板成长性研究 [J]．证券市场导报，2013（4）：50-54．

[3] 李海霞，王振山．风险投资、IPO抑价与上市公司发行成本：来自我国创业板的经验数据 [J]．投资研究，2014（3）：80-92．

[4] 刘金林．创业板上市企业成长性评价指标体系的设计及实证研究 [J]．宏观经济研究，2011（8）：56-63．

[5] 罗明新，钦海，胡彦斌．政治关联与企业技术创新绩效：研发投资的中介作用研究 [J]．科学学研究，2013（6）：938-947．

[6] 姜楠．资产评估（第四版）[M]．大连：东北财经大学出版社，2016．

[7] 于晓红，张雪．公司内在价值、投资者情绪与IPO抑价：基于创业板市场的经验证据 [J]．当代经济研究，2013（1）：86-90．

[8] Ajzen I. The theory of planned behavior [J]. Organizational Behavior and Human Decision

Processes，1991（50）：179-211.

［9］ G Premkumar，AnolBhattacherjee. Explaining information technology usage：A test of compe-
ting models ［J］. Omega，2008（36）：64-75.

［10］ Maoguo WU，Xin LUO. An Empirical Analysis of Stock Price Risk in Chinese Growth Enter-
prises Market-A GARCH-VAR Approach ［J］. *European Scientific Journal*. 2016（8）
341-358.

［11］ Tom Copeland，Tim Koller，Jack Murrin. Valuation ［M］. John Wiley & Sons Inc.，1998.

风险投资对创业板公司技术创新的影响研究

在充分竞争的市场中，创新是企业的发动机，保证企业的活力与持续力。风险投资解决企业的资金问题，同时被广泛认为刺激企业的创新活动。国内外学者围绕各国各行的数据对风险投资与企业创新的关系进行大量的研究。Kortum 和 Lerner（2000）研究了美国制造行业 20 年的数据，分析风险投资与专利、研发投入的关系，实证风险投资促进企业创新。Hirukawa 和 Ueda（2011）同样研究美国制造业的风险投资与企业创新的关系。Caselli（2009）研究了意大利 IPO 数据，但他们的结论不同，有资产资助的公司产出的专利反而少于没有资助的公司。Engel and Keilbach（2007）研究的是德国初创企业，在风险投资公司进入的一年内，专利申请的数量没有明显提升。Bhide（2000），Hirukawa 和 Ueda（2011）提出了反向的观点，认为风险投资可能会阻碍创新。

我国风险投资起步晚，但是发展迅速，全国市场募资金额 2016 年大幅攀升 49%，达到 725.1 亿美元；其中人民币基金募资额较 2015 年增至 177%，达到 548.9 亿美元。2016 年我国风投资本投资金额增至 2230 亿美元。与西方发达国家比较，我国的风险投资市场还有较大的增长空间。风险投资投入风险较大的项目或企业，解决企业资金困难问题，以获得高额回报。同时参与到企业管理，对企业的运营战略产生重大影响。

关于风险投资对企业创新的影响，我国学者也对国内风险投资和我国企业创新的关系进行了大量的研究。邹双（2017）以 2009-2012 年创业板制造业企业为对象，采用倾向得分匹配法后得出结果：风险投资进入企业时间长度对企业创新有不同的影响，企业的风险投资进入企业时间越长，对企业创新绩效的促进作用越显著。基于汽车产业 93 家上市公司 2003-2012 年的面板数据，研究了高管团队特征、研发强度对二元式创新的影响。研究结果表明研发强度对探索式创新与利用式创新产生显著影响。黄燕（2013）以深圳中小板上市公司 2008-2011 年的数据为样本，实证风险投资从总体上对企业的研发投入没有非常显著的影响，有风险投资的企业研发产出高于无风险投资的企业，风险投资的持股比例对企业的研发行为没有显著影响。买忆媛（2012）利用美国"考夫曼企业调查"数据进行了实证分析，推出具有风险投资融资背景的创业企业比天使投资参与的创业企业在 R&D 费用投入强度方面要高，因为风险投资背景的企业更关注企业长期竞争力的构建与维持，具有天使投资的创业企业则更看重短期创新活动的产出效果，从而在专利申请量上略高于风险投资参与的创业企业。金永红（2016）运用中国创业板上市公司进行实证发现有风险投资背景的公司，其创新投入水平要显著地高于没有 VC 持股的公司，且 VC 持股比例越大，公司的创新投入水平越高，并提高公司的价值增值。

于永达（2017）研究了 2011-2015 年 927 家中国上市的科技企业，采用倾向得分匹配法（PSM-DID）进行实证证明风险投资显著提升了科技企业的创新效率，风险投资对东中部地区、内资企业以及融资约束程度高的科技上市企业的创新效率提升作用尤为明显。黄艺翔（2015）以 2009-2012 年我国创业板上市公司为样本，研究风险投资对上市公司研发投入与政府专项研发补助关系。

由此可见，大多数文献认为风险投资的进入有助于促进企业创新，提高企业创新效率。基于上述研究，本报告以 2015 年年底上市的创业版公司为研究对象，通过多元线性回归方法进行实证分析，探讨 VC 参与下创业企业创新投入关系。

一、研究假设

（一）风险投资持股对企业创新的影响

风险投资以投资高风险项目获取高额利润，风险投资进入后，参与企业管理，监督企业行为，促进企业价值的提升[15,16]。一方面，企业的创新能力是企业的核心竞争力，风险投资基于利润最大化的目的，通过介入企业管理和决策督促企业的创新能力的提升。Greenwood 和 Jovanovic 认为金融中介降低了信息获取的成本并对投资项目展开了有效的评估、筛选和监督。另一方面，企业创新的概率与要素的投入具有直接关系，风险投资为企业提供资金来源，可以更多投入到研发和固定资产投资。因此，本报告认为风险投资对企业创新具有积极影响。

假设 1：风险投资持股的企业有利于企业创新的产出。

假设 2：风险投资持股的企业有利于企业创新的投入。

（二）风险投资机构的背景对企业创新的影响

国有背景的风险投资能容忍公司管理层的企业创新失败，鼓励为提升企业价值的长期创新项目，更加关注对企业价值的影响力不强的企业创新。对国有背景的机构投资者能收集更多有价值信息，风险投资的企业研发项目才能更加有效评估和监督。同时，国有背景的风险投资具备更多的资源，提供更多信息和技术，风险投资参与企业的经营管理，利用风险投资的优势，能为企业提供更深度的管理建议，对企业的长期价值判断准确，更好提升企业技术创新的积极性和效率。因此，本报告认为风险投资机构的背景会对企业的创新具有影响。

假设3：国有的风险投资对企业的创新研发投入有正面影响。

假设4：国有的风险投资对企业的创新产出有正面影响。

二、研究设计

（一）样本与数据

本报告以2010年至2015年创业板上市企业作为研究样本，剔除缺失数据后，最终确定2131个数据样本，所采用的关于公司股东的数据来自于锐思数据库，专利数据来自于国泰安数据库（CSMAR）。本报告采用的统计软件为EVIEWS软件。

（二）变量与样本描述

为了检验风险投资与企业创新之间的内在关系，本报告将风险投资变量加入到以控制变量为主的基准模型中，分别参与模型的整体回归。本报告构建以下的基准模型，相关的指标如表16-1所示。

1. 因变量

本报告研究风险投资与企业创新效率之间的关系。参考梁军（2012）衡量企业创新变量，本报告采用企业的研发强度衡量企业的创新水平，按照黄艺翔、姚铮（2015）的做法，用研发支出除以总资产。企业的创新产出用年度公司发明专利申请的总数来衡量。

2. 自变量

样本内的创业板企业只有部分有风险投资的参股，故本报告以虚拟变量用0~1来测度是否具有风险投资背景，1表示风险投资曾持有该企业的股份，0表示没有风险投资参与投资过此企业。风险投资机构持股背景则表示国有背景的风险投资。

3. 控制变量

本报告将风险投资机构的企业资产规模的对数（Lnsize）、企业的资产负债率（Debta）、资产收益率（ROE）、企业无形资产的对数（Intan）作为控制变量。

表 16-1　模型指标及说明

	变量符号	变量名称	变量的具体说明
企业创新	R&D	R&D 投入	研发的投入金额
	Inv	专利数	发明和新型专利数
风险投资	VC	是否风险投资持股	风险投资 1，否则 0
	State	风险投资背景	有国资背景的风险投资 1，否则 0
控制变量	Lnsize	企业规模	企业总资产的自然对数
	ROA	企业资产报酬率	利润总额/期末总资产
	Debta	资产负债率	总负债/总资产
	Intan	无形资产	企业无形资产的自然对数

三、实证结果分析

（一）描述性统计

表 16-2　变量描述性统计

变量	mean	sd	Median	max	min
Inv	11. 53499	23. 10014	5. 000000	377. 0000	0
R&D	0.027110	0.021347	0.021341	0.273185	0
VC	0.098638	0.298245	0	1	0
State	0.022546	0.148485	0	1	0
Lnsize	9.097640	0.295816	9.065714	10. 51501	8. 169453
ROA	0.058447	0.052830	0.056409	0.469020	−0.646402
Debta	0. 244146	0.158550	0.209725	0.886428	0.011034
Intan	7.477988	0. 626623	7. 557822	9. 688405	4. 043380

主要变量的定义和描述性统计如表 16-1 和表 16-2 所示。在 2131 个样本数据当中，230 个样本有风险投资的持股，48 个样本被有国有背景的风险投资持股。从专利数量上来看，样本企业平均每年申请的专利数为 11.53，最高达到 377 个专利。研发强度为 2.7%，研发强度最大的达到 27.31%。由于此次选择的样本企业为创业板上市公司，所以高新技术企业的样本占比达 58%，平均研发强度和专利数也高于上市公司平均水平。

（二）相关性分析

主要变量的相关分析如表16-3所示。由变量之间的相关系数表，我们可以发现大部分变量之间的相关系数数值在0.5以下，只有控制变量中无形资产与企业规模的相关性略超过0.5。这可以说明本报告所设置的变量之间多重共线性较小。此外，观察表16-3，可以发现大多数变量之间的相关关系与我们之前的假设符号存在较强的一致性。主要因变量研发强度、专利数相关系数仅为0.1，低于0.3。主要自变量风险投资背景、风险投资持股情况之间存在相关，但相关系数略高于0.4；除主要自变量资产负债率与企业规模的相关系数超过0.3，其余控制变量之间的相关系数均低于0.3，这为我们研究风险投资对创新提供了基础，为了进一步验证我们的假设，我们通过回归模型来得出本报告的基本结论。

表 16-3　变量的相关系数表

	VC	State	Inv	RD	ROA	Lnsize	Intan	Debta
VC	1							
State	0.431139	1						
Inv	0.056994	−0.01667	1					
RD	0.038694	0.030209	0.127516	1				
ROA	0.01272	−0.03761	0.041825	0.168294	1			
Lnsize	−0.01005	−0.01149	0.148186	−0.17783	−0.09106	1		
Intan	−0.01019	0.036281	0.133292	−0.06908	−0.21328	0.543894	1	
Debta	−0.06396	−0.02703	0.030709	−0.12176	−0.26759	0.41217	0.280403	1

（三）实证模型的构建

根据前文的分析，分别以公司的研发强度、专利数作为因变量来衡量企业在创新方面的表现，以风险投资持股的相关指标作为自变量构建固定效应回归模型。

1. 风险投资持股对企业创新的影响

表 16-4　风险投资持股对企业创新产出的影响

Variable	Coefficient	Std. Error	t-Statistic	Prob.
C	−101.7426	16.21002	−6.276526	0.0000
VC	4.691365	1.658918	2.827967	0.0047
ROA	30.39513	9.843112	3.087959	0.0020
Intan	3.263512	0.958036	3.406462	0.0007
Debta	−1.934722	3.453206	−0.560268	0.5754
Lnsize	9.600310	2.054163	4.673588	0.0000

续表

Variable	Coefficient	Std. Error	t-Statistic	Prob.
R-squared	0.036664	Mean dependent var		11.62689
Adjusted R-squared	0.034377	S. D. dependent var		23.17012
S. E. of regression	22.76838	Akaike info criterion		9.091459
Sum squared resid	1091748.	Schwarz criterion		9.107526
Log likelihood	-9594.581	Hannan-Quinn criter.		9.097342
F-statistic	16.03080	Durbin-Watson stat		1.861637
Prob (F-statistic)	0.000000			

表 16-5　风险投资持股对企业创新投入的影响

Variable	Coefficient	Std. Error	t-Statistic	Prob.
C	0.133714	0.015752	8.488440	0.0000
VC	0.002502	0.001612	1.552564	0.1207
ROA	0.065959	0.009496	6.946198	0.0000
Intan	0.002742	0.000939	2.921119	0.0035
Debta	-0.002200	0.003398	-0.647548	0.5174
Lnsize	-0.014340	0.002021	-7.096298	0.0000
R-squared	0.060513	Mean dependent var		0.027248
Adjusted R-squared	0.058070	S. D. dependent var		0.021326
S. E. of regression	0.020697	Akaike info criterion		-4.914530
Sum squared resid	0.823764	Schwarz criterion		-4.897222
Log likelihood	4746.065	Hannan-Quinn criter.		-4.908163
F-statistic	24.77238	Durbin-Watson stat		1.838876
Prob (F-statistic)	0.000000			

　　首先考虑风险投资背景对企业创新的影响，分别将研发强度、专利数代入方程进行检验，得到结果如表16-4和表16-5所示。两个回归方程检验的 P 值均0.00001，高度显著。第一模型 R 值小于0.05，第二个模型 R 值略高0.05。因此，假设1和假设2成立。因此，风险投资在持股的过程中，会不断督促企业加强研发投入、促进在创新效率上有所提升，这个结论与风险投资的监督论结论一致。

　　2. 风险投资持股背景对企业创新的影响

表 16-6　风险投资背景对企业创新产出的影响

Variable	Coefficient	Std. Error	t-Statistic	Prob.
C	-223.0707	71.05726	-3.139309	0.0019

续表

Variable	Coefficient	Std. Error	t-Statistic	Prob.
STAT	-7.006414	5.045942	-1.388525	0.1664
LNSIZ	28.98753	8.595980	3.372219	0.0009
DEBTA	-26.58387	14.06144	-1.890551	0.0600
ROA	-46.56080	53.28822	-0.873754	0.3832
INVISI	-1.995905	3.615268	-0.552077	0.5815
R-squared	0.071108	Mean dependent var		15.68142
Adjusted R-squared	0.049997	S. D. dependent var		30.62207
S. E. of regression	29.84676	Akaike info criterion		9.656220
Sum squared resid	195982.4	Schwarz criterion		9.747030
Log likelihood	-1085.153	Hannan-Quinn criter.		9.692867
F-statistic	3.368249	Durbin-Watson stat		2.137276
Prob（F-statistic）	0.005944			

表 16-7 风险投资背景对企业创新投入的影响

Variable	Coefficient	Std. Error	t-Statistic	Prob.
C	0.188782	0.051019	3.700224	0.0003
STAT	0.001593	0.003623	0.439705	0.6606
LNSIZ	-0.018222	0.006172	-2.952395	0.0035
DEBTA	0.007958	0.010096	0.788176	0.4314
ROA	0.010812	0.038261	0.282593	0.7778
INVISI	0.000355	0.002596	0.136884	0.8912
R-squared	0.046970	Mean dependent var		0.028496
Adjusted R-squared	0.025310	S. D. dependent var		0.021706
S. E. of regression	0.021430	Akaike info criterion		-4.821867
Sum squared resid	0.101033	Schwarz criterion		-4.731056
Log likelihood	550.8709	Hannan-Quinn criter.		-4.785219
F-statistic	2.168538	Durbin-Watson stat		1.872741
Prob（F-statistic）	0.058651			

考虑风险投资背景对企业创新的影响，分别将研发强度、专利数代入方程进行检验，得到结果如表 16-6 和表 16-7 所示。模型 3 的回归方程检验的 P 值小于 0.01，高度显著。模型 4 的回归方程检验的 P 值小于 0.1，一般显著。第三个、四个模型调整 R 值均小于 0.05。因此，假设 3 和假设 4 成立。因此，国有背景的风险投资具备更多资源，在持股的过程中，会提供更多经验和资源使企业加强研发投入、促进在创新效率上有所提升。

四、结论与建议

本报告以创业板公司为对象，研究了风险投资对企业创新的影响。首先本报告发现相比于没有风险投资进入的企业，有风险投资进入的企业对企业创新的产出和投入上均有显著的影响。其次本报告发现国有背景的风险投资对企业创新的产出和投入均具有积极的影响。

本报告的研究结论具有一定理论意义和实际意义。对于创业板企业来说，积极引入风险投资，有助于企业创新的提升，以及长期竞争力的培育。近年来，风险投资发展迅速，风险投资的行为颇受社会关注，引起诸多话题和热点，从本报告结论来看，对风险投资积极引导，使其良性发展，以推动企业的发展。对企业来说，需要充分考虑风险投资的背景和经验，有效选择风险投资。

参考文献

[1] 陈思，何文龙，张然. 风险投资与企业创新：影响和潜在机制 [J]. 管理世界，2017，(01)：158-169.

[2] 黄燕，吴婧婧，商晓燕. 创新激励政策、风险投资与企业创新投入 [J]. 科技管理研究，2013，33 (16)：9-14. [2017-09-01].

[3] 黄艺翔，姚铮. 风险投资对上市公司研发投入的影响——基于政府专项研发补助的视角 [J]. 科学学研究，2015，33 (05)：674-682.

[4] 金永红，蒋宇思，奚玉芹. 风险投资参与、创新投入与企业价值增值 [J]. 科研管理，2016，37 (09)：59-67.

[5] 鞠晓生，卢荻，虞义华. 融资约束、营运资本管理与企业创新可持续性 [J]. 经济研究，2013，48 (01)：4-16.

[6] 买忆媛，李江涛，熊婵. 风险投资与天使投资对创业企业创新活动的影响 [J]. 研究与发展管理，2012，24 (02)：79-84.

[7] 武巧珍. 风险投资支持高新技术产业自主创新的路径分析 [J]. 管理世界，2009，(07)：174-175.

[8] 于永达，陆文香. 风险投资和科技企业创新效率：助力还是阻力？ [J]. 上海经济研究，2017，(08)：47-60.

[9] 邹双，成力为. 风险投资进入对企业创新绩效的影响——基于创业板制造业企业的PSM 检验 [J]. 科学学与科学技术管理，2017，38 (02)：68-76.

[10] Bhide, A.: The origins and evolution of new businesses [M]. Oxford University Press, New York, 2000.

［11］ Caselli, S., Gatti, S., Perrini, F.: Are venture capitalists a catalyst for innovation? Eur. Financ. Manag. 2009 （1）, 92-111.

［12］ Engel, D., Keilbach, M. Firm-level implications of early stage venture capital investment an empirical investigation ［J］. Empir. Financ. 2007 （2）, 150-167.

［13］ Greenwood, J. and Jovanovic, B. Financial development, growth, and the distribution of income ［J］. Journal of Political Economy, 1990, 98, 1076-1107.

［14］ Hirukawa, M., Ueda, M.: Venture capital and innovation: which is first? Pac. Econ. Rev. 2011 （4）, 421-465.

［15］ Kortum, S. And J. Lerner. Assessing the Contribution of Venture Capital to Innovation ［J］. Rand Journal of Economics, 2000, 31 （4）: 674-692.

创业板上市公司无形资产信息披露得分

（2016 年，分行业，按证券代码排序）

医药制造（43 家）

证券代码	公司名称	二级行业	ChiNext IACDI 2016
300006	莱美药业	医药制造业	49.868
300009	安科生物	医药制造业	41.071
300016	北陆药业	医药制造业	54.768
300026	红日药业	医药制造业	64.058
300039	上海凯宝	医药制造业	63.355
300049	福瑞股份	医药制造业	68.168
300086	康芝药业	医药制造业	37.918
300108	双龙股份	医药制造业	50.462
300110	华仁药业	医药制造业	62.425
300119	瑞普生物	医药制造业	42.790
300122	智飞生物	医药制造业	46.358
300142	沃森生物	医药制造业	37.356
300147	香雪制药	医药制造业	36.148
300158	振东制药	医药制造业	43.771
300181	佐力药业	医药制造业	45.608
300194	福安药业	医药制造业	35.853
300199	翰宇药业	医药制造业	47.459
300204	舒泰神	医药制造业	48.934
300233	金城医药	医药制造业	53.784
300239	东宝生物	医药制造业	49.281
300254	仟源医药	医药制造业	49.627
300255	常山药业	医药制造业	53.238

续表

证券代码	公司名称	二级行业	ChiNext IACDI 2016
300267	尔康制药	医药制造业	63.654
300289	利德曼	医药制造业	51.802
300294	博雅生物	医药制造业	50.895
300357	我武生物	医药制造业	47.951
300363	博腾股份	医药制造业	70.320
300406	九强生物	医药制造业	60.361
300436	广生堂	医药制造业	73.153
300439	美康生物	医药制造业	46.676
300452	山河药辅	医药制造业	67.523
300463	迈克生物	医药制造业	38.058
300482	万孚生物	医药制造业	57.421
300485	赛升药业	医药制造业	60.690
300497	富祥股份	医药制造业	69.740
300501	海顺新材	医药制造业	51.809
300519	新光药业	医药制造业	53.784
300534	陇神戎发	医药制造业	49.281
300558	贝达药业	医药制造业	49.627
300573	兴齐眼药	医药制造业	53.238
300583	赛托生物	医药制造业	63.654
300584	海辰药业	医药制造业	51.802
300601	康泰生物	医药制造业	50.995

计算机、通信及电子（86家）

证券代码	公司名称	二级行业	ChiNext IACDI 2016
300028	金亚科技	计算机、通信和其他电子设备制造业	58.086
300038	梅泰诺	计算机、通信和其他电子设备制造业	55.116
300042	朗科科技	计算机、通信和其他电子设备制造业	62.280
300046	台基股份	计算机、通信和其他电子设备制造业	63.126
300053	欧比特	计算机、通信和其他电子设备制造业	55.122
300065	海兰信	计算机、通信和其他电子设备制造业	53.513
300076	GQY视讯	计算机、通信和其他电子设备制造业	62.405
300077	国民技术	计算机、通信和其他电子设备制造业	63.066
300078	思创医惠	计算机、通信和其他电子设备制造业	59.714
300079	数码视讯	计算机、通信和其他电子设备制造业	54.299
300083	劲胜精密	计算机、通信和其他电子设备制造业	58.157

证券代码	公司名称	二级行业	ChiNext IACDI 2016
300088	长信科技	计算机、通信和其他电子设备制造业	57.874
300101	振芯科技	计算机、通信和其他电子设备制造业	51.141
300102	乾照光电	计算机、通信和其他电子设备制造业	63.071
300111	向日葵	计算机、通信和其他电子设备制造业	65.663
300114	中航电测	计算机、通信和其他电子设备制造业	59.395
300115	长盈精密	计算机、通信和其他电子设备制造业	53.653
300118	东方日升	计算机、通信和其他电子设备制造业	63.623
300127	银河磁体	计算机、通信和其他电子设备制造业	69.475
300128	锦富技术	计算机、通信和其他电子设备制造业	60.367
300134	大富科技	计算机、通信和其他电子设备制造业	53.142
300136	信维通信	计算机、通信和其他电子设备制造业	61.606
300139	晓程科技	计算机、通信和其他电子设备制造业	44.670
300155	安居宝	计算机、通信和其他电子设备制造业	62.458
300162	雷曼股份	计算机、通信和其他电子设备制造业	56.298
300177	中海达	计算机、通信和其他电子设备制造业	59.348
300205	天喻信息	计算机、通信和其他电子设备制造业	58.578
300211	亿通科技	计算机、通信和其他电子设备制造业	51.995
300213	佳讯飞鸿	计算机、通信和其他电子设备制造业	56.259
300219	鸿利智汇	计算机、通信和其他电子设备制造业	57.373
300220	金运激光	计算机、通信和其他电子设备制造业	60.635
300223	北京君正	计算机、通信和其他电子设备制造业	57.030
300227	光韵达	计算机、通信和其他电子设备制造业	60.085
300232	洲明科技	计算机、通信和其他电子设备制造业	51.545
300241	瑞丰光电	计算机、通信和其他电子设备制造业	61.867
300250	初灵信息	计算机、通信和其他电子设备制造业	58.110
300256	星星科技	计算机、通信和其他电子设备制造业	56.093
300270	中威电子	计算机、通信和其他电子设备制造业	63.048
300282	汇冠股份	计算机、通信和其他电子设备制造业	64.940
300292	吴通控股	计算机、通信和其他电子设备制造业	58.369
300296	利亚德	计算机、通信和其他电子设备制造业	66.300
300301	长方集团	计算机、通信和其他电子设备制造业	51.831
300303	聚飞光电	计算机、通信和其他电子设备制造业	52.347
300319	麦捷科技	计算机、通信和其他电子设备制造业	61.955
300322	硕贝德	计算机、通信和其他电子设备制造业	58.791
300323	华灿光电	计算机、通信和其他电子设备制造业	61.488

续表

证券代码	公司名称	二级行业	ChiNext IACDI 2016
300327	中颖电子	计算机、通信和其他电子设备制造业	66.832
300331	苏大维格	计算机、通信和其他电子设备制造业	45.009
300340	科恒股份	计算机、通信和其他电子设备制造业	49.833
300346	南大光电	计算机、通信和其他电子设备制造业	55.735
300351	永贵电器	计算机、通信和其他电子设备制造业	66.965
300353	东土科技	计算机、通信和其他电子设备制造业	37.524
300367	东方网力	计算机、通信和其他电子设备制造业	54.765
300373	扬杰科技	计算机、通信和其他电子设备制造业	44.165
300389	艾比森	计算机、通信和其他电子设备制造业	66.180
300390	天华超净	计算机、通信和其他电子设备制造业	45.158
300393	中来股份	计算机、通信和其他电子设备制造业	37.051
300394	天孚通信	计算机、通信和其他电子设备制造业	58.831
300397	天和防务	计算机、通信和其他电子设备制造业	67.756
300408	三环集团	计算机、通信和其他电子设备制造业	48.878
300414	中光防雷	计算机、通信和其他电子设备制造业	49.800
300433	蓝思科技	计算机、通信和其他电子设备制造业	63.475
300449	汉邦高科	计算机、通信和其他电子设备制造业	73.672
300455	康拓红外	计算机、通信和其他电子设备制造业	55.309
300456	耐威科技	计算机、通信和其他电子设备制造业	64.134
300458	全志科技	计算机、通信和其他电子设备制造业	71.261
300460	惠伦晶体	计算机、通信和其他电子设备制造业	61.553
300474	景嘉微	计算机、通信和其他电子设备制造业	48.478
300476	胜宏科技	计算机、通信和其他电子设备制造业	57.527
300479	神思电子	计算机、通信和其他电子设备制造业	58.110
300502	新易盛	计算机、通信和其他电子设备制造业	56.093
300516	久之洋	计算机、通信和其他电子设备制造业	63.048
300531	优博讯	计算机、通信和其他电子设备制造业	64.940
300543	朗科智能	计算机、通信和其他电子设备制造业	58.369
300546	雄帝科技	计算机、通信和其他电子设备制造业	66.300
300548	博创科技	计算机、通信和其他电子设备制造业	51.831
300555	路通视信	计算机、通信和其他电子设备制造业	52.347
300563	神宇股份	计算机、通信和其他电子设备制造业	61.955
300565	科信技术	计算机、通信和其他电子设备制造业	58.791
300566	激智科技	计算机、通信和其他电子设备制造业	61.488
300570	太辰光	计算机、通信和其他电子设备制造业	66.832

证券代码	公司名称	二级行业	ChiNext IACDI 2016
300581	晨曦航空	计算机、通信和其他电子设备制造业	45.009
300582	英飞特	计算机、通信和其他电子设备制造业	49.833
300590	移为通信	计算机、通信和其他电子设备制造业	55.735
300602	飞荣达	计算机、通信和其他电子设备制造业	55.309
300615	欣天科技	计算机、通信和其他电子设备制造业	64.134

机械、设备、仪表（179 家）

证券代码	公司名称	二级行业	ChiNext IACDI 2016
300001	特锐德	电气机械和器材制造业	45.603
300003	乐普医疗	专用设备制造业	44.410
300004	南风股份	通用设备制造业	50.134
300007	汉威电子	仪器仪表制造业	60.283
300014	亿纬锂能	电气机械和器材制造业	36.334
300018	中元股份	电气机械和器材制造业	43.633
300024	机器人	通用设备制造业	45.539
300029	天龙光电	专用设备制造业	68.271
300030	阳普医疗	专用设备制造业	49.326
300032	金龙机电	电气机械和器材制造业	45.993
300035	中科电气	专用设备制造业	51.895
300040	九洲电气	电气机械和器材制造业	63.022
300045	华力创通	专用设备制造业	50.897
300048	合康新能	电气机械和器材制造业	70.012
300056	三维丝	专用设备制造业	66.291
300062	中能电气	电气机械和器材制造业	49.937
300066	三川智慧	仪器仪表制造业	57.629
300068	南都电源	电气机械和器材制造业	57.636
300069	金利华电	电气机械和器材制造业	37.025
300090	盛运环保	通用设备制造业	71.852
300091	金通灵	通用设备制造业	50.720
300092	科新机电	专用设备制造业	43.968
300095	华伍股份	专用设备制造业	37.920
300097	智云股份	通用设备制造业	52.443
300099	精准信息	专用设备制造业	42.334
300103	达刚路机	专用设备制造业	44.742
300105	龙源技术	电气机械和器材制造业	53.609

续表

证券代码	公司名称	二级行业	ChiNext IACDI 2016
300112	万讯自控	仪器仪表制造业	36.737
300116	坚瑞沃能	电气机械和器材制造业	62.004
300120	经纬电材	电气机械和器材制造业	63.521
300124	汇川技术	电气机械和器材制造业	49.993
300126	锐奇股份	通用设备制造业	41.006
300129	泰胜风能	电气机械和器材制造业	46.040
300130	新国都	专用设备制造业	59.768
300137	先河环保	仪器仪表制造业	62.608
300140	中环装备	电气机械和器材制造业	48.998
300141	和顺电气	电气机械和器材制造业	59.004
300145	中金环境	通用设备制造业	59.505
300151	昌红科技	专用设备制造业	51.395
300153	科泰电源	电气机械和器材制造业	56.855
300154	瑞凌股份	通用设备制造业	55.590
300156	神雾环保	专用设备制造业	38.217
300159	新研股份	专用设备制造业	43.999
300161	华中数控	通用设备制造业	55.691
300165	天瑞仪器	仪器仪表制造业	54.218
300171	东富龙	专用设备制造业	56.322
300173	智慧松德	专用设备制造业	59.595
300185	通裕重工	通用设备制造业	54.244
300193	佳士科技	通用设备制造业	51.124
300195	长荣股份	专用设备制造业	57.316
300201	海伦哲	专用设备制造业	46.511
300202	聚龙股份	通用设备制造业	58.397
300203	聚光科技	仪器仪表制造业	49.329
300206	理邦仪器	专用设备制造业	52.121
300207	欣旺达	电气机械和器材制造业	46.831
300208	恒顺众昇	电气机械和器材制造业	46.555
300210	森远股份	专用设备制造业	37.282
300216	千山药机	专用设备制造业	36.897
300217	东方电热	电气机械和器材制造业	56.038
300222	科大智能	电气机械和器材制造业	55.890
300228	富瑞特装	专用设备制造业	46.892
300238	冠昊生物	专用设备制造业	67.922

续表

证券代码	公司名称	二级行业	ChiNext IACDI 2016
300246	宝莱特	专用设备制造业	37.255
300247	乐金健康	电气机械和器材制造业	45.698
300249	依米康	专用设备制造业	40.316
300252	金信诺	电气机械和器材制造业	55.961
300257	开山股份	通用设备制造业	60.511
300259	新天科技	仪器仪表制造业	41.102
300260	新莱应材	通用设备制造业	44.251
300263	隆华节能	通用设备制造业	56.133
300265	通光线缆	电气机械和器材制造业	58.473
300266	兴源环境	通用设备制造业	51.049
300272	开能环保	电气机械和器材制造业	37.149
300273	和佳股份	专用设备制造业	46.377
300274	阳光电源	电气机械和器材制造业	44.401
300276	三丰智能	专用设备制造业	48.137
300278	华昌达	专用设备制造业	48.948
300279	和晶科技	电气机械和器材制造业	49.600
300280	南通锻压	通用设备制造业	49.020
300281	金明精机	专用设备制造业	45.810
300283	温州宏丰	电气机械和器材制造业	65.104
300286	安科瑞	仪器仪表制造业	57.511
300293	蓝英装备	专用设备制造业	55.977
300298	三诺生物	专用设备制造业	47.928
300306	远方光电	仪器仪表制造业	49.797
300307	慈星股份	专用设备制造业	38.215
300308	中际装备	专用设备制造业	62.738
300309	吉艾科技	仪器仪表制造业	52.000
300314	戴维医疗	专用设备制造业	46.235
300316	晶盛机电	专用设备制造业	60.230
300317	珈伟股份	电气机械和器材制造业	53.117
300318	博晖创新	专用设备制造业	56.404
300326	凯利泰	专用设备制造业	38.731
300334	津膜科技	专用设备制造业	42.173
300338	开元股份	仪器仪表制造业	53.441
300341	麦迪电气	电气机械和器材制造业	48.399
300342	天银机电	电气机械和器材制造业	37.252

证券代码	公司名称	二级行业	ChiNext IACDI 2016
300349	金卡智能	仪器仪表制造业	40.373
300354	东华测试	仪器仪表制造业	56.072
300356	光一科技	电气机械和器材制造业	38.129
300358	楚天科技	专用设备制造业	46.469
300360	炬华科技	仪器仪表制造业	50.429
300362	天翔环境	通用设备制造业	70.675
300368	汇金股份	专用设备制造业	50.469
300370	安控科技	仪器仪表制造业	55.470
300371	汇中股份	仪器仪表制造业	35.747
300372	欣泰电气	电气机械和器材制造业	53.671
300376	易事特	电气机械和器材制造业	65.854
300382	斯莱克	专用设备制造业	53.450
300385	雪浪环境	专用设备制造业	51.461
300391	康跃科技	通用设备制造业	43.752
300396	迪瑞医疗	专用设备制造业	56.689
300400	劲拓股份	专用设备制造业	60.162
300402	宝色股份	专用设备制造业	62.549
300403	地尔汉宇	电气机械和器材制造业	46.67
300407	凯发电气	电气机械和器材制造业	37.826
300410	正业科技	仪器仪表制造业	48.933
300411	金盾股份	通用设备制造业	49.126
300412	迦南科技	专用设备制造业	38.643
300415	伊之密	专用设备制造业	47.739
300416	苏试试验	仪器仪表制造业	42.816
300417	南华仪器	仪器仪表制造业	43.774
300420	五洋科技	通用设备制造业	46.672
300421	力星股份	通用设备制造业	42.301
300423	鲁亿通	电气机械和器材制造业	45.064
300425	环能科技	专用设备制造业	51.662
300427	红相电力	电气机械和器材制造业	41.421
300430	诚益通	仪器仪表制造业	43.596
300434	金石东方	专用设备制造业	45.040
300435	中泰股份	通用设备制造业	66.301
300438	鹏辉能源	电气机械和器材制造业	62.951
300441	鲍斯股份	通用设备制造业	36.750

证券代码	公司名称	二级行业	ChiNext IACDI 2016
300442	普丽盛	专用设备制造业	52.687
300443	金雷风电	专用设备制造业	59.354
300444	双杰电气	电气机械和器材制造业	52.915
300445	康斯特	仪器仪表制造业	48.402
300447	全信股份	电气机械和器材制造业	66.837
300450	先导智能	专用设备制造业	67.483
300453	三鑫医疗	专用设备制造业	51.894
300457	赢合科技	专用设备制造业	52.368
300461	田中精机	专用设备制造业	50.993
300462	华铭智能	专用设备制造业	56.085
300466	赛摩电气	仪器仪表制造业	47.018
300470	日机密封	通用设备制造业	40.053
300471	厚普股份	专用设备制造业	56.166
300472	新元科技	专用设备制造业	64.079
300473	德尔股份	通用设备制造业	62.785
300475	聚隆科技	电气机械和器材制造业	48.679
300477	合纵科技	电气机械和器材制造业	49.282
300480	光力科技	仪器仪表制造业	50.820
300484	蓝海华腾	电气机械和器材制造业	44.101
300486	东杰智能	专用设备制造业	38.580
300490	华自科技	电气机械和器材制造业	55.908
300491	通合科技	电气机械和器材制造业	58.889
300499	高澜股份	电气机械和器材制造业	61.087
300503	昊志机电	通用设备制造业	52.687
300509	新美星	专用设备制造业	59.354
300510	金冠电气	电气机械和器材制造业	52.915
300512	中亚股份	通用设备制造业	48.402
300515	三德科技	仪器仪表制造业	66.837
300521	爱司凯	专用设备制造业	67.483
300526	中潜股份	专用设备制造业	51.894
300527	华舟应急	专用设备制造业	52.368
300529	健帆生物	专用设备制造业	50.993
300540	深冷股份	通用设备制造业	56.085
300545	联得装备	专用设备制造业	47.018
300549	优德精密	专用设备制造业	40.053

续表

证券代码	公司名称	二级行业	ChiNext IACDI 2016
300551	古鳌科技	专用设备制造业	56.166
300553	集智股份	仪器仪表制造业	64.079
300557	理工光科	仪器仪表制造业	46.672
300562	乐心医疗	专用设备制造业	42.301
300567	精测电子	仪器仪表制造业	45.064
300569	天能重工	电气机械和器材制造业	51.062
300572	安车检测	仪器仪表制造业	41.421
300593	新雷能	电气机械和器材制造业	43.596
300595	欧普康视	专用设备制造业	45.040
300607	拓斯达	通用设备制造业	66.301
300611	美力科技	通用设备制造业	62.051
300633	开立医疗	专用设备制造业	40.053

互联网及相关服务（13家）

证券代码	公司名称	二级行业	ChiNext IACDI 2016
300031	宝通科技	互联网和相关服务	54.605
300059	东方财富	互联网和相关服务	52.789
300104	乐视网	互联网和相关服务	52.324
300113	顺网科技	互联网和相关服务	62.770
300226	上海钢联	互联网和相关服务	63.375
300242	明家联合	互联网和相关服务	61.816
300295	三六五网	互联网和相关服务	65.859
300343	联创互联	互联网和相关服务	74.852
300392	腾信股份	互联网和相关服务	54.384
300418	昆仑万维	互联网和相关服务	56.708
300431	暴风集团	互联网和相关服务	58.236
300467	迅游科技	互联网和相关服务	45.552
300571	平治信息	互联网和相关服务	61.770

软件、信息技术服务（98家）

证券代码	公司名称	二级行业	ChiNext IACDI 2016
300002	神州泰岳	软件和信息技术服务业	46.396
300010	立思辰	软件和信息技术服务业	51.637
300017	网宿科技	软件和信息技术服务业	47.461
300020	银江股份	软件和信息技术服务业	62.643

证券代码	公司名称	二级行业	ChiNext IACDI 2016
300025	华星创业	软件和信息技术服务业	66.731
300033	同花顺	软件和信息技术服务业	54.953
300036	超图软件	软件和信息技术服务业	51.866
300044	赛为智能	软件和信息技术服务业	46.791
300047	天源迪科	软件和信息技术服务业	56.399
300050	世纪鼎利	软件和信息技术服务业	55.575
300051	三五互联	软件和信息技术服务业	56.562
300052	中青宝	软件和信息技术服务业	67.880
300074	华平股份	软件和信息技术服务业	53.057
300075	数字政通	软件和信息技术服务业	53.646
300085	银之杰	软件和信息技术服务业	54.574
300096	易联众	软件和信息技术服务业	66.548
300098	高新兴	软件和信息技术服务业	48.330
300150	世纪瑞尔	软件和信息技术服务业	50.685
300166	东方国信	软件和信息技术服务业	54.598
300167	迪威视讯	软件和信息技术服务业	56.942
300168	万达信息	软件和信息技术服务业	49.858
300170	汉得信息	软件和信息技术服务业	64.398
300182	捷成股份	软件和信息技术服务业	50.617
300183	东软载波	软件和信息技术服务业	47.731
300188	美亚柏科	软件和信息技术服务业	60.562
300209	天泽信息	软件和信息技术服务业	42.133
300212	易华录	软件和信息技术服务业	65.260
300229	拓尔思	软件和信息技术服务业	37.673
300231	银信科技	软件和信息技术服务业	60.416
300235	方直科技	软件和信息技术服务业	54.026
300245	天玑科技	软件和信息技术服务业	51.624
300248	新开普	软件和信息技术服务业	57.870
300253	卫宁健康	软件和信息技术服务业	52.445
300264	佳创视讯	软件和信息技术服务业	64.925
300271	华宇软件	软件和信息技术服务业	52.883
300275	梅安森	软件和信息技术服务业	47.343
300277	海联讯	软件和信息技术服务业	51.917
300287	飞利信	软件和信息技术服务业	61.108
300290	荣科科技	软件和信息技术服务业	55.896

续表

证券代码	公司名称	二级行业	ChiNext IACDI 2016
300297	蓝盾股份	软件和信息技术服务业	43.165
300299	富春股份	软件和信息技术服务业	52.146
300300	汉鼎宇佑	软件和信息技术服务业	41.130
300302	同有科技	软件和信息技术服务业	53.144
300311	任子行	软件和信息技术服务业	66.518
300312	邦讯技术	软件和信息技术服务业	50.514
300315	掌趣科技	软件和信息技术服务业	57.428
300324	旋极信息	软件和信息技术服务业	55.353
300330	华虹计通	软件和信息技术服务业	42.081
300333	兆日科技	软件和信息技术服务业	62.333
300339	润和软件	软件和信息技术服务业	62.069
300348	长亮科技	软件和信息技术服务业	55.232
300352	北信源	软件和信息技术服务业	53.440
300359	全通教育	软件和信息技术服务业	52.910
300365	恒华科技	软件和信息技术服务业	50.333
300366	创意信息	软件和信息技术服务业	55.618
300369	绿盟科技	软件和信息技术服务业	66.391
300377	赢时胜	软件和信息技术服务业	59.629
300378	鼎捷软件	软件和信息技术服务业	54.736
300379	东方通	软件和信息技术服务业	62.556
300380	安硕信息	软件和信息技术服务业	49.013
300383	光环新网	软件和信息技术服务业	61.880
300386	飞天诚信	软件和信息技术服务业	50.554
300399	京天利	软件和信息技术服务业	49.660
300419	浩丰科技	软件和信息技术服务业	63.574
300440	运达科技	软件和信息技术服务业	59.343
300448	浩云科技	软件和信息技术服务业	47.613
300451	创业软件	软件和信息技术服务业	38.673
300465	高伟达	软件和信息技术服务业	47.903
300468	四方精创	软件和信息技术服务业	56.997
300469	信息发展	软件和信息技术服务业	57.389
300493	润欣科技	软件和信息技术服务业	51.453
300494	盛天网络	软件和信息技术服务业	62.219
300496	中科创达	软件和信息技术服务业	54.308
300508	维宏股份	软件和信息技术服务业	53.440

续表

证券代码	公司名称	二级行业	ChiNext IACDI 2016
300513	恒泰实达	软件和信息技术服务业	52.910
300518	盛讯达	软件和信息技术服务业	50.333
300520	科大国创	软件和信息技术服务业	55.618
300523	辰安科技	软件和信息技术服务业	66.391
300525	博思软件	软件和信息技术服务业	59.629
300532	今天国际	软件和信息技术服务业	54.736
300533	冰川网络	软件和信息技术服务业	62.556
300541	先进数通	软件和信息技术服务业	49.013
300542	新晨科技	软件和信息技术服务业	61.880
300550	和仁科技	软件和信息技术服务业	50.554
300552	万集科技	软件和信息技术服务业	49.660
300556	丝路视觉	软件和信息技术服务业	63.574
300559	佳发安泰	软件和信息技术服务业	49.013
300560	中富通	软件和信息技术服务业	61.580
300561	汇金科技	软件和信息技术服务业	51.554
300578	会畅通信	软件和信息技术服务业	49.660
300579	数字认证	软件和信息技术服务业	63.574
300588	熙菱信息	软件和信息技术服务业	59.343
300597	吉大通信	软件和信息技术服务业	47.613
300598	诚迈科技	软件和信息技术服务业	40.287
300603	立昂技术	软件和信息技术服务业	51.324
300605	恒锋信息	软件和信息技术服务业	57.470
300608	思特奇	软件和信息技术服务业	52.445
300609	汇纳科技	软件和信息技术服务业	64.425

化学、橡胶、塑料（58家）

证券代码	公司名称	二级行业	ChiNext IACDI 2016
300019	硅宝科技	化学原料和化学制品制造业	55.816
300021	大禹节水	橡胶和塑料制品业	63.606
300037	新宙邦	化学原料和化学制品制造业	62.033
300041	回天新材	化学原料和化学制品制造业	51.676
300054	鼎龙股份	化学原料和化学制品制造业	67.951
300067	安诺其	化学原料和化学制品制造业	49.840
300072	三聚环保	化学原料和化学制品制造业	44.178
300082	奥克股份	化学原料和化学制品制造业	58.136

证券代码	公司名称	二级行业	ChiNext IACDI 2016
300107	建新股份	化学原料和化学制品制造业	48.220
300109	新开源	化学原料和化学制品制造业	43.321
300121	阳谷华泰	化学原料和化学制品制造业	47.740
300132	青松股份	化学原料和化学制品制造业	45.462
300135	宝利国际	化学原料和化学制品制造业	70.423
300169	天晟新材	橡胶和塑料制品业	61.947
300174	元力股份	化学原料和化学制品制造业	42.308
300180	华峰超纤	橡胶和塑料制品业	61.449
300192	科斯伍德	化学原料和化学制品制造业	53.165
300198	纳川股份	橡胶和塑料制品业	41.753
300200	高盟新材	化学原料和化学制品制造业	45.992
300214	日科化学	化学原料和化学制品制造业	53.661
300218	安利股份	橡胶和塑料制品业	45.416
300221	银禧科技	橡胶和塑料制品业	49.563
300225	金力泰	化学原料和化学制品制造业	71.092
300230	永利股份	橡胶和塑料制品业	68.170
300236	上海新阳	化学原料和化学制品制造业	45.344
300243	瑞丰高材	化学原料和化学制品制造业	59.240
300261	雅本化学	化学原料和化学制品制造业	55.094
300285	国瓷材料	化学原料和化学制品制造业	42.224
300305	裕兴股份	橡胶和塑料制品业	44.043
300320	海达股份	橡胶和塑料制品业	42.485
300321	同大股份	橡胶和塑料制品业	43.706
300325	德威新材	橡胶和塑料制品业	54.118
300375	鹏翎股份	橡胶和塑料制品业	54.633
300387	富邦股份	化学原料和化学制品制造业	46.439
300398	飞凯材料	化学原料和化学制品制造业	42.949
300405	科隆精化	化学原料和化学制品制造业	51.805
300429	强力新材	化学原料和化学制品制造业	47.037
300437	清水源	化学原料和化学制品制造业	54.414
300446	乐凯新材	化学原料和化学制品制造业	57.666
300459	金科娱乐	化学原料和化学制品制造业	65.439
300478	杭州高新	橡胶和塑料制品业	49.911
300481	濮阳惠成	化学原料和化学制品制造业	45.811
300487	蓝晓科技	化学原料和化学制品制造业	42.485

续表

证券代码	公司名称	二级行业	ChiNext IACDI 2016
300505	川金诺	化学原料和化学制品制造业	45.292
300522	世名科技	化学原料和化学制品制造业	52.161
300530	达志科技	化学原料和化学制品制造业	45.416
300535	达威股份	化学原料和化学制品制造业	49.563
300537	广信材料	化学原料和化学制品制造业	71.352
300539	横河模具	橡胶和塑料制品业	68.170
300547	川环科技	橡胶和塑料制品业	45.344
300568	星源材质	化学原料和化学制品制造业	58.240
300575	中旗股份	化学原料和化学制品制造业	54.094
300576	容大感光	化学原料和化学制品制造业	42.224
300586	美联新材	橡胶和塑料制品业	44.043
300587	天铁股份	橡胶和塑料制品业	42.485
300596	利安隆	化学原料和化学制品制造业	43.706
300599	雄塑科技	橡胶和塑料制品业	54.118
300610	晨化股份	化学原料和化学制品制造业	55.094

文化传播（7 家）

证券代码	公司名称	二级行业	ChiNext IACDI 2016
300027	华谊兄弟	广播、电视、电影和影视录音制作业	56.413
300133	华策影视	广播、电视、电影和影视录音制作业	60.150
300251	光线传媒	广播、电视、电影和影视录音制作业	41.840
300291	华录百纳	广播、电视、电影和影视录音制作业	58.976
300336	新文化	广播、电视、电影和影视录音制作业	63.190
300426	唐德影视	广播、电视、电影和影视录音制作业	55.425
300528	幸福蓝海	广播、电视、电影和影视录音制作业	58.335

其他（117 家）

证券代码	公司名称	二级行业	ChiNext IACDI 2016
300005	探路者	纺织服装、服饰业	46.345
300008	天海防务	专业技术服务业	47.820
300011	鼎汉技术	铁路、船舶、航空航天和其他运输设备制造业	44.765
300012	华测检测	专业技术服务业	47.725
300013	新宁物流	仓储业	57.815
300015	爱尔眼科	卫生	58.068

续表

证券代码	公司名称	二级行业	ChiNext IACDI 2016
300022	吉峰农机	零售业	49.596
300023	宝德股份	租赁业	55.221
300034	钢研高纳	有色金属冶炼和压延加工业	64.351
300043	星辉娱乐	文教、工美、体育和娱乐用品制造业	74.744
300055	万邦达	土木工程建筑业	45.154
300057	万顺股份	有色金属冶炼和压延加工业	48.739
300058	蓝色光标	商务服务业	46.156
300061	康耐特	其他制造业	39.380
300063	天龙集团	商务服务业	43.297
300064	豫金刚石	非金属矿物制品业	38.727
300070	碧水源	生态保护和环境治理业	50.225
300071	华谊嘉信	商务服务业	42.779
300073	当升科技	非金属矿物制品业	59.011
300080	易成新能	非金属矿物制品业	60.590
300081	恒信移动	零售业	63.938
300084	海默科技	开采辅助活动	56.351
300087	荃银高科	农业	42.108
300089	文化长城	非金属矿物制品业	40.559
300093	金刚玻璃	非金属矿物制品业	46.995
300094	国联水产	渔业	47.286
300100	双林股份	汽车制造业	38.807
300106	西部牧业	畜牧业	50.345
300117	嘉寓股份	建筑装饰和其他建筑业	60.155
300123	太阳鸟	铁路、船舶、航空航天和其他运输设备制造业	50.773
300125	易世达	专业技术服务业	42.154
300131	英唐智控	批发业	43.320
300138	晨光生物	农副食品加工业	56.685
300143	星河生物	农业	51.294
300144	宋城演艺	文化艺术业	47.499
300146	汤臣倍健	食品制造业	52.366
300148	天舟文化	新闻和出版业	50.597
300149	量子高科	食品制造业	49.118
300152	科融环境	生态保护和环境治理业	60.892
300157	恒泰艾普	开采辅助活动	46.905

证券代码	公司名称	二级行业	ChiNext IACDI 2016
300160	秀强股份	非金属矿物制品业	54.968
300163	先锋新材	其他制造业	53.868
300164	通源石油	开采辅助活动	49.372
300172	中电环保	生态保护和环境治理业	52.256
300175	朗源股份	农副食品加工业	47.860
300176	鸿特精密	汽车制造业	49.506
300178	腾邦国际	商务服务业	38.594
300179	四方达	非金属矿物制品业	35.661
300184	力源信息	批发业	71.553
300187	永清环保	生态保护和环境治理业	51.245
300189	神农基因	农业	54.268
300190	维尔利	生态保护和环境治理业	48.607
300191	潜能恒信	开采辅助活动	46.447
300196	长海股份	非金属矿物制品业	51.912
300197	铁汉生态	土木工程建筑业	44.953
300215	电科院	专业技术服务业	53.125
300224	正海磁材	非金属矿物制品业	63.213
300234	开尔新材	非金属矿物制品业	59.196
300237	美晨科技	土木工程建筑业	46.142
300240	飞力达	仓储业	49.822
300244	迪安诊断	卫生	58.154
300258	精锻科技	汽车制造业	46.145
300262	巴安水务	土木工程建筑业	37.021
300268	万福生科	农副食品加工业	37.583
300269	联建光电	商务服务业	49.181
300284	苏交科	专业技术服务业	49.301
300288	朗玛信息	电信、广播电视和卫星传输服务	56.854
300304	云意电气	汽车制造业	49.521
300310	宜通世纪	电信、广播电视和卫星传输服务	65.030
300313	天山生物	畜牧业	61.205
300328	宜安科技	金属制品业	36.213
300329	海伦钢琴	文教、工美、体育和娱乐用品制造业	47.030
300332	天壕环境	燃气生产和供应业	52.334
300335	迪森股份	电力、热力生产和供应业	44.901
300337	银邦股份	有色金属冶炼和压延加工业	54.209

续表

证券代码	公司名称	二级行业	ChiNext IACDI 2016
300344	太空板业	非金属矿物制品业	61.478
300345	红宇新材	金属制品业	47.346
300347	泰格医药	卫生	58.224
300350	华鹏飞	仓储业	52.845
300355	蒙草生态	生态保护和环境治理业	41.565
300364	中文在线	新闻和出版业	47.885
300374	恒通科技	非金属矿物制品业	44.110
300381	溢多利	食品制造业	51.935
300384	三联虹普	专业技术服务业	47.452
300388	国祯环保	生态保护和环境治理业	38.423
300395	菲利华	非金属矿物制品业	46.671
300401	花园生物	食品制造业	49.141
300404	博济医药	研究和试验发展	45.541
300409	道氏技术	非金属矿物制品业	56.668
300413	快乐购	零售业	62.579
300422	博世科	生态保护和环境治理业	56.382
300424	航新科技	铁路、船舶、航空航天和其他运输设备制造业	52.089
300428	四通新材	有色金属冶炼和压延加工业	56.476
300432	富临精工	汽车制造业	38.349
300464	星徽精密	金属制品业	52.542
300483	沃施股份	其他制造业	38.433
300488	恒锋工具	金属制品业	55.578
300489	中飞股份	有色金属冶炼和压延加工业	47.694
300492	山鼎设计	专业技术服务业	52.315
300495	美尚生态	土木工程建筑业	38.290
300498	温氏股份	畜牧业	45.870
300500	启迪设计	专业技术服务业	47.925
300506	名家汇	建筑装饰和其他建筑业	59.088
300507	苏奥传感	汽车制造业	46.671
300511	雪榕生物	农业	49.141
300517	海波重科	土木工程建筑业	45.541
300536	农尚环境	土木工程建筑业	56.068
300538	同益股份	批发业	62.579
300577	开润股份	纺织业	56.382

证券代码	公司名称	二级行业	ChiNext IACDI 2016
300580	贝斯特	汽车制造业	52.089
300585	奥联电子	汽车制造业	56.476
300589	江龙船艇	铁路、船舶、航空航天和其他运输设备制造业	38.049
300591	万里马	皮革、毛皮、羽毛及其制品和制鞋业	52.542
300592	华凯创意	文化艺术业	38.433
300600	瑞特股份	铁路、船舶、航空航天和其他运输设备制造业	55.578
300606	金太阳	非金属矿物制品业	47.694
300612	宣亚国际	商务服务业	52.402

创业板上市公司无形资产质量指数

（2016 年，分行业，按证券代码排序）

医药制造（43 家）

证券代码	公司名称	二级行业	质量指数 2016
300006	莱美药业	医药制造业	34.520
300009	安科生物	医药制造业	28.362
300016	北陆药业	医药制造业	37.950
300026	红日药业	医药制造业	44.453
300039	上海凯宝	医药制造业	43.961
300049	福瑞股份	医药制造业	47.330
300086	康芝药业	医药制造业	26.155
300108	双龙股份	医药制造业	34.936
300110	华仁药业	医药制造业	43.310
300119	瑞普生物	医药制造业	29.565
300122	智飞生物	医药制造业	32.063
300142	沃森生物	医药制造业	25.762
300147	香雪制药	医药制造业	24.916
300158	振东制药	医药制造业	30.252
300181	佐力药业	医药制造业	31.538
300194	福安药业	医药制造业	19.642
300199	翰宇药业	医药制造业	32.834
300204	舒泰神	医药制造业	33.866
300233	金城医药	医药制造业	37.261
300239	东宝生物	医药制造业	34.109
300254	仟源医药	医药制造业	34.351
300255	常山药业	医药制造业	36.879
300267	尔康制药	医药制造业	44.170

证券代码	公司名称	二级行业	质量指数 2016
300289	利德曼	医药制造业	35.874
300294	博雅生物	医药制造业	35.239
300357	我武生物	医药制造业	33.178
300363	博腾股份	医药制造业	48.836
300406	九强生物	医药制造业	41.865
300436	广生堂	医药制造业	55.451
300439	美康生物	医药制造业	32.286
300452	山河药辅	医药制造业	46.879
300463	迈克生物	医药制造业	26.253
300482	万孚生物	医药制造业	39.507
300485	赛升药业	医药制造业	42.095
300497	富祥股份	医药制造业	48.430
300501	海顺新材	医药制造业	35.829
300519	新光药业	医药制造业	37.261
300534	陇神戎发	医药制造业	34.109
300558	贝达药业	医药制造业	34.351
300573	兴齐眼药	医药制造业	37.579
300583	赛托生物	医药制造业	44.170
300584	海辰药业	医药制造业	35.874
300601	康泰生物	医药制造业	35.309

计算机、通信及电子（86 家）

证券代码	公司名称	二级行业	质量指数 2016
300028	金亚科技	计算机、通信和其他电子设备制造业	39.498
300038	梅泰诺	计算机、通信和其他电子设备制造业	37.479
300042	朗科科技	计算机、通信和其他电子设备制造业	42.351
300046	台基股份	计算机、通信和其他电子设备制造业	42.925
300053	欧比特	计算机、通信和其他电子设备制造业	37.483
300065	海兰信	计算机、通信和其他电子设备制造业	36.389
300076	GQY 视讯	计算机、通信和其他电子设备制造业	42.435
300077	国民技术	计算机、通信和其他电子设备制造业	42.885
300078	思创医惠	计算机、通信和其他电子设备制造业	40.606
300079	数码视讯	计算机、通信和其他电子设备制造业	36.923
300083	劲胜精密	计算机、通信和其他电子设备制造业	39.547
300088	长信科技	计算机、通信和其他电子设备制造业	39.354

续表

证券代码	公司名称	二级行业	质量指数2016
300101	振芯科技	计算机、通信和其他电子设备制造业	34.776
300102	乾照光电	计算机、通信和其他电子设备制造业	42.889
300111	向日葵	计算机、通信和其他电子设备制造业	44.651
300114	中航电测	计算机、通信和其他电子设备制造业	40.389
300115	长盈精密	计算机、通信和其他电子设备制造业	36.484
300118	东方日升	计算机、通信和其他电子设备制造业	43.264
300127	银河磁体	计算机、通信和其他电子设备制造业	47.243
300128	锦富技术	计算机、通信和其他电子设备制造业	41.050
300134	大富科技	计算机、通信和其他电子设备制造业	36.136
300136	信维通信	计算机、通信和其他电子设备制造业	41.892
300139	晓程科技	计算机、通信和其他电子设备制造业	30.376
300155	安居宝	计算机、通信和其他电子设备制造业	42.471
300162	雷曼股份	计算机、通信和其他电子设备制造业	38.283
300177	中海达	计算机、通信和其他电子设备制造业	40.357
300205	天喻信息	计算机、通信和其他电子设备制造业	39.833
300211	亿通科技	计算机、通信和其他电子设备制造业	35.357
300213	佳讯飞鸿	计算机、通信和其他电子设备制造业	38.256
300219	鸿利智汇	计算机、通信和其他电子设备制造业	39.014
300220	金运激光	计算机、通信和其他电子设备制造业	41.232
300223	北京君正	计算机、通信和其他电子设备制造业	38.781
300227	光韵达	计算机、通信和其他电子设备制造业	40.858
300232	洲明科技	计算机、通信和其他电子设备制造业	35.051
300241	瑞丰光电	计算机、通信和其他电子设备制造业	42.069
300250	初灵信息	计算机、通信和其他电子设备制造业	39.515
300256	星星科技	计算机、通信和其他电子设备制造业	38.143
300270	中威电子	计算机、通信和其他电子设备制造业	42.872
300282	汇冠股份	计算机、通信和其他电子设备制造业	44.159
300292	吴通控股	计算机、通信和其他电子设备制造业	39.691
300296	利亚德	计算机、通信和其他电子设备制造业	45.084
300301	长方集团	计算机、通信和其他电子设备制造业	35.245
300303	聚飞光电	计算机、通信和其他电子设备制造业	35.596
300319	麦捷科技	计算机、通信和其他电子设备制造业	42.129
300322	硕贝德	计算机、通信和其他电子设备制造业	39.978
300323	华灿光电	计算机、通信和其他电子设备制造业	41.812
300327	中颖电子	计算机、通信和其他电子设备制造业	45.445

续表

证券代码	公司名称	二级行业	质量指数 2016
300331	苏大维格	计算机、通信和其他电子设备制造业	30.606
300340	科恒股份	计算机、通信和其他电子设备制造业	33.886
300346	南大光电	计算机、通信和其他电子设备制造业	37.900
300351	永贵电器	计算机、通信和其他电子设备制造业	45.536
300353	东土科技	计算机、通信和其他电子设备制造业	25.516
300367	东方网力	计算机、通信和其他电子设备制造业	37.240
300373	扬杰科技	计算机、通信和其他电子设备制造业	30.032
300389	艾比森	计算机、通信和其他电子设备制造业	45.002
300390	天华超净	计算机、通信和其他电子设备制造业	30.707
300393	中来股份	计算机、通信和其他电子设备制造业	16.862
300394	天孚通信	计算机、通信和其他电子设备制造业	40.005
300397	天和防务	计算机、通信和其他电子设备制造业	46.074
300408	三环集团	计算机、通信和其他电子设备制造业	33.237
300414	中光防雷	计算机、通信和其他电子设备制造业	33.864
300433	蓝思科技	计算机、通信和其他电子设备制造业	43.163
300449	汉邦高科	计算机、通信和其他电子设备制造业	65.793
300455	康拓红外	计算机、通信和其他电子设备制造业	37.610
300456	耐威科技	计算机、通信和其他电子设备制造业	43.611
300458	全志科技	计算机、通信和其他电子设备制造业	48.457
300460	惠伦晶体	计算机、通信和其他电子设备制造业	41.856
300474	景嘉微	计算机、通信和其他电子设备制造业	32.965
300476	胜宏科技	计算机、通信和其他电子设备制造业	39.118
300479	神思电子	计算机、通信和其他电子设备制造业	39.515
300502	新易盛	计算机、通信和其他电子设备制造业	38.143
300516	久之洋	计算机、通信和其他电子设备制造业	42.872
300531	优博讯	计算机、通信和其他电子设备制造业	44.159
300543	朗科智能	计算机、通信和其他电子设备制造业	39.691
300546	雄帝科技	计算机、通信和其他电子设备制造业	45.584
300548	博创科技	计算机、通信和其他电子设备制造业	38.245
300555	路通视信	计算机、通信和其他电子设备制造业	37.596
300563	神宇股份	计算机、通信和其他电子设备制造业	42.129
300565	科信技术	计算机、通信和其他电子设备制造业	39.978
300566	激智科技	计算机、通信和其他电子设备制造业	42.812
300570	太辰光	计算机、通信和其他电子设备制造业	45.445
300581	晨曦航空	计算机、通信和其他电子设备制造业	30.606

续表

证券代码	公司名称	二级行业	质量指数2016
300582	英飞特	计算机、通信和其他电子设备制造业	33.886
300590	移为通信	计算机、通信和其他电子设备制造业	39.900
300602	飞荣达	计算机、通信和其他电子设备制造业	37.610
300615	欣天科技	计算机、通信和其他电子设备制造业	43.611

机械、设备、仪表（179家）

证券代码	公司名称	二级行业	质量指数2016
300001	特锐德	电气机械和器材制造业	31.922
300003	乐普医疗	专用设备制造业	31.087
300004	南风股份	通用设备制造业	35.094
300007	汉威电子	仪器仪表制造业	42.198
300014	亿纬锂能	电气机械和器材制造业	15.854
300018	中元股份	电气机械和器材制造业	30.543
300024	机器人	通用设备制造业	31.877
300029	天龙光电	专用设备制造业	47.790
300030	阳普医疗	专用设备制造业	34.528
300032	金龙机电	电气机械和器材制造业	32.195
300035	中科电气	专用设备制造业	36.326
300040	九洲电气	电气机械和器材制造业	44.116
300045	华力创通	专用设备制造业	35.628
300048	合康新能	电气机械和器材制造业	49.008
300056	三维丝	专用设备制造业	46.404
300062	中能电气	电气机械和器材制造业	34.956
300066	三川智慧	仪器仪表制造业	40.340
300068	南都电源	电气机械和器材制造业	40.345
300069	金利华电	电气机械和器材制造业	25.918
300090	盛运环保	通用设备制造业	59.827
300091	金通灵	通用设备制造业	35.504
300092	科新机电	专用设备制造业	30.778
300095	华伍股份	专用设备制造业	26.544
300097	智云股份	通用设备制造业	36.710
300099	精准信息	专用设备制造业	29.634
300103	达刚路机	专用设备制造业	31.319
300105	龙源技术	电气机械和器材制造业	37.526
300112	万讯自控	仪器仪表制造业	25.716

证券代码	公司名称	二级行业	质量指数2016
300116	坚瑞沃能	电气机械和器材制造业	43.403
300120	经纬电材	电气机械和器材制造业	44.465
300124	汇川技术	电气机械和器材制造业	34.995
300126	锐奇股份	通用设备制造业	28.704
300129	泰胜风能	电气机械和器材制造业	32.228
300130	新国都	专用设备制造业	41.838
300137	先河环保	仪器仪表制造业	43.826
300140	中环装备	电气机械和器材制造业	34.299
300141	和顺电气	电气机械和器材制造业	41.303
300145	中金环境	通用设备制造业	41.653
300151	昌红科技	专用设备制造业	35.977
300153	科泰电源	电气机械和器材制造业	39.799
300154	瑞凌股份	通用设备制造业	38.913
300156	神雾环保	专用设备制造业	26.752
300159	新研股份	专用设备制造业	30.799
300161	华中数控	通用设备制造业	38.984
300165	天瑞仪器	仪器仪表制造业	37.952
300171	东富龙	专用设备制造业	39.425
300173	智慧松德	专用设备制造业	41.716
300185	通裕重工	通用设备制造业	37.971
300193	佳士科技	通用设备制造业	35.787
300195	长荣股份	专用设备制造业	40.121
300201	海伦哲	专用设备制造业	32.558
300202	聚龙股份	通用设备制造业	40.878
300203	聚光科技	仪器仪表制造业	34.530
300206	理邦仪器	专用设备制造业	36.485
300207	欣旺达	电气机械和器材制造业	32.782
300208	恒顺众昇	电气机械和器材制造业	32.589
300210	森远股份	专用设备制造业	26.097
300216	千山药机	专用设备制造业	25.828
300217	东方电热	电气机械和器材制造业	39.227
300222	科大智能	电气机械和器材制造业	39.123
300228	富瑞特装	专用设备制造业	32.824
300238	冠昊生物	专用设备制造业	47.545
300246	宝莱特	专用设备制造业	26.078

证券代码	公司名称	二级行业	质量指数 2016
300247	乐金健康	电气机械和器材制造业	31.989
300249	依米康	专用设备制造业	28.221
300252	金信诺	电气机械和器材制造业	39.173
300257	开山股份	通用设备制造业	42.357
300259	新天科技	仪器仪表制造业	28.771
300260	新莱应材	通用设备制造业	30.975
300263	隆华节能	通用设备制造业	39.293
300265	通光线缆	电气机械和器材制造业	40.931
300266	兴源环境	通用设备制造业	35.734
300272	开能环保	电气机械和器材制造业	26.004
300273	和佳股份	专用设备制造业	32.464
300274	阳光电源	电气机械和器材制造业	31.081
300276	三丰智能	专用设备制造业	33.696
300278	华昌达	专用设备制造业	34.263
300279	和晶科技	电气机械和器材制造业	34.720
300280	南通锻压	通用设备制造业	34.314
300281	金明精机	专用设备制造业	32.067
300283	温州宏丰	电气机械和器材制造业	45.572
300286	安科瑞	仪器仪表制造业	40.258
300293	蓝英装备	专用设备制造业	39.184
300298	三诺生物	专用设备制造业	33.549
300306	远方光电	仪器仪表制造业	34.858
300307	慈星股份	专用设备制造业	26.751
300308	中际装备	专用设备制造业	43.917
300309	吉艾科技	仪器仪表制造业	36.400
300314	戴维医疗	专用设备制造业	32.365
300316	晶盛机电	专用设备制造业	42.161
300317	珈伟股份	电气机械和器材制造业	37.182
300318	博晖创新	专用设备制造业	39.483
300326	凯利泰	专用设备制造业	27.112
300334	津膜科技	专用设备制造业	29.521
300338	开元股份	仪器仪表制造业	37.409
300341	麦迪电气	电气机械和器材制造业	33.879
300342	天银机电	电气机械和器材制造业	26.077
300349	金卡智能	仪器仪表制造业	28.261

证券代码	公司名称	二级行业	质量指数 2016
300354	东华测试	仪器仪表制造业	39.250
300356	光一科技	电气机械和器材制造业	26.690
300358	楚天科技	专用设备制造业	32.528
300360	炬华科技	仪器仪表制造业	35.300
300362	天翔环境	通用设备制造业	49.473
300368	汇金股份	专用设备制造业	35.328
300370	安控科技	仪器仪表制造业	38.829
300371	汇中股份	仪器仪表制造业	25.023
300372	欣泰电气	电气机械和器材制造业	37.570
300376	易事特	电气机械和器材制造业	46.098
300382	斯莱克	专用设备制造业	37.415
300385	雪浪环境	专用设备制造业	36.022
300391	康跃科技	通用设备制造业	30.627
300396	迪瑞医疗	专用设备制造业	39.682
300400	劲拓股份	专用设备制造业	42.113
300402	宝色股份	专用设备制造业	43.784
300403	地尔汉宇	电气机械和器材制造业	32.671
300407	凯发电气	电气机械和器材制造业	26.478
300410	正业科技	仪器仪表制造业	34.253
300411	金盾股份	通用设备制造业	34.388
300412	迦南科技	专用设备制造业	27.050
300415	伊之密	专用设备制造业	33.417
300416	苏试试验	仪器仪表制造业	29.971
300417	南华仪器	仪器仪表制造业	30.642
300420	五洋科技	通用设备制造业	32.670
300421	力星股份	通用设备制造业	29.611
300423	鲁亿通	电气机械和器材制造业	31.545
300425	环能科技	专用设备制造业	36.164
300427	红相电力	电气机械和器材制造业	28.995
300430	诚益通	仪器仪表制造业	33.517
300434	金石东方	专用设备制造业	31.528
300435	中泰股份	通用设备制造业	46.411
300438	鹏辉能源	电气机械和器材制造业	44.065
300441	鲍斯股份	通用设备制造业	25.725
300442	普丽盛	专用设备制造业	36.881

续表

证券代码	公司名称	二级行业	质量指数 2016
300443	金雷风电	专用设备制造业	41.548
300444	双杰电气	电气机械和器材制造业	37.041
300445	康斯特	仪器仪表制造业	33.881
300447	全信股份	电气机械和器材制造业	46.786
300450	先导智能	专用设备制造业	47.238
300453	三鑫医疗	专用设备制造业	36.326
300457	赢合科技	专用设备制造业	36.658
300461	田中精机	专用设备制造业	35.695
300462	华铭智能	专用设备制造业	39.260
300466	赛摩电气	仪器仪表制造业	32.912
300470	日机密封	通用设备制造业	28.037
300471	厚普股份	专用设备制造业	39.317
300472	新元科技	专用设备制造业	44.855
300473	德尔股份	通用设备制造业	43.949
300475	聚隆科技	电气机械和器材制造业	34.075
300477	合纵科技	电气机械和器材制造业	34.497
300480	光力科技	仪器仪表制造业	35.574
300484	蓝海华腾	电气机械和器材制造业	30.871
300486	东杰智能	专用设备制造业	29.006
300490	华自科技	电气机械和器材制造业	39.136
300491	通合科技	电气机械和器材制造业	41.223
300499	高澜股份	电气机械和器材制造业	42.761
300503	昊志机电	通用设备制造业	36.881
300509	新美星	专用设备制造业	41.548
300510	金冠电气	电气机械和器材制造业	37.041
300512	中亚股份	通用设备制造业	35.881
300515	三德科技	仪器仪表制造业	46.786
300521	爱司凯	专用设备制造业	47.238
300526	中潜股份	专用设备制造业	36.326
300527	华舟应急	专用设备制造业	36.658
300529	健帆生物	专用设备制造业	35.695
300540	深冷股份	通用设备制造业	39.260
300545	联得装备	专用设备制造业	33.912
300549	优德精密	专用设备制造业	32.037
300551	古鳌科技	专用设备制造业	39.317

证券代码	公司名称	二级行业	质量指数 2016
300553	集智股份	仪器仪表制造业	44.855
300557	理工光科	仪器仪表制造业	32.670
300562	乐心医疗	专用设备制造业	34.611
300567	精测电子	仪器仪表制造业	33.545
300569	天能重工	电气机械和器材制造业	35.744
300572	安车检测	仪器仪表制造业	28.995
300593	新雷能	电气机械和器材制造业	33.517
300595	欧普康视	专用设备制造业	31.528
300607	拓斯达	通用设备制造业	46.411
300611	美力科技	通用设备制造业	43.435
300633	开立医疗	专用设备制造业	28.037

互联网及相关服务（13 家）

证券代码	公司名称	二级行业	质量指数 2016
300031	宝通科技	互联网和相关服务	38.824
300059	东方财富	互联网和相关服务	38.533
300104	乐视网	互联网和相关服务	37.202
300113	顺网科技	互联网和相关服务	44.630
300226	上海钢联	互联网和相关服务	45.059
300242	明家联合	互联网和相关服务	43.951
300295	三六五网	互联网和相关服务	46.825
300343	联创互联	互联网和相关服务	51.572
300392	腾信股份	互联网和相关服务	38.667
300418	昆仑万维	互联网和相关服务	40.719
300431	暴风集团	互联网和相关服务	41.405
300467	迅游科技	互联网和相关服务	32.801
300571	平治信息	互联网和相关服务	43.919

软件、信息技术服务（98 家）

证券代码	公司名称	二级行业	质量指数 2016
300002	神州泰岳	软件和信息技术服务业	38.347
300010	立思辰	软件和信息技术服务业	42.539
300017	网宿科技	软件和信息技术服务业	39.199
300020	银江股份	软件和信息技术服务业	51.344
300025	华星创业	软件和信息技术服务业	52.615

续表

证券代码	公司名称	二级行业	质量指数2016
300033	同花顺	软件和信息技术服务业	45.192
300036	超图软件	软件和信息技术服务业	42.723
300044	赛为智能	软件和信息技术服务业	38.662
300047	天源迪科	软件和信息技术服务业	46.349
300050	世纪鼎利	软件和信息技术服务业	45.690
300051	三五互联	软件和信息技术服务业	46.479
300052	中青宝	软件和信息技术服务业	69.881
300074	华平股份	软件和信息技术服务业	43.675
300075	数字政通	软件和信息技术服务业	44.147
300085	银之杰	软件和信息技术服务业	44.890
300096	易联众	软件和信息技术服务业	54.469
300098	高新兴	软件和信息技术服务业	39.894
300150	世纪瑞尔	软件和信息技术服务业	41.778
300166	东方国信	软件和信息技术服务业	44.908
300167	迪威视讯	软件和信息技术服务业	46.784
300168	万达信息	软件和信息技术服务业	41.117
300170	汉得信息	软件和信息技术服务业	52.749
300182	捷成股份	软件和信息技术服务业	41.723
300183	东软载波	软件和信息技术服务业	39.414
300188	美亚柏科	软件和信息技术服务业	49.679
300209	天泽信息	软件和信息技术服务业	34.936
300212	易华录	软件和信息技术服务业	53.438
300229	拓尔思	软件和信息技术服务业	27.532
300231	银信科技	软件和信息技术服务业	48.563
300235	方直科技	软件和信息技术服务业	44.451
300245	天玑科技	软件和信息技术服务业	42.529
300248	新开普	软件和信息技术服务业	47.526
300253	卫宁健康	软件和信息技术服务业	43.186
300264	佳创视讯	软件和信息技术服务业	53.170
300271	华宇软件	软件和信息技术服务业	43.536
300275	梅安森	软件和信息技术服务业	38.104
300277	海联讯	软件和信息技术服务业	42.763
300287	飞利信	软件和信息技术服务业	50.116
300290	荣科科技	软件和信息技术服务业	45.947
300297	蓝盾股份	软件和信息技术服务业	35.762

证券代码	公司名称	二级行业	质量指数2016
300299	富春股份	软件和信息技术服务业	42.947
300300	汉鼎宇佑	软件和信息技术服务业	34.134
300302	同有科技	软件和信息技术服务业	43.746
300311	任子行	软件和信息技术服务业	54.444
300312	邦讯技术	软件和信息技术服务业	41.641
300315	掌趣科技	软件和信息技术服务业	47.172
300324	旋极信息	软件和信息技术服务业	45.512
300330	华虹计通	软件和信息技术服务业	34.895
300333	兆日科技	软件和信息技术服务业	50.096
300339	润和软件	软件和信息技术服务业	50.885
300348	长亮科技	软件和信息技术服务业	45.416
300352	北信源	软件和信息技术服务业	43.982
300359	全通教育	软件和信息技术服务业	43.558
300365	恒华科技	软件和信息技术服务业	41.496
300366	创意信息	软件和信息技术服务业	45.724
300369	绿盟科技	软件和信息技术服务业	54.342
300377	赢时胜	软件和信息技术服务业	48.934
300378	鼎捷软件	软件和信息技术服务业	45.018
300379	东方通	软件和信息技术服务业	51.275
300380	安硕信息	软件和信息技术服务业	40.441
300383	光环新网	软件和信息技术服务业	50.734
300386	飞天诚信	软件和信息技术服务业	41.673
300399	京天利	软件和信息技术服务业	40.958
300419	浩丰科技	软件和信息技术服务业	52.089
300440	运达科技	软件和信息技术服务业	48.705
300448	浩云科技	软件和信息技术服务业	39.320
300451	创业软件	软件和信息技术服务业	32.168
300465	高伟达	软件和信息技术服务业	39.552
300468	四方精创	软件和信息技术服务业	46.828
300469	信息发展	软件和信息技术服务业	47.141
300493	润欣科技	软件和信息技术服务业	42.392
300494	盛天网络	软件和信息技术服务业	51.006
300496	中科创达	软件和信息技术服务业	44.676
300508	维宏股份	软件和信息技术服务业	43.982
300513	恒泰实达	软件和信息技术服务业	43.558

续表

证券代码	公司名称	二级行业	质量指数 2016
300518	盛讯达	软件和信息技术服务业	41.496
300520	科大国创	软件和信息技术服务业	45.724
300523	辰安科技	软件和信息技术服务业	54.342
300525	博思软件	软件和信息技术服务业	48.934
300532	今天国际	软件和信息技术服务业	45.018
300533	冰川网络	软件和信息技术服务业	51.275
300541	先进数通	软件和信息技术服务业	40.441
300542	新晨科技	软件和信息技术服务业	50.734
300550	和仁科技	软件和信息技术服务业	41.673
300552	万集科技	软件和信息技术服务业	40.958
300556	丝路视觉	软件和信息技术服务业	52.089
300559	佳发安泰	软件和信息技术服务业	40.441
300560	中富通	软件和信息技术服务业	50.494
300561	汇金科技	软件和信息技术服务业	42.473
300578	会畅通信	软件和信息技术服务业	40.258
300579	数字认证	软件和信息技术服务业	50.089
300588	熙菱信息	软件和信息技术服务业	48.705
300597	吉大通信	软件和信息技术服务业	39.320
300598	诚迈科技	软件和信息技术服务业	33.060
300603	立昂技术	软件和信息技术服务业	42.289
300605	恒锋信息	软件和信息技术服务业	45.206
300608	思特奇	软件和信息技术服务业	43.186
300609	汇纳科技	软件和信息技术服务业	52.770

化学、橡胶、塑料（58 家）

证券代码	公司名称	二级行业	质量指数 2016
300019	硅宝科技	化学原料和化学制品制造业	35.332
300021	大禹节水	橡胶和塑料制品业	40.262
300037	新宙邦	化学原料和化学制品制造业	39.267
300041	回天新材	化学原料和化学制品制造业	32.711
300054	鼎龙股份	化学原料和化学制品制造业	43.013
300067	安诺其	化学原料和化学制品制造业	31.549
300072	三聚环保	化学原料和化学制品制造业	27.965
300082	奥克股份	化学原料和化学制品制造业	36.800
300107	建新股份	化学原料和化学制品制造业	30.523

证券代码	公司名称	二级行业	质量指数2016
300109	新开源	化学原料和化学制品制造业	27.422
300121	阳谷华泰	化学原料和化学制品制造业	30.219
300132	青松股份	化学原料和化学制品制造业	28.777
300135	宝利国际	化学原料和化学制品制造业	44.578
300169	天晟新材	橡胶和塑料制品业	39.212
300174	元力股份	化学原料和化学制品制造业	26.781
300180	华峰超纤	橡胶和塑料制品业	38.897
300192	科斯伍德	化学原料和化学制品制造业	33.653
300198	纳川股份	橡胶和塑料制品业	21.074
300200	高盟新材	化学原料和化学制品制造业	29.113
300214	日科化学	化学原料和化学制品制造业	33.968
300218	安利股份	橡胶和塑料制品业	28.749
300221	银禧科技	橡胶和塑料制品业	31.374
300225	金力泰	化学原料和化学制品制造业	45.001
300230	永利股份	橡胶和塑料制品业	43.152
300236	上海新阳	化学原料和化学制品制造业	28.703
300243	瑞丰高材	化学原料和化学制品制造业	37.499
300261	雅本化学	化学原料和化学制品制造业	34.874
300285	国瓷材料	化学原料和化学制品制造业	26.728
300305	裕兴股份	橡胶和塑料制品业	27.879
300320	海达股份	橡胶和塑料制品业	26.893
300321	同大股份	橡胶和塑料制品业	27.666
300325	德威新材	橡胶和塑料制品业	34.257
300375	鹏翎股份	橡胶和塑料制品业	34.583
300387	富邦股份	化学原料和化学制品制造业	29.396
300398	飞凯材料	化学原料和化学制品制造业	27.187
300405	科隆精化	化学原料和化学制品制造业	32.793
300429	强力新材	化学原料和化学制品制造业	29.774
300437	清水源	化学原料和化学制品制造业	34.444
300446	乐凯新材	化学原料和化学制品制造业	36.503
300459	金科娱乐	化学原料和化学制品制造业	41.423
300478	杭州高新	橡胶和塑料制品业	31.594
300481	濮阳惠成	化学原料和化学制品制造业	28.999
300487	蓝晓科技	化学原料和化学制品制造业	26.893
300505	川金诺	化学原料和化学制品制造业	28.670

续表

证券代码	公司名称	二级行业	质量指数 2016
300522	世名科技	化学原料和化学制品制造业	33.018
300530	达志科技	化学原料和化学制品制造业	28.749
300535	达威股份	化学原料和化学制品制造业	31.374
300537	广信材料	化学原料和化学制品制造业	48.282
300539	横河模具	橡胶和塑料制品业	43.152
300547	川环科技	橡胶和塑料制品业	31.703
300568	星源材质	化学原料和化学制品制造业	36.866
300575	中旗股份	化学原料和化学制品制造业	34.841
300576	容大感光	化学原料和化学制品制造业	26.728
300586	美联新材	橡胶和塑料制品业	27.879
300587	天铁股份	橡胶和塑料制品业	26.893
300596	利安隆	化学原料和化学制品制造业	27.666
300599	雄塑科技	橡胶和塑料制品业	34.257
300610	晨化股份	化学原料和化学制品制造业	34.874

文化传播（7 家）

证券代码	公司名称	二级行业	质量指数 2016
300027	华谊兄弟	广播、电视、电影和影视录音制作业	37.209
300133	华策影视	广播、电视、电影和影视录音制作业	37.525
300251	光线传媒	广播、电视、电影和影视录音制作业	35.821
300291	华录百纳	广播、电视、电影和影视录音制作业	38.203
300336	新文化	广播、电视、电影和影视录音制作业	44.240
300426	唐德影视	广播、电视、电影和影视录音制作业	36.517
300528	幸福蓝海	广播、电视、电影和影视录音制作业	37.555

其他（117 家）

证券代码	公司名称	二级行业	质量指数 2016
300005	探路者	纺织服装、服饰业	32.588
300008	天海防务	专业技术服务业	31.561
300011	鼎汉技术	铁路、船舶、航空航天和其他运输设备制造业	29.545
300012	华测检测	专业技术服务业	31.498
300013	新宁物流	仓储业	38.158
300015	爱尔眼科	卫生	38.325
300022	吉峰农机	零售业	32.733
300023	宝德股份	租赁业	36.446

证券代码	公司名称	二级行业	质量指数 2016
300034	钢研高纳	有色金属冶炼和压延加工业	42.472
300043	星辉娱乐	文教、工美、体育和娱乐用品制造业	58.061
300055	万邦达	土木工程建筑业	29.802
300057	万顺股份	有色金属冶炼和压延加工业	32.168
300058	蓝色光标	商务服务业	30.463
300061	康耐特	其他制造业	25.991
300063	天龙集团	商务服务业	28.576
300064	豫金刚石	非金属矿物制品业	25.560
300070	碧水源	生态保护和环境治理业	33.148
300071	华谊嘉信	商务服务业	28.234
300073	当升科技	非金属矿物制品业	38.947
300080	易成新能	非金属矿物制品业	39.989
300081	恒信移动	零售业	45.199
300084	海默科技	开采辅助活动	37.191
300087	荃银高科	农业	27.791
300089	文化长城	非金属矿物制品业	26.769
300093	金刚玻璃	非金属矿物制品业	31.017
300094	国联水产	渔业	31.209
300100	双林股份	汽车制造业	25.613
300106	西部牧业	畜牧业	33.228
300117	嘉寓股份	建筑装饰和其他建筑业	39.703
300123	太阳鸟	铁路、船舶、航空航天和其他运输设备制造业	33.510
300125	易世达	专业技术服务业	27.822
300131	英唐智控	批发业	28.591
300138	晨光生物	农副食品加工业	37.412
300143	星河生物	农业	33.854
300144	宋城演艺	文化艺术业	31.349
300146	汤臣倍健	食品制造业	34.561
300148	天舟文化	新闻和出版业	33.394
300149	量子高科	食品制造业	32.418
300152	科融环境	生态保护和环境治理业	40.189
300157	恒泰艾普	开采辅助活动	30.958
300160	秀强股份	非金属矿物制品业	36.279
300163	先锋新材	其他制造业	35.553
300164	通源石油	开采辅助活动	32.585

证券代码	公司名称	二级行业	质量指数 2016
300172	中电环保	生态保护和环境治理业	34.489
300175	朗源股份	农副食品加工业	31.588
300176	鸿特精密	汽车制造业	32.674
300178	腾邦国际	商务服务业	25.472
300179	四方达	非金属矿物制品业	17.148
300184	力源信息	批发业	47.225
300187	永清环保	生态保护和环境治理业	33.822
300189	神农基因	农业	35.817
300190	维尔利	生态保护和环境治理业	32.081
300191	潜能恒信	开采辅助活动	30.655
300196	长海股份	非金属矿物制品业	34.262
300197	铁汉生态	土木工程建筑业	29.669
300215	电科院	专业技术服务业	35.063
300224	正海磁材	非金属矿物制品业	41.721
300234	开尔新材	非金属矿物制品业	39.070
300237	美晨科技	土木工程建筑业	30.454
300240	飞力达	仓储业	32.882
300244	迪安诊断	卫生	38.381
300258	精锻科技	汽车制造业	30.455
300262	巴安水务	土木工程建筑业	24.434
300268	万福生科	农副食品加工业	24.805
300269	联建光电	商务服务业	32.459
300284	苏交科	专业技术服务业	32.539
300288	朗玛信息	电信、广播电视和卫星传输服务	37.524
300304	云意电气	汽车制造业	32.684
300310	宜通世纪	电信、广播电视和卫星传输服务	42.919
300313	天山生物	畜牧业	40.395
300328	宜安科技	金属制品业	23.901
300329	海伦钢琴	文教、工美、体育和娱乐用品制造业	31.040
300332	天壕环境	燃气生产和供应业	34.540
300335	迪森股份	电力、热力生产和供应业	29.635
300337	银邦股份	有色金属冶炼和压延加工业	35.778
300344	太空板业	非金属矿物制品业	40.575
300345	红宇新材	金属制品业	31.248
300347	泰格医药	卫生	38.428

证券代码	公司名称	二级行业	质量指数 2016
300350	华鹏飞	仓储业	34.878
300355	蒙草生态	生态保护和环境治理业	27.433
300364	中文在线	新闻和出版业	31.604
300374	恒通科技	非金属矿物制品业	29.113
300381	溢多利	食品制造业	34.277
300384	三联虹普	专业技术服务业	31.319
300388	国祯环保	生态保护和环境治理业	25.359
300395	菲利华	非金属矿物制品业	30.803
300401	花园生物	食品制造业	32.433
300404	博济医药	研究和试验发展	30.057
300409	道氏技术	非金属矿物制品业	37.401
300413	快乐购	零售业	41.302
300422	博世科	生态保护和环境治理业	37.212
300424	航新科技	铁路、船舶、航空航天和其他运输设备制造业	34.379
300428	四通新材	有色金属冶炼和压延加工业	37.274
300432	富临精工	汽车制造业	28.310
300464	星徽精密	金属制品业	34.678
300483	沃施股份	其他制造业	25.366
300488	恒锋工具	金属制品业	36.682
300489	中飞股份	有色金属冶炼和压延加工业	31.478
300492	山鼎设计	专业技术服务业	34.528
300495	美尚生态	土木工程建筑业	25.271
300498	温氏股份	畜牧业	30.274
300500	启迪设计	专业技术服务业	31.630
300506	名家汇	建筑装饰和其他建筑业	38.998
300507	苏奥传感	汽车制造业	34.803
300511	雪榕生物	农业	32.433
300517	海波重科	土木工程建筑业	35.057
300536	农尚环境	土木工程建筑业	37.905
300538	同益股份	批发业	41.302
300577	开润股份	纺织业	39.212
300580	贝斯特	汽车制造业	34.379
300585	奥联电子	汽车制造业	37.274
300589	江龙船艇	铁路、船舶、航空航天和其他运输设备制造业	28.112
300591	万里马	皮革、毛皮、羽毛及其制品和制鞋业	34.678

续表

证券代码	公司名称	二级行业	质量指数 2016
300592	华凯创意	文化艺术业	27.366
300600	瑞特股份	铁路、船舶、航空航天和其他运输设备制造业	36.682
300606	金太阳	非金属矿物制品业	31.478
300612	宣亚国际	商务服务业	34.585